한·영·일 음운 대비

박창원·오미영·오은진 지음

한국문화사

한·영·일 음운 대비

박창원 · 오미영 · 오은진 지음

한국문화사

저자와의
협의하에
인지생략

한·영·일 음운 대비

박창원·오미영·오은진 지음

2004년 12월 5일 초판 1쇄 인쇄
2006년 2월 20일 초판 2쇄 인쇄
2006년 2월 28일 초판 2쇄 발행

펴낸이   김 진 수
펴낸곳   한국문화사
        133-823 서울시 성동구 성수1가 2동 656-1683 두앤캔하우스 502호
        전화 ■ 02)464-7708(대표) 3409-4488(편집부) 468-4592~4(영업부)
        팩스 ■ 02)499-0846
        등록번호 ■ 제2-1276호(1991.11.9 등록)
        e-mail ■ hkm77@korea.com
        homepage ■ www.hankookmunhwasa.co.kr

가격 16,000원

ISBN 89-5726-234-2 93710

잘못 만들어진 책은 교환해 드립니다.

머리말

　모든 존재는 공통성과 차별성을 동시에 가지고 있고, 상반되거나 모순되는 두 항은 상보적이다라는 생각은 저자가 항상 가지고 있는 생각이다. (음운) 대비라는 이름을 붙인 것은 언어 간의 보편성과 개별성을 동시에 찾아내고, 존재와 비존재의 차이도 보편성을 찾아내기 위해 필요하고 동시에 유익한 것이라는 인식에 따른 것이다.
　세계가 시간적으로나 공간적으로나 좁혀지면서, 그와 더불어 생존을 위한 경쟁이 더 치열해질 것이라는 예상 속에서, 살아 남기 위해서 무엇을 어떻게 해야 하는가 하는 문제는 남의 일로 넘겨 둘 일이 아니다. 21세기에 아니 먼 미래에 우리 민족이나 국가가 살아남기 위한 방법 중의 하나는 한국어를 중심으로 인공지능을 개발하고, 한국어를 사용하는 인구가 한 명이라도 더 늘어나게 해야 하는 일이다.
　이 책은 전문적인 학자보다는 한국어를 배우는 영어 학습자나 일본어 학습자 혹은 영어나 일본어를 배우고자 하는 한국어 학습자를 대상으로 하였다. 그리고 언어의 보편성을 찾아내기 위해 객관적인 시각에서 기술하기 위해서도 노력하였다.
　본 책은 모두 6개의 장으로 이루어져 있다. 제1장은 대비 언어학에 관한 개관을 실었다. 그리고 제2장부터 제5장까지는 음운론의 하위 영역을 음소, 음절 구조, 초분절음, 음운 현상으로 나누어 실었다. 이 책의 내용 중 영어의 음운에 관계되는 부분은 오은진 교수가 담당하고,

일본어에 관한 부분은 오미영 교수가 담당하였다. 그 외의 부분은 박창원 교수가 담당하였다. 각 언어를 기술하는 부분과 대비하는 부분에서 상충되는 기술이 있다면 그것은 박창원 교수의 무지에 기인한 것이거나 해당 언어를 기술하는 태도의 불일치 때문이다. 각 언어에서 사용하는 용어와 기술하는 태도가 다른 부분이 더러 있었는데, 이것은 조정하지 않고 그냥 두었다. 독자에게는 대단히 불편한 사항이 되겠지만 글쓰는 이의 입장에서는 함부로 양보할 수 있는 사항이 아니기 때문이다. 이러한 부분은 해당 항목을 기술하는 앞부분에서 충돌 사항을 해소하기 위해 노력하였지만 독자가 보기에는 미진할 수도 있겠다. 너그러운 마음으로 양해해 주기 바란다.

애초에는 제법 거창한 구상을 하였다. 인공지능의 개발자와 언어 학습자 그리고 언어 교육자에게 두루 유익한 내용이 되고자 계획을 짰지만 우리들의 능력과 또 이러저러한 사정 때문에 이런 모습으로 책을 내놓는다. 부끄러운 마음이 앞서지만 다음에 기회가 있으면 보완할 수 있겠지 하는 마음을 변명으로 삼는다.

만족하지 못하는 것으로 일단락하지만 그래도 이러한 구상을 할 수 있게 된 것은 학술진흥재단의 기초학문분야 지원을 받으면서 인공지능 개발과 한국어교육에 필요한 기초적인 무엇을 만들어 보고자 하는 의욕 때문이었다. 기초학문분야의 지원을 구상한 분이나 우리의 부족한 계획서를 좋게 평가해 주신 많은 분들께 이 자리를 빌어 감사드린다. 상업성도 없고 내용도 부실한 책을 불경기임에도 불구하고 출판해 주신 김진수 사장에게 고마움을 전한다. 그리고 완성되지도 않은 원고를 넘기면서 출판 날짜만 재촉하는데도 책의 모양새로 꾸며주신 편집진에게도 감사의 마음을 전한다. 부실한 책을 읽어 주실 독자에게는 미안한 마음과 고마운 마음을 같이 전하면서 많은 꾸지람을 해 주실 것도 외람되게 부탁드린다.

2004년 10월
박창원 적음

 한·영·일 음운 대비

머리말 v

제1장 서론 1
  1.1. 대비 언어학의 정의와 역사 2
  1.2. 연구 대상과 방법 10

제2장 음소 21
  2.1. 말소리의 생성 과정과 음성의 분류 21
  2.2. 한국어의 음소 25
  2.3. 영어의 음소 44
  2.4. 일본어의 음소 72
  2.5. 한국어·영어·일본어의 음소 대비 91

제3장 음절 105
  3.1. 음절의 개념과 구조 105
  3.2. 한국어의 음절 109
  3.3. 영어의 음절 118
  3.4. 일본어의 음절 143
  3.5. 한국어·영어·일본어의 음절 대비 165

제4장 초분절 음소   169
  4.1. 개념 ·· 169
  4.2. 한국어의 장단과 성조 ·· 172
  4.3. 영어의 강세 ·· 180
  4.4. 일본어의 악센트 ·· 190

제5장 음운 현상   195
  5.1. 개관 ·· 195
  5.2. 한국어의 음운 현상 ·· 202
  5.3. 영어의 음운 현상 ·· 249
  5.4. 일본어의 음운 현상 ·· 266
  5.5. 한국어·영어·일본어의 음운 현상 대비 ···················· 279

제6장 결론   289
  6.1. 요약 ·· 289
  6.2. 남은 과제들 ·· 291
  6.3. 대비 언어학이란? ·· 293

참고 문헌   297

색인   301

제1장
서론

　모든 사물이나 일이 그러하듯이, 인간의 언어도 보편성과 개별성을 가진다. 인간의 언어가 모든 인간에게 보편적이듯이, 모든 언어는 보편성을 가지고 있다. 또한 모든 인간이 다 개별적인 특성을 가지고 있듯이, 인간이 사용하는 모든 언어도 개별적인 특성을 가지고 있다. 한 개인이 사용하는 언어(개인 방언)는 그만의 발음, 그만의 문체, 그만의 의미적인 특성을 가지고 있다. 그런데 이러한 개별성은 같은 언어를 사용하는 언어공동체가 수용할 수 있는 범위 내에서 다시 말하면 의사소통이 가능한 범위 내에서 이루어진다. 그리고 서로 의사소통이 되지 않는 언어라 할지라도 음운 체계와 문법 구조 그리고 의미 체계의 보편성을 가지고 있다. 인간이 내는 발음은 평음을 기준으로 하여 유성음, 유기음, 긴장음 중 하나 이상을 사용하는 보편성을 가지고 있고, 주어와 서술어를 기본으로 문장이 이루어지는 문장 구조의 보편성을 가지고 있고, 하나의 어휘는 다른 어휘와 관계의 망을 이루고 또한 기본 의미에서 관련되는 의미로 확장되는 의미 체계의 보편성을 가지고 있다. 이러한 보편성을 바탕으로 개별적인 언어는 자기만의 독특한 체계를 구성하는 것이다.

　언어 간의 공통성을 추출하여 언어의 유형론적인 유사관계를 확립하여 언어의 계통을 밝히고자 하는 작업이 19세기의 언어학이었다면, 20세기 후반기에는 효과적인 외국어 교수 방법을 개발하고 외국어 학습자의 오류를 예측하기 위해, 그리고 언어 간의 차이점을 찾아내기 위해 대조 언어학을 발달시켰다. 전자가 공통점을 찾기 위한 것이라면 후자는 차이점을 찾기 위한 것이었다. 21세기의 언어학 내지는 언어학자는 기본적으로 세 가지 과제를 가진다. 하나는 인간이 사용하고 있는 언어의 규칙과 제약 그리고 원리를 제대로 이해하는 것이고, 둘은 컴퓨터나 기계에게 인간의 언어를 학습시켜 인공지능을 개발하는 것이고, 셋은 언어 학습자가 언어를 좀 더 효과적으로 학습할 수 있도록 언어의 보편성과 개별성을 인간 인지의 보편성과 발달성과 관련하여 기술하는 일이다.

1.1. 대비 언어학의 정의와 역사

1.1.1. 정의와 목적

대비 언어학에서의 '대비'란 대조와 비교를 합친 개념이다. '대조'란 두 사물의 차이점을 찾아 기술하고 설명하는 것이고, '비교'란 두 사물의 공통점을 찾아 기술하고 설명하는 것이다. 그러므로 '대비'란 두 사물의 공통점과 차이점을 기술하고 설명하는 것이다. 언어학이 언어의 규칙을 찾아내고 규칙의 이면에 있는 제약과 원리를 설명하는 것이라면, 대비 언어학이란 둘 이상의 언어 사이에 존재하는 규칙과 제약 그리고 원리를 비교하여 공통점을 찾아내고, 대조하여 그 차이점을 찾아내는 것이다.

이러한 대비 언어학은 순수 언어학과 응용 언어학에 걸친 언어학의 한 분야이다. 순수 언어학으로서 대비 언어학의 목적은 다음과 같이 기술될 수 있다.

대비 언어학의 목적이란 둘 이상의 언어를 비교하고 대조하여, 모든 언어가 가지고 있는 보편성을 찾아내고, 아울러 개별적인 언어가 가지고 있는 특성을 추출하여, 인간이 사용하고 있는 언어를 정확하게 이해하고자 한다. 인간은 하나의 생물체로서 생물학적인 공통성을 가지고 있고, 동시에 모든 인간이 공유하는 인지적인 공통성을 가지고 있을 것으로 예상된다. 이러한 공통성은 바로 모든 인간이 공유하는 언어적인 공통성으로 이어질 것으로 추론할 수 있다. 공통성을 공유하는 것 외에 인간은 개체적인 존재로서 다른 개체와 구별되는 변별성을 가지고 있는데, 이러한 개별성은 바로 언어적인 변별성으로 표출될 것으로 예상할 수 있다. 이러한 인식을 바탕으로 언어 간의 유사성과 차별성 혹은 언어 간의 보편성과 개별성을 연구하여 인간을 이해하는 데 기여하는 것이 순수 언어학으로서 대비 언어학이 추구하는 궁극적인 목적이 될 것이다.

응용 언어학으로서 대비 언어학의 목적은 두 가지로 압축된다. 하나는 인공지능의 개발이고 다른 하나는 외국어 학습의 효율성 제고이다. 인공지능의 개발이란 일차적으로 인간과 의사소통할 수 있는 기계를 개발하는 것이고, 둘째는 이러한 단계를 넘어서서 기계를 매개로 하여 인간과 인간이 대화하는 것이다. 이러한 지능을 개발하기 위해서는 둘 이상의 언어가 가지고 있는 보편성을 공통적으로 인식시키고 개별적인 차이는 중간 매체를 이용하거나 직접 대응되는 방식으로 기계를 프로그램시켜야 한다. 프로그램을 만드는 작업에서 필수적인 작업이 언어 간의 보편성과 개별성을 정확하게 기술하는 작업인 것이다. 대비 언어학이 추구하는 또 하나의 목적은 외국어 학습의 효율성 제고이다. 모국어와 외국어의 차이를 정확하게 인식하고, 인지와 언어의 상관적인 난이도를 파악하여, 언어의 발달 단계와 학습 단계에 맞는 교수 방법과 교재를 개발하는 데 기여하는 것이 대비 언어학의 또 다른 목적이 되는 것이다.

1.1.2. 역사 및 현황

가. 역사

[계통론으로서의 역사 비교 언어학]

　언어에 대한 인간의 관심은 인간의 문명된 역사의 시작부터라고 할 수 있는데, 이에 대한 본격적인 연구는 언어학이 학문으로서의 위치를 정립해 가던 18세기부터라고 할 수 있다. 이 시간의 연구는 세계의 많은 언어들을 비교하고 비교 대상인 언어들의 공통성을 찾아내어 언어의 뿌리를 밝힘으로써 공통 조어를 재구하여 언어들의 족보와 계통을 밝히는 것이었다. 이러한 경향은 19세기 말까지 지속되는데, 당시 언어학의 주된 관심 분야는 음성, 음운에 관한 것이었다. 통사론이나 의미론에 관한 연구는 아직 진행되지 못했고, 형태론적인 연구나 어휘론적인 연구가 있기는 했으나 극히 미미한 편이었다. 그리하여 두 언어 간의 비교는 주로 음성, 음운론적인 것에 국한하여 이루어졌다.
　한국어에 관한 역사 비교 연구도 이러한 경향의 일환으로 시작되었다. 19세기 중엽부터 20세기 초반기에 주로 이루어진 람스테드나 포페의 한국어와 알타이 어족과의 관련성 그리고 일본어 학자에 의한 한일어의 비교 연구 등은 음운의 비교 등을 통해 한국어의 계통을 수립하기 위해 연구된 것이었다.

[교수 방법을 위한 대조 언어학]

　20세기 후반기 언어학의 경향은 세 갈래로 나뉘게 된다. 새로운 언어학의 출발은 촘스키에 의해 이루어졌다. 촘스키는 19세기에 정립된 '언어의 변화는 규칙적이다'라는 인식과 투루베츠코이, 야콥슨 등이 개발한 자질 인식, 그리고 프로이드 등의 존재에 대한 이원적인 인식 등을 종합하여 언어를 기저형과 표면형의 두 면으로 구분하여 인식하고, '언어는 규칙의 체계'라는 새로운 개념과 연구 방법을 정립하게 되었다. 이러한 촘스키 언어학의 기본 목표 중 하나는 모든 언어에 내재적으로 존재하는 보편적인 규칙을 찾아내고 그것의 원리를 탐구하는 것이었다.

촘스키 언어학의 밑바탕이 되는 존재의 이원적 구분과 규칙성은 곧 새로운 하나의 분야를 촉발하게 되는데, 그것은 사회 언어학적인 인식이다. 언어의 변화에는 순수 언어학적인 변수 외에 많은 다양한 변수들이 있어서 획일적으로 규칙의 존재 유무를 판가름할 수 없고, 통계학적인 방법으로 점진적인 변화의 과정을 추적해야 된다는 사회 언어학적인 방법은 촘스키 언어학으로 해결할 수 없는 많은 부분들, 예를 들어 남성과 여성의 언어 차이 혹은 교육자와 피교육자의 언어 차이 등을 설명할 수 있게 되었다. 사회 언어학적인 언어학의 연구 방법은 언어 변화에 대한 다양한 변수를 새롭게 인식하고, 언어를 언어외적인 면과 연관시켜 언어에 대한 시야를 크게 확대하게 되었다고 할 수 있다.

20세기 후반기 언어 연구의 한 특징은 언어 연구가 순수 언어학이라는 경계를 넘어 응용 언어학이라는 새로운 영역으로 그 영역을 개척하고 있다는 것이다. 그 중 하나인 대조 언어학은 지구가 시간적으로나 공간적으로 좁아지면서 국가 간의 교류가 확대되고, 이에 수반하여 외국어 습득 및 교육의 필요성이 증대되고, 이러한 필요성에 부합하기 위해 효과적인 언어 교육 방법을 찾기 위해 언어 간의 차이를 찾아내기 위한 작업으로 진행된 것이다. 모국어와 다른 언어를 습득하는 과정에서 나타나는 오류를 미리 예측하여 효과적인 학습 방법과 교육 방법을 모색하기 위해 대조 언어학은 두 개 이상의 언어 특히 모국어와 학습 대상 언어의 이질성을 기술하는 것이다. 대조 언어학의 초기 기대가 실질적인 외국어 학습 현상에서 그대로 적용된 것은 아니지만 예를 들어 대조분석을 통한 난이도 예측이 학습자의 난이도 혹은 오류 빈도와 일치하지 않았지만, 존재하고 있는 둘 이상의 언어를 대조하는 것을 넘어서서 언어 구조와 문화 구조, 언어 구조와 의식 구조, 혹은 언어 구조와 사회 구조 등을 비교, 대조하여 기술하고자 하는 새로운 인식들은 대조 언어학적인 사고를 이어가는 것이라 할 수 있는 것이다.

[21세기의 대비 언어학]

21세기 대비 언어학은 18-9세기의 역사 비교 언어학에 뿌리를 두고, 20세기 후반기의 대조 언어학에 그 기반을 둔다. 앞에서 언급했듯이 역사 비교 언어학은 공통성을 찾고자 하였고, 대조 언어학은 이질성을 찾고자 하였다. 상반된 두 종류에 뿌리를 두고 있는 대비 언어학이 인류의 정신문화가 흘러가는 방향에서 기여하는 바가 있기 위해서는 상반성의 상보성을 인식하고, 이들의 조화하는 방향에 인식의 기반을 두어야 할 것이다. 아울러, 그것을 효과적으로 달성할 수 있는 방법론을 개발하여야 한다. 모든 존재는 공통성과 이질성을 양적인 차이를 두고 공유하고 있으므로, 대비 언어학은 공통성과 이질성을 조화롭게 기술하는 데에서 출발하여야 하는 것이다.

이러한 인식론적인 목적을 수행하기 위해 21세기 대비 언어학은 우선, 보편성의 토대 위에서 객관적으로 언어를 기술할 수 있는 틀을 개발하여야 할 것이다. 예를 들어, 기본적인 문장 구조의 언어적 다양성을 효과적으로 그리고 정확하게 설명하기 위해 문장 구조에 관한 정형적이면서도 가변적인 문장 구조의 모델을 만들어야 할 것이다. 다음으로는, 현대과학이 이룩해 놓은 기계나 전산 문명 등을 효과적으로 활용하여야 할 것이다. 인공지능을 개발하기 위해서는 음성 분석이나 합성을 위한 기술 개발이나 프로그램 개발을 적극적으로 이해하고 활용하고, 또 참여할 수 있어야 할 것이다. 마지막으로, 언어와 인지의 상관성을 인식하고 이들의 발달 단계와 학습 단계의 상관성, 그리고 학습과정에 나타나는 오류에 대한 정밀한 통계학인 기술이 하루빨리 이루어져야 할 것이다.

나. 현황

대조 언어학의 연구 현황을 다 기술하는 것은 본 책의 범위를 넘어선다. 여기서는 서구에서의 경향을 간단하게 짚어보고, 우리와 인접한 일본의 연구 경향을 한국과 약간 비교하는 차원에서 현황을 간단하게 소개하고자 한다.

[서구의 경향]

서구에서는 1950년대와 1960년대에 이르러 비교 언어학에 대응되는 대조 언어학이라는 분야가 생기게 되는데, 이것은 구조주의 언어학의 발상을 언어 교육에 접목하기 위한 것이라고 평가할 수도 있다. 즉 두 언어의 구조를 정밀하게 기술하고 이들의 차이를 대조하여, 언어 교육에서 학습자 오류를 예측함으로써, 효과적인 학습 방법을 개발하고자 한 것이다. 이러한 연구 경향은 1970년대에 서구에서 선풍적으로 열기가 일어났다가, 1980년대에 들어 약간 주춤하였다. 그것은 대조 언어학자가 예측한 오류 유형과 난이도가 학습자에게서 실제 발생한 오류 유형과 난이도와 일치하지 않아서 대조 언어학의 효용성에 의심이 제기되었기 때문이다.[1] 이러한 위기 상황에 직면하기도 하였지만, 1980년대 후반부터 대조 언어학은 새로운 양상을 띠게 된다. 즉 대조의 대상에 대한 인식을 새롭게 하고, 즉 언어 간 대조뿐만 아니라 언어와 인지, 언어와 문화, 언어와 사회 등으로 그 대상을 확대하고, '대조'의 개념을 새롭게 하여 즉 이질성만을 추구하는 것이 아니라 공통성과 이질성으로 동시에 탐구하는 방향으로 바뀌어 대비 언어학은 언어학의 새로운 유력한 한 분야로 다시 부상하고 있는 것이다.

---

1) 이론과 실제 사이에 불일치 현상이 발생한 원인은 여러 가지 차원에서 짚어 볼 수 있겠는데, 본고의 논의와 직접 관련이 없으므로 생략한다.

[일본에서의 연구]

일본에서의 대비 언어학은 비교 언어학적 연구와 대조 언어학적 연구로 크게 나눌 수 있는데, 비교 언어학적인 관점은 1920년대에 시작되었고 대조 언어학적 연구는 1960년대에 시작되었다. 비교 언어학적인 관점에서는 동양언어에 대한 식민지화의 일환으로 시작되었고 대조 언어학적 연구는 1960년대부터 유학생의 급증으로 인한 일본어교육의 필요성에 의해 출발했다. 특히 1970년대에 기계번역에 대한 관심이 높아지면서 영어뿐 아니라 불어, 독일어 등 다양한 언어와의 본격적인 연구가 시작된다. 특히 국립국어연구소가 중심이 되어 독일어와 일본어의 본격적인 대조 언어학적 분석이 1980년대에 국가프로젝트로 수행되었으며 그 후 스페인어, 중국어, 한국어에 대한 연구 결과가 수행되어 책자로 발간되었다. 영어와의 대조연구는 일본영어교육학회가 중심이 되어 60년대 이후 계속해서 연구가 되었으며 그 분야도 음성, 구조, 의미, 담화에 이르기까지 거의 모든 분야에 대해 연구가 되었고 1980년대 후반부터는 코퍼스를 이용한 연구가 활발히 추진되어 현재는 학교영문법 분야에서도 코퍼스를 이용한 연구서가 많이 나와 있는 실정이다. 또한 자연언어 처리분야에서는 EDR, NTT, 쿄토대학, 동경공대 등이 중심이 되어 영어와의 대조분석이 활발히 이루어져 왔으며 우리의 정보통신부에 해당하는 우정성의 통신종합연구소(CRL)에서는 인도네시아어, 태국어, 중국어, 한국어 등 소위 비상업적인 아시아 언어와의 대조연구를 해당 국가의 연구자를 연구원으로 채용해서 수행하고 있다. 결론적으로 일본의 대비 언어학의 최대 목적은 세계의 언어 속에서 소수언어에 속하는 일본어의 위상을 높이는 길은 외국어와의 대비연구를 통한 자국어의 부가가치를 높이는 일이라는 인식에서 일본어를 중심으로 한 다국어와의 정보 링크화를 꾀하는 것이라고 할 수 있다.([일본에서의 연구]라는 이 글은 이화여자대학교에서 일본어를 교육하고 있는 송영빈 교수의 글을 옮긴 것이다.)

[한국에서의 연구]

한국에서의 대비 언어학적 연구 현황은 일본과 유사하게 비교 언어학적 연구와 대조 언어학적 연구로 크게 나눌 수 있는데 비교 언어학적인 관점은 일본보다 늦게 일제에서 해방된 뒤 본격적으로 시작되었다고 할 수 있고, 대조 언어학적 연구 역시 일본보다 몇 십 년 늦게 시작되었다. 비교 언어학적인 관점에서는 한국어의 계통을 밝히기 위해 한국어와 알타이 어족과의 관계를 해명하기 위한 작업으로 시작되었고, 지금도 일부 논의가 계속되고 있다. 그리고 대조 언어학적 연구는, 시작이 늦었기 때문이기는 하겠지만, 현재 그 업적을 손으로 꼽을 수 있을 정도로 빈약한 형편이다. 빈약하지만 단행본으로 출간된 것을 소개하면 다음과 같다. 한국어와 일본어를 대조한 [한·일어 대조 분석](홍사만, 2002, 역락), 한국어와 독일어를 대비 분석한 [대비 언어학](김건환, 1994, 청록출판사), 한국어와 스페인어를 대조 분석한 [대조분석론](강현화, 신자영, 이재성, 임효상 공저, 2003, 역락), 그리고 김종록 교수의 [대비 언어학](1991, 청록출판사) 정도가 눈에 띨 정도이다.2)

한국어의 시각에서 외국어를 보는 작업과 보편언어적인 시각에서 외국어를 보는 작업은 엄연히 구분되어야 할 것이다. 더구나 외국인의 시각에서 자국어 내지는 외국어를 보는 시각은 또 다른 것이다. 한국어의 시각에서 대비 언어학적인 작업을 하여 인공지능을 개발하거나 보편 언어적인 작업의 기초를 다지는 것은 기초 자료의 구축에서부터 한국어의 시각으로 수행하여야 한다. 이 방면의 연구가 전무한 현 상황을 고려하면 앞으로 누군가가 이러한 작업을 경쟁국보다 뒤떨어지지 않게 수행해야 할 것이다.

---

2) 필자의 과문으로 인한 실례가 있다면 용서해 주기 바란다.

1.2. 연구 대상과 방법

1.2.1. 연구 분야와 대상

가. 전통적인 연구 분야

언어학의 모든 하위 분야가 대비 언어학의 연구 분야가 된다. 즉 음성학, 음운론, 형태론, 통사론, 의미론, 화용론 등 전통적인 언어학의 모든 분야가 대비 언어학의 연구 분야가 되는 것이다. 이를 [음성, 음운], [형태, 통사], [어휘, 의미] 등 세 분야로 나누어 간략하게 서술하고자 한다.

[음성 · 음운 대비]

음운 분야에서는 음운론의 하위 영역인 음소, 운소, 음절, 음운 현상 등이 일차적으로 대비의 대상이 될 것이다. 변별적인 자질의 종류, 이와 관련된 음소의 목록, 음소들의 대립 관계, 변별력을 발휘하는 운소의 종류, 음절 구조의 유형과 음절 위치에 따른 분포 제약, 그리고 음운 현상의 종류와 유형 등의 대비가 음운 분야의 대비 대상이 되는 것이다. 이러한 것들의 대비를 통해 보편적인 것을 추출해 내고, 개별 언어의 특수한 현상과 존재를 밝혀내야 할 것이다.

음운을 대비함에 있어서 주의할 것 중의 하나는 물리적으로는 실재하지만, 인지상으로는 존재하지 않는 것의 기술과 관련된 것이다. 즉 한 언어의 음운을 기술할 경우에는 필요 없지만, 두 언어를 대비할 경우에는 한 언어의 음성적인 존재가 다른 언어의 음운적인 실재와 대비될 경우가 있기 때문이다. 이런 경우를 위해 음운적인 기술은 음성적인 존재를 포함하여 기술하는 것이 필요하다.

둘 이상 언어의 조음상의 차이를 대비하기 위해 조음음성학적인 정밀한 기술이 필요하고, 아울러 음향음성학적인 기술도 필요하다. 예를 들어 한국어 'ㅏ' 모음의 포먼트별 주된 주파수를 조사하고, 영어나 일본어에서 대응되는 모음의 포먼트별 주된 주파수대를 조사하여 비교하는 것은 대단히 긴요한 문제가 되는 것이다.

[형태 · 통사 대비]

형태 · 통사 분야에서는 모든 언어에 공통적으로 나타나는 시제와 상, 서법과 양태 그리고 단어 형성과 문장 구조에 관한 공통성과 보편성이 일차적인 관심이 될 수 있을 것이다. 이외에 성, 수, 격, 인칭 표현 등으로 확대될 수 있을 것이다. 문장 구조를 예를 들면 기본적인 문장 구조의 유형, 문장에서의 필수 논항과 부가어의 수와 종류, 확대된 문장의 유형과 방식, 동사의 문형 방식 등 모든 것이 대비의 대상이 될 수 있다.

그리고, 문법 체계의 비교에서는 다른 분야보다 표면 구조, 기저 구조, 번역 등가문 등이 동시에 대비가 가능하다. 외국어 학습에 관한 대비라면 언어학에 전문가가 아닌 교육자를 위해 표면 구조 중심으로 대비하는 것도 하나의 방법이 될 것이고, 인공지능을 위한 대비라면 기저 구조에서부터 표면 구조 그리고 이러한 과정이 도출되는 변형규칙 등은 필수적이고, 아울러 번역 등가문도 대비의 대상이 되어야 할 것이다.

[어휘 · 의미 대비]

어휘의 대비에서는 기본적인 어휘의 수가 많아서 접근하기가 쉽지 않은 부분인데, 이 문제를 극복하기 위해서 우선적으로 해야 할 일이 난이도나 실용도를 기준하여 어휘의 등급을 정하고, 개개 어휘가 가진 의미를 분류하여 의미의 범주를 결정해야 할 것이다. 또한 개개 어휘가 가지고 있는 여러 의미들의 의미 유형을 분류하는 일이 될 것이다. 어휘의 등급은 가능한 세밀할수록 좋겠으나 현실적인 어려움이 수반하므로 필요에 따라 기초 어휘 1,000개, 3,000개, 5,000개 등으로 등급을 매길 수 있을 것이다. 이러한 어휘들의 범주를 추상화하여 단어족을 만들고, 이를 다시 추상화하여 더 넓은 단어족을 만들어 가는 작업이 필요할 것이다. 그리고 개개 어휘가 가지고 있는 의미는 핵심 의미, 확장 의미, 관용적 의미 등으로 분류할 수 있을 것이다. 이러한 작업들의 모든 과정이 대비 언어학의 대상이 되는 것이다. 예를 들어 한국어에서 '곰'의 의미는 한국어에서 기본적인 의미는 무엇이고, 연상적인 의미는 무엇이고, 어떤 관용적인 표현에서 사용되고 있는가를 파악하고, 이것이 대비하고자 하는 다른 언어에서는 어떠한 공통점과 차별성을 가지고 있는가 하는 문제가 대비 언어학의 과제가 되는 것이다.

나. 확장된 연구 분야

언어학의 대상이 언어 능력에 관한 것과 언어 수행에 관련된 것을 모두 포함한다면, 언어 수행과 관련된 언어 행위도 대비 언어학의 대상이 될 수 있고, 아울러 언어 능력과 언어 수행의 원인 해석이 언어학의 대상이 된다면 대비 언어학의 분야는 더 넓어질 수밖에 없다.

[의사소통 대비]

언어 수행 행위인 의사소통 과정에서 나타나는 언어 간의 공통성과 차별성도 대비 언어학이 해야 할 분야가 된다. 예를 들어 한국어에서 공손법은 어떻게 나타나고 일본어에서는 공손법이 어떻게 나타나는가, 이들의 공통성과 이질성은 무엇인가. 한국어에서는 약속을 지키지 못했을 때 무엇을 근거로 하여 어떤 문체로 변명을 하고, 일본인은 한국인과 어떠한 공통성과 차별성을 가지고 있는가 하는 문제도 좋은 연구 과제가 될 수 있는 것이다.

마찬가지로, 한국인의 대명사는 어떻게 발달되어 있으며 이와 관련하여 한국인의 호칭어는 어떠한가 그리고 지칭어와 호칭어는 어떤 상관성을 가지고 있는가 하는 문제는 한국어의 의사소통을 이해하기 위한 중요한 한 과제가 될 수 있다. 그런데 이와 동일한 상황에서 영어를 모국어로 하는 화자들은 어떠한가. 한국어와 어떤 공통성과 차별성을 가지고 있는가 하는 유형도 대비 언어학의 한 과제가 될 수 있는 것이다.

[인접분야와의 상관성 대비]

의사소통 행위의 차이는 기본적으로 그 사회 내지는 언어공동체가 이룩한 정신적 문화와 개인의 인식 차이에 기인하는 것이다. 전자는 민족의 생활 양식이나 생활 습관과 관련된 민속학이나 사회학 등 문화와 관련된 제반 학문과 관련되는 것이고, 후자는 사회에 대한 개인의 경험과 이로 인해 구축된 개인적 가치관과 관련된 제반 학문과 연관되는 것이다. 언어와 이러한 것들이 어떠한 상관 관계를 가지는가 그리고 언어에 따라 상관 관계가 어떠한 공통성과 차별성을 가지고 있는가 하는 문제도 대비 언어학의 영역이 되는 것이다.

[학습자 중심의 대비]

언어 학습에 초점을 맞춘 언어 간 대비일 경우 학습자 중심으로 언어 학습 도중에 나타나는 중간언어나 오류의 유형을 대비할 수 있겠다. 예를 들어 한국어를 배우는 영어권 학습자와 일본어권 학습자 사이에 언어습득 단계별로 어떠한 오류가 발생하는가 하는 문제를 다루는 것도 대비 언어학의 과제가 될 것이다. 학습자 중심의 중간언어나 오류 대비는 학습자별로 문법 사항의 난이도를 측정하여 효과적인 교육 방법과 교재를 만드는 데 대단히 중요한 역할을 하게 되는 것이다. 즉 모국어와 학습대상 언어의 구조나 체계의 공통성과 차별성에 의한 난이도 측정은 언어 간 공통성과 차별성의 정도만을 반영하는 것이지, 학습자의 언어 학습 능력을 반영하는 것이 아니기 때문에 실제 교육이나 학습에서 오류를 범할 수 있는데 이러한 오류는 학습자 중심의 중간 언어나 오류 대비로써 극복해 갈 수 있는 것이다.

1.2.2. 연구 방법과 절차

가. 일반론

 대비 언어학적 연구는 언어학의 한 분야이고, 언어학은 학문의 한 분야이기에 기본적인 연구의 방법과 절차는 일반적인 연구 방법과 절차와 대동소이하다. 일반적인 연구 방법과 절차의 첫째는 이 분야에서 해결하지 못한 부분이나 주목하지 못했던 부분에 대해 문제를 제기하고, 다루고자 하는 대상이나 주제를 한정하여 그 영역을 결정하는 일이다. 둘째는 주제를 해결하기 위한 자료를 조사하고 정리하여 경험적 지식을 획득하는 단계이다. 셋째는 문제를 해결하는 방식을 선택한 후 논지를 전개하여 지식을 재구성하는 단계이다. 그리고 마지막은 해결된 문제를 정리하고, 해결하지 못한 문제나 남은 과제를 제시하는 단계가 될 것이다.

 대비 언어학적 연구는 이러한 일반적인 연구 방법이나 절차를 바탕으로 하되, '비교와 대조 즉 대비'라는 개별성을 더 가지게 된다. 비교 혹은 대조라는 것은 어떤 대상의 속성이나 특성을 밝히기 위해 다른 대상과 견주어 기술하는 것을 말한다. 이 중 비교는 두 개 이상의 대상이 가지고 있는 공통점이나 유사성을 찾아내어 그 본질을 이해하는 것이고, 대조는 질적으로나 양적으로 다른 대상과 차이나는 점을 찾아내어 견줌으로써 그 본질을 이해하는 것이다.

 이러한 작업을 함에 있어서 우선 주의해야 할 사항은 '둘 이상의 대상이 비교 혹은 대조할 만한 것이어야 한다.'는 점이다. 이 세상에 존재하는 모든 것은 공통성과 이질성을 동시에 가지고 있다. 극단적인 예를 들어 '태양'과 '인간'을 비교하면 '두 존재는 모두 우주에 존재한다.(범위를 좁히면 태양계에 존재한다)'는 공통점을 가지고 있다. 이러한 공통점 외에 수많은 이질적인 요소를 가지고 있다. 그러나 '인간'과 '태양'이 우주에 같이 존재하고 있는 것을 가치있는 정보라고, 다시 말해 비교를 통해 새로운 사실을 발견하거나 새로운 지식을 창출했다고 생각하는 사람은 없을 것이다. 비교나 대조를 통해 가치있는 정보가 도출되지 못하는 것은 비교하거나 대조할 만한 사항이 아닌 것을 비교했거나 대조했기 때문에 발생하는 현상이다. 이러한 잘못의 위험성을 줄이고, 좀 더 생산적인 결론을 도출하기 위해서는 대비하는 둘 혹은 그 이상이 동일한 계층적 층위를 가지고 있는 다른 부류여야 한다. 예를 들어 '인간'과 '소나무'를 대비하여 각각이 가지고 있는 생물체적인 특징을 파악하는 것보다는 '인간'은 '원숭이나 침팬지'와 비교하거나 대조하고, '소나무'는 같은 소나무과에 속하는 백송이나 잣나무와 비교하거나 대조할 때 그만이 가지고 있는 생물체적인 특징을 훨씬 정확하게 파악할 수 있게 되는 것이다.

 다음으로 주의할 것은 '동일한 시각이나 방법론으로 진술된 것을, 역시 동일한 기준이나 척도로써 비교하고 대조해야 한다'는 것이다. 둘 이상의 대상을 진술하면서 (가)에 대해서는 ①이라는 방법이나 시각에서 기술하고, (나)에 대해서는 ②라는 방법이나 시각에서 기술하고, (다)에 대해서는 ③이라는 방법이나 시각에서 기술했다면, 이들은 각각의 기술이 가지고 있는 정확성이나 효용성에 관계없이, 비교하거나 대조할 논의거리가 되지 못하는 것이다. 그리고 동일한 시각이나 방법론으로 기술되었다고 하더라도 각각에 대해 다른 기준점이나 측도를 적용한다면, 즉 (가)의 기술에 대해서는 ㉠이라는 기준점이나 측도를 적용하고, (나)의 기술에 대해서는 ㉡이라는 기준점이나 측도를 적용하고, (다)의 기술에 대해서는 ㉢이라는 기준점이나 측도를 적용한다면 이 역시 그 기술의 가치와는 관계없이 공통점이나 차이점에 대한 생산적이고 효과적인 정보를 얻어낼 수 없게 되는 것이다.

나. 절차

대비를 통해 두 언어를 분석하고 설명하는 과정은 대체로 다음과 같이 될 것이다.

[목표와 방법의 설정]

이 단계는 대비를 구체적으로 하기 이전의 단계로 언어를 대비하는 이유와 목표를 설정해야 할 것이다. 순수 언어학적으로 두 언어를 대비하는 것인지, 언어 간의 교류 증대나 언어 사용의 수요가 증가하여 언어 교수법의 개발을 위한 것인지 등등의 목표가 정확하게 설정되어야 그에 합당한 단계로 이행할 수 있을 것이다. 그리고 설정된 목표에 도달하기 위해서는 어떤 방법론이나 시각으로 언어를 기술하는 것이 가장 합당한 것인지를 결정해야 할 것이다. 예를 들어 동화 현상의 보편성과 개별성을 이해하기 위해 그러한 현상의 존재를 대비한다면 기술언어학적인 기술이나 생성문법적인 기술 혹은 최적성 이론적인 기술 중 어느 것이 가장 적절한 기술 방법인지 결정해야 할 것이고, 이와 달리 동화 현상에 내재된 원리를 이해하기 위해서는 위의 기술 방법 중 어느 것이 더 효과적인 기술 방법인지를 결정해야 할 것이다.

[선택 혹은 한정]

대비하고자 하는 언어의 여러 영역 중 구체적으로 어떤 영역을 선택하고, 그리고 어떤 요소까지 기술할 것인지를 결정해야 할 것이다. 분석 대상의 선택이란 분석하고자 하는 범위를 구체적으로 한정한다는 것을 의미하는데, 이것이 흐트러질 경우 대비 자체를 할 수 없는 경우가 생길 수 있으므로 소기의 목적을 효과적으로 달성할 수 있는 범위를 명확히 설정하는 것은 절대적으로 필요하다. 예를 들어 언어의 여러 분야를 포괄적으로 다룰 것인지, 아니면 언어의 하위 분야 중 특정한 분야만을 할 것인지를 선택해야 구체적으로 기술할 대상이 결정되

제1장_ 서론

는 것이다. 그뿐만 아니라 언어의 어떤 모습을 다룰 것인지 하는 문제도 결정해야 한다. 예를 들어 문어와 구어를 다 다룰 것인지 그 중 어느 한 부분을 다룰 것인지 하는 문제를 목표의 설정과 관련하여 구체적으로 한정해야 하는 것이다.

[기술]
한정된 소재에 관해 구체적이면서 정확하게 기술해야 할 것이다. 기술하는 데 있어서 무엇보다도 중요한 것은 '정확한' 기술이 될 것이다. 객관적인 시각에서 특정 언어에 대한 편견을 가지지 않고 보편적인 시각으로 언어 사실을 기술하는 것이 대비의 성공 여부를 결정짓는 관건이 될 것이다. 또 하나 기술하는 데 있어서 중요한 것은 기술하고자 하는 전 항목에 걸쳐서 그리고 양 언어에 동일하게 같은 깊이와 폭으로 기술하는 것이다. 특정한 언어의 특정한 분야에 대해서는 아주 세밀하게 기술하고 해당 언어의 다른 분야는 그와 전혀 다른 깊이로 기술하거나, 같은 영역이 두 언어 간에 다른 깊이로 기술된다면 두 언어를 대비하는 것이 불가능하게 되는 것이다.

[대비]
대비하고자 하는 각각의 언어에 대한 기술이 완성되면 이들의 공통점과 차이점을 기술하는 단계로 나아가게 된다. 대비되는 언어들 간에 공통점이 존재한다면 이에 관한 기술은, 차이점에 대한 기술보다 상대적으로 쉽게 할 수 있을 것이다. 어떠어떠한 면은 공통적이다라는 기술로 완성될 수 있기 때문이다. 반면에 차이점에 관한 기술은 대비의 기준점 내지는 기술의 기준점을 무엇으로 하느냐 하는 문제가 제기될 수 있다. 보편언어의 시각에서 할 것이냐 아니면 특정한 하나의 언어로 할 것이냐 하는 문제는 쉽게 결정할 수 있는 문제가 아니기 때문이다. 예를 들어 한국어와 영어의 차이점을 기술할 때 영어의 시각에서 한국

어를 기술할 것인지 아니면 한국어의 시각에서 영어를 기술할 것인지 아니면 제3의 언어(가상적인 언어를 포함하여)의 시각에서 두 언어를 기술할 것인지 하는 문제는 쉽게 판가름 날 수 있는 문제가 아닌 것이다. 이런 문제는 대비의 목적에 따라 때로는 일방적으로 때로는 상호 보완적으로 적용해야 할 것인데, 구체적인 기술은 다음의 기회로 미루어둔다.

대비를 함에 있어서 다시 한번 그 중요성이 강조되어야 할 것은 대비하고자 하는 대상의 계층적 층위의 동질성과 관련된 문제이다. 존재하는 모든 사물(언어의 문법적인 요소를 포함하여)은 일정한 기준에 따라 분류되고 구분되어 계층적인 구조를 이루게 마련이다. 대비하고자 하는 항목도 언어 간에 언어 내적으로 계층적인 구조 속의 일부를 이루게 마련이다. 이러한 상황에서 대비 항목이 언어에 따라 상이한 계층적인 구조를 가지게 될 때 그것을 어떻게 조정할 것인가 하는 문제는 대비의 승패와 관련된 문제가 되는 것이다. 언어에 따른 계층적 층위의 동질성을 보편적으로 확보하는 일과 언어 간의 차이에 따른 층위의 충돌을 해결하는 것이 과제로 대두되는 것이다. 이것은 통사적인 차원에서나 어휘적인 차원에서 대단히 중요한 문제인데 상세한 논의는 앞으로의 과제로 남기기로 한다.

[활용]

대비 언어학적 기술의 활용은 물론 목표의 설정에 따라 결정되겠지만, 대체적으로 세 방향 중 하나가 될 것이다. 하나는 순수 언어학적인 차원에서 언어를 이해하기 위해 대비하는 것이다. 그리고 둘은 인공 지능의 개발과 관련하여 보편 언어를 구축하고 이것을 인공 두뇌의 개발에 활용하는 것이다. 마지막 남은 하나는 언어 교수와 관련된 것으로 언어 간의 유사성과 차이성을 문화 간의 유사성과 차이성과 관련하여 이해함으로써 언어 학습에 도움이 되고자 하는 것이다. 이는 각자의 목적에 따라 활용하면 될 것이다.

다. 원칙

언어를 대비함에 있어서 기본적인 원칙은 대비하는 대상의 동질성을 확보하는 것이고, 대비하는 방법의 일관성을 유지하는 것이다. 대비하는 대상의 동질성은 우선 시간적인 동질성이 확보되어야 하고, 각각의 언어에서 계층적인 동질성이 확보되어야 한다. 그리고 일관된 방법으로 일관된 방향으로 대비가 이루어져야 한다. 각각에 대해 약간의 부연 설명을 하면 다음과 같다.

[공시성의 원칙]

대비되는 자료는 같은 시기의 공시적인 것이어야 한다. 통시적인 변화의 과정을 대비한다는 것도 가능한 일이지만, 이러한 것은 역사언어학의 기본적인 과제가 되는 만큼 대비 언어학은 그 목적에 맞게 공시적인 자료에 한정하여야 하고, 그러한 자료에 한정하여야 보편 언어의 구축이나 언어학습에 활용도가 커지게 된다.

[계층적 동질성의 원칙]

대비되는 항목은 각각의 언어에서 그려지는 계층적 구조에서 상호간에 동질성이 확보되어야 한다. 의미를 기준으로 할 경우에는 개개 어휘나 통사 구조의 의미가 동일한 의미나 지시물을 뜻해야 하고, 이것의 난이도도 유사해야 한다. 표현을 기준으로 할 경우에는 해당 표현이 각각의 언어에서 역시 같은 등급의 난이도를 가지고 있는 것이어야 한다.

[동일 시각의 원칙]

대비되는 언어를 기술한 언어적 시각이 동일해야 한다. 상이한 시각에서 기술된 결과는 서로 간에 아무런 공통성을 찾을 수가 없기 때문에 언어를 보는 시각이 동일해야 한다.

[동일 방향의 원칙]
  대비를 하는 방향이 일치해야 한다. 특정 언어에서 다른 언어를 보고자 할 경우에는 그 시각을 유지해야 하고, 그와 반대일 경우에는 그 반대의 시각을 유지해야 한다. 쌍방향으로 대비할 경우에는 쌍방향에서 보는 시각을 유지해야 한다.

제2장
음소

2.1. 말소리의 생성 과정과 음성의 분류

2.1.1. 말소리의 생성 과정

인간이 소리를 만드는 기본적인 과정은 허파에 고여 있는 공기를 신체 밖으로 내보내면서 공기 입자의 흐름을 여러 가지 양상으로 변화시키는 과정이다. 허파에 있던 공기가 바깥으로 나오는 과정은 숨을 쉬는 과정과 동일하다. 그런데 숨을 쉬는 행위는 공기의 통로를 열어 놓기만 하고 그 관의 모양을 변화시키지 않고 공기를 들이키거나 내뿜는 과정이지만, 말을 하는 행위는 공기 통로의 모양을 다양하게 변화시켜 공기 흐름의 양상을 다양하게 하는 것이다. 공기 흐름의 모양을 다양하게 하는 기관은 다음의 것들이다.

[성대(성문)]
허파에서 내쉬는 숨은 기관지를 통해 후두에 도달하게 되는데, 후두에는 한 쌍의 얇고 질긴 막이 있다. 이것을 성대라 한다. 성대의 질긴 막은 공기가 통과할 수 있는 공간의 크기를 크게 혹은 작게 하는데, 성대의 두 막 사이에 공기가 통과하는 공간을 성문이라 한다. 성문의 크기 혹은 모양에 따라 다양한 소리들이 결정되는데, 여기서 다음의 소리들이 결정된다. (1) 두 막이 접근되어 있고 갑상 연골 일부에서 공기

가 빠져 나가는 긴장음(된소리), (2) 두 막이 가깝게 접근되어 있어 통과하는 공기가 두 막을 진동시키는 유성음, (3) 성문이 어느 정도 열려 있어 두 막을 진동시키지 않는 무성음, (4) 두 막이 많이 열려 있어서 공기가 세게 통과하는 유기음(거센소리). 즉 긴장음, 유성음, 무성음, 유기음 등은 성문의 모양에 의해 결정된다.

[목젖]

성문을 통과한 공기는 코로 나올 수도 있고 입으로 나올 수도 있는데, 이것을 결정하는 부분이 목젖에 인접해 있는 근육이다. 즉 입천장 뒤쪽 목젖에 인접해 있는 근육이 뒤로 이동하여 코로 통과하는 공간을 막아 버리면 공기는 구강으로만 나오고, 반면에 그 근육이 앞쪽으로 당겨져 공간이 열려 있으면 공기는 비강과 구강으로 동시에 나오게 된다. 전자의 과정에서 만들어지는 소리를 구강음이라 하고, 후자의 과정에서 만들어지는 소리를 비강음(콧소리)이라 한다. 즉 목젖에 인접해 있는 근육에 의해 비강음과 구강음이 결정된다.

[입]

소리를 만드는 공기 통로로써 가장 중요한 부분이 입이다. 목젖을 통과한 공기는 입천장, 이, 혀, 입술 등으로 구성되는 구강 통로를 거치면서 이들의 상대적 위치 조정에 의해 다양한 소리로 변화하게 되는 것이다. 이들 중 가장 유연한 것이 혀로 혀는 설첨과 설단, 중설과 후설 등으로 구분되는 각 부분이 다양한 조음점에 접근하여 여러 가지 소리를 만들어 내게 되는 것이다. 입술도 공기통로의 길이와 모양에 영향을 미친다. 아랫입술을 윗입술에 접근하느냐 혹은 윗니에 접근하느냐에 따라 공기 통로의 길이에 영향을 미치고 입술의 모양을 어떻게 하느냐에 따라 공기통로의 모양을 변화시키는 것이다. 이도 성도의 일부분을 이룬다. 앞니가 없을 경우 바람이 새는 것 같은 소리가

제2장_ 음소

들리는 것은 이가 공기 통로의 모양을 형성하는 데 영향을 미치기 때문이다. 구강의 공기통로 모양을 이루는 것에는 잇몸과 입천장도 중요한 구실을 한다. 윗잇몸은 설첨이나 설단이 닿는 위치가 되고, 그 뒤의 단단한 입천장(경구개)은 혀의 앞부분 등이 닿는 위치가 되고, 그 뒤의 부드러운 입천장(연구개)은 혀의 뒷부분이 닿는 조음점이 되는 것이다.

2.1.2. 음성의 분류

존재하고 있는 모든 사물을 인간이 인식할 때에는 일정한 기준에 의해 범주화하여 분류를 한다. '사람, 개, 소나무, 참새, 잉어' 등이 있을 때 인간은 이들을 대등한 것으로 인식하지 않는다. 이들을 분류할 때 우선 스스로 움직일 수 있는가 하는 기준점으로 '동물과 식물'로 분류하고, '동물'이 가지고 있는 속성을 기준으로 '포유류, 조류, 어류' 등으로 분류하고, 또 조류의 하위 부류로서 '참새'를 인식하는 것이다.

이와 같이 인간이 내는 소리도 일정한 기준에 의해 분류를 한다. 소리를 분류하는 기준은 일차적으로 공기 통로의 개방성 여부이다. 즉 공기 통로의 개방 여부가 공기가 자유롭게 통과할 수 있을 정도인가 그렇지 않으냐에 따라 구분하는데, 공기가 자유롭게 통과할 정도로 통로가 열려 있으면 모음이라 하고, 현저히 방해를 받을 정도로 개방적이지 못하면 자음이라 한다.

[모음의 분류]
공기가 자유롭게 통과할 수 있을 정도로 입이 열려 있는 상태에서 조음되는 모음은 우선 입이 어느 정도 열려 있느냐에 따라 가장 많이 열려 있는 상태에서 조음되는 모음을 개모음이라 하고, 가장 닫혀 있는 상태에서 조음되는 모음을 폐모음이라 하고 그 중간 단계를 반개모

음, 반폐모음 등으로 분류한다. 구강 통로 중 혀의 어느 위치가 입천장 방향에 접근하느냐에 따라 전설모음, 중설모음, 후설모음 등으로 분류한다. 혀의 앞부분이 위로 올라가면 전설모음, 혀의 가운데 부분이 올라가면 중설모음, 혀의 뒷부분이 올라가면 후설모음이라 한다. 그리고 모음을 조음할 때에 입술의 모양에 따라 모음의 종류가 달라지게 된다. 입술이 둥근 상태에서 조음되는 모음을 원순모음, 그렇지 않은 모음을 평순모음 혹은 비원순모음이라 한다.

[자음의 분류]

공기의 흐름이 현저히 방해받을 정도로 공기의 통로가 막히는 것을 자음이라 하는데, 공기가 어느 위치에서 어떻게 통과하는가에 따라 소리가 달라지기 때문에, 공기 통로에 중요한 영향을 미치는 조음 기관에 따라 그리고 공기가 통과하는 방법에 따라 분류하는 것이 일반적이다. 자음의 조음 위치란 이동이 자유스러운 조음체와 고정되어 있는 조음점의 조합관계를 나타내는 것이 일반적인데, 조음체가 당연히 짐작될 수 있을 경우에는 생략한다.[3]

조음 위치에 의해 자음을 분류하면 다음과 같다. 두 입술이 관여하여 나는 소리를 양순음 혹은 그냥 순음이라고 한다. 아래 입술이 윗니에 닿아서 나는 소리를 순치음이라고 한다. 이가 관여되는 자음을 치음이라 하는데, 두 이 사이에서 나는 소리를 치간음, 윗니의 뒷면에서 나는 소리를 치리음(보통 이 소리를 치음이라 하기도 한다.), 윗잇몸에서 나는 소리를 치경음이라 한다. 치경과 경구개의 사이에서 나는 소리를 구개 치경음이라 하고, 경구개에서 나는 소리를 경구개음, 연구개에서 나는 소리를 연구개음, 목젖에서 나는 소리를 구개화음, 인두

---

[3] '순치음'이라고 할 경우에는 조음체를 먼저 말하고 조음점을 뒤에 말한 경우이다. 한편 '경구개음'이라고 하는 것은 경구개에 접근할 수 있는 혀의 위치는 혀의 앞부분밖에 될 수 없으므로 조음체에 관한 부분을 생략한 것이다.

에서 나는 소리를 인두음 그리고 성문에서 나는 소리를 성문음이라고 한다.

자음의 조음 방식도 다양하게 나타난다. 우선 성문에서 공기가 통과하는 정도에 따라 유기음, 긴장음, 유성음, 무성음 등으로 분류된다. 그리고 공기가 목젖 부위를 통과할 때 목젖이 뒤로 이동했느냐의 여부에 의해 구강음, 비강음으로 분류된다. 구강에서의 접촉 방식에 의해서도 소리가 다양하게 나누어진다. 공기의 통과를 잠시 정지시켰다가 공기의 흐름을 파열시키는 파열음(정지음, 중지음, 폐쇄음이라고도 함), 공기통로를 아주 근접하게 접근시켜 공기가 마찰을 일으키게 하는 마찰음 그리고 폐쇄 뒤에 천천히 파열시키는 파찰음 등이 그것이다. 그리고 유음도 혀의 모양이나 혀끝이 작용하는 모양에 따라 다양하게 나타난다.

2.2. 한국어의 음소

음소란 한편으로는 음성과 구별하고, 다른 한편으로는 운소와 구별하는 것이 일반적이다. 음성과 구별하는 음소는 조음음성학적으로나 음향음성학적으로 존재하고 있는 실재로서의 '음성'과 변별적 자질의 묶음으로서 의미 분화의 기능을 수행하는 단위로서의 '음소'를 구별하는 일이다. 그리고 운소와 구별되는 음소는 강세, 장단, 성조와 같은 초분절음과 자음, 모음과 같이 시간 단위로 분절할 수 있는 분절음을 구별하는 일이다. 음운론의 역사에서 강세, 장단, 성조와 같은 초분절음을 포함하여 음소라 하는 이들도 있고, 초분절적인 운율적 존재는 음운의 층위에 포함시키지 않으려는 이들도 있었지만, 본 책에서는 대체로 위와 같은 정의로 사용한다.

변별적 자질의 묶음으로서 의미를 분화하는 한국어의 음소 목록은 다음과 같다. 음소의 기본적인 음가는 음성 기호로써 표기한다.

[자음 음소]
　　ㄱ[k], ㄲ[k'], ㅋ[kʰ]
　　ㄷ[t], ㄸ[t'], ㅌ[tʰ]
　　ㅂ[p], ㅃ[p'], ㅍ[pʰ]
　　ㅅ[s], ㅆ[s']
　　ㅈ[c], ㅉ[c'], ㅊ[cʰ]
　　ㅎ[h]
　　ㅁ[m], ㄴ[n], ㅇ[ŋ]
　　ㄹ[l]
　　등 19개

[모음 음소]
　　ㅣ[i]　　ㅟ[y]　　ㅡ[ɨ]　　ㅜ[u]
　　ㅔ[e]　　ㅚ[ø]　　ㅓ[ə]　　ㅗ[o]
　　ㅐ[ɛ]　　　　　　ㅏ[a]
　　등 10개(한국어 최대의 모음 체계)

[경과음 음소]
　　j, w
　　등 2개

2.2.1. 한국어의 자음

가. 국어의 자음 음소의 종류와 분포

　인간이 조음 기관으로 낼 수 있는 말소리 중 자음은 모음에 비해 상대적으로 공기의 흐름이 많이 방해받아서 나는 소리이다. 즉 조음 기관의 위쪽과 아래쪽 사이에 완전한 폐쇄나 마찰이 일어나면서 성대로부터 올라오는 공기의 흐름이 변화되어 나는 소리이다. 다시 말해 두 조음 기관이 가까이 접근하여 구강이나 비강을 통해 빠져나오는 공기

<표 1> 음소 종류와 위치별 음가

자음 음소	어두 단어 예	음가	어중 음절초 단어 예	음가	어중 음절말 단어 예	음가	어말 단어 예	음가
ㅂ	불	p	갈비 국보	b p'	입고 입는	p m	입	p
ㅍ	풀	p^h	아프다	p^h	잎도 잎만	p m	잎	p
ㅃ	뽈	p'	아빠	p'	(비존재)		(비존재)	
ㄷ	달	t	가닥 국도	d t'	듣고 듣는	t n		
ㅌ	탈	t^h	비탈	t^h	밭도 밭만	t n	밭	t
ㄸ	딸	t'	오뚝이	t'	(비존재)		(비존재)	
ㅈ	자-	c	가지	c	젖고 젖는	t n	젖	t
ㅊ	차-	c^h	까치	c^h	쫓고 쫓는	t n	꽃	t
ㅉ	짜-	c'	버찌	c'	(비존재)		(비존재)	
ㄱ	개-	k	고기 곡기	g k'	익고 익는	k ŋ	박	k
ㅋ	캐-	k^h	내키다	k^h	부엌도 부엌만	k ŋ	부엌	k
ㄲ	깨-	k'	아끼다	k'	닭고 닭는	k ŋ	안팎	k
ㅅ	사-	s	가시	s	웃고 웃는	t n	옷	t
ㅆ	싸-	s'	오싹	s'	있고 있는	t n	(비존재)	
ㅎ	하-	h	희한하다	h or ø	좋고	ø	(비존재)	
ㅁ	말	m	가마	m	곰돌이	m	밤	m
ㄴ	날	n	고니	n	단도 단란	n l	반	n
ㅇ	(비존재)		(비존재)		성에	ŋ	방	ŋ
ㄹ	(비존재)		다리	r	달래	l	발	l

의 흐름을 방해하는 방식으로 조음된다. 한국어에는 19개의 자음 음소가 있다(경과음 /j/와 /w/는 따로 논의됨).4) 자음 음소 및 그 낱말에서 나타나는 예는 <표 1>과 같은데 (단어 예)는 한국어의 표기상 나타나는 예이고, (음가)는 해당 위치에서의 음가를 나타낸다. <표 1>에 (비존재)로 표시된 부분은 해당 위치에서 자음이 나타나지 않는 경우들이다. 예를 들어 한국어에서 /ŋ/은 낱말 처음에, /h/는 낱말 끝에 나타나지 않는 음소들이다. 어중 음절말의 중화현상은 조음 방식 동화만 고려하였다.(조음위치 중화에 대해서: 5.2장 참고)

나. 한국어 자음의 조음 위치

앞에서 언급했던 조음 위치 중 한국에서는 대략 6가지 조음 위치가 사용되고 있다. 두 입술이 붙었다가 떨어지면서 나는 양순음, 혀끝과 위의 잇몸 혹은 윗니가 붙었다가 떨어지면서 나는 치경음, 치경 바로 뒤에서 혀끝이 붙었다가 떨어지는 치경구개음, 혀의 앞부분이 입천장의 단단한 부분에 붙었다가 떨어지는 경구개음, 혀의 뒷부분이 입천장의 뒤쪽 부드러운 부분에 붙었다가 떨어지는 연구개음, 그리고 목구멍에서 소리나는 성문음(혹음 후음) 등이 그것이다. 각각의 위치별로 자음 목록을 제시하면 다음과 같다.(한국어에서 치경음과 치경구개음은 조음 위치가 변별되지 않는다. 방언에 따라 개인에 따라 치음과 치경구개음은 자유변이음처럼 나타나는 것이 일반적이다.)

	순음	치경음 (치경구개음)	경구개음	연구개음	후음	비고
자음의 종류	ㅂ ㅍ ㅃ ㅁ	ㄷ ㅅ ㅌ ㅆ ㄸ ㄴ ㄹ	ㅈ ㅊ ㅉ	ㄱ ㅋ ㄲ ㅇ	(ㆆ) ㅎ	

---

4) 후두폐쇄음 'ㆆ'가 현대국어에서 음소로서의 기능을 수행한다고 할 수도 있기 때문에 여기서는 ( ) 안에 넣었다.

다. 한국어 자음의 조음 방식

자음은 공기의 흐름이 방해받는 조음 위치뿐만 아니라 공기가 성대를 통과할 때의 성문 모양과 비강으로 공기가 통과하느냐의 여부 그리고 구강으로 빠져나갈 때 공기의 흐름이 변형되는 방법에 따라서도 구별된다. 성대에서 공기가 통과하는 방식에 따라 유기음과 긴장음 그리고 평음으로 구분되고, 비강으로 공기가 통과하느냐의 여부에 따라 비강음과 구강음 그리고 구강에서 조음 기관을 폐쇄하고 개방하는 정도와 방법에 따라 폐쇄음, 파찰음, 마찰음 등으로 구분된다.

[유기음과 긴장음 그리고 평음]

성대가 거의 붙어 있는 상태에서 폐로부터 공기가 빠져 나오면 성대의 긴장을 일으켜 긴장음이 조음된다. 이보다 성대가 조금 더 열린 상태에서 공기가 통과하면 성대가 진동을 일으키게 되는데, 이때에는 유성음이 조음된다. 그리고 성대가 좀 더 열려 공기가 빠져 나오면서 진동을 야기하지 않으면 무성음이 조음된다. 이보다 성문이 더 열려 있어 공기의 흐름이 많은 상태에서는 유기음이 조음된다. 한국어에서는 유성음이 인식되지 못하고 긴장음, 무성음(이를 '평음'이라 칭하기로 한다.), 유기음이 인식된다. 예를 들어 '딸'의 초성은 긴장음, '달'의 초성은 평음, '탈'의 초성은 유기음이다.

[폐쇄음]

조음 기관을 완전히 폐쇄했다가 개방할 때 만들어지는 소리가 폐쇄음이다. 조음 기관을 일시적으로 폐쇄하여 내는 소리이기 때문에 폐쇄음이라 하기도 하고, 공기의 흐름이 일시적으로 중지하기 때문에 중지음 혹은 정지음이라 하기도 하고, 폐쇄되었던 조음 기관이 일시적으로 열려 공기가 순간적으로 파열하기 때문에 파열음이라 하기도 한다. 공기의 흐름이 폐쇄되는 위치에 따라 그리고 성대의 열림 정도에 따라 한국어에서 사용되는 폐쇄음은 다음과 같이 분류할 수 있다.

<표 2> 한국어의 폐쇄음

	양순	치경	연구개
평 음	/p/	/t/	/k/
유기음	/pʰ/	/tʰ/	/kʰ/
긴장음	/p'/	/t'/	/k'/

'ㅂ, ㅍ, ㅃ' 등은 두 입술로 공기의 흐름을 차단하였다가 일시에 개방하여 조음하기 때문에 양순폐쇄음이라 한다. 양순폐쇄음 'ㅂ, ㅍ, ㅃ' 등에 의한 최소 대립쌍은 다음과 같다.

(예) 불 - 풀 - 뿔
　　 불다 - 풀다
　　 팔다 - 빨다
　　 바르다 - 빠르다

'ㄷ, ㅌ, ㄸ' 등은 혀의 끝부분(설단)이 윗니 바로 뒤 딱딱한 부분인 치경 위치에 대어 공기의 흐름을 막았다가 파열하여 내는 소리이기 때문에 치경폐쇄음이라 한다. 혀의 양 옆도 치경을 따라 공기를 막아 공기가 혀 양 옆으로 빠져나가지 못하도록 차단하지만 공기 통로의 주 모양이 혀 끝과 치경에 의해 만들어지기 때문에 치경폐쇄음이라 한다. 'ㄷ, ㅌ, ㄸ' 등에 의한 최소 대립어는 다음과 같다.

(예) 달 - 탈 - 딸
　　 덜다 - 털다 - 떨다

'ㄱ, ㅋ, ㄲ' 등은 혓몸의 뒷부분(후설)이 입천장의 여린 부분 즉 연구개를 폐쇄하였다가 파열하여 내는 소리이기 때문에 연구개 폐쇄음이라 한다. 이들에 의한 최소 대립어는 다음과 같다.

(예) 개- 깨   골 - 꼴
     고 - 코   공 - 콩
     개다 - 캐다 - 깨다

[파찰음]
'ㅈ, ㅊ, ㅉ' 등은 파찰음이라 한다. 파찰음은 조음 기관이 폐쇄된다는 점에서는 폐쇄음과 동일하다. 그러나 폐쇄되었던 공기가 개방되는 방식에서 폐쇄음과 파찰음은 구분된다. 폐쇄음은 공기가 일시적으로 파열되지만 파찰음은 공기가 일시적으로 파열하지 않고 마찰음과 같은 조음 방식을 가진다. 그래서 파찰음이라 한다.[5] 한국어의 파찰음에 의한 최소 대립쌍은 다음과 같다.

(예) 자 - 차
     자다 - 차다 - 짜다
     지다 - 치다 - 찌다

[마찰음]
아래의 조음체가 위의 조음점에 완전히 접근하지 않고, 아주 가깝게 접근하여 좁은 통로를 형성하여 공기가 빠져 나가면서 마찰을 일으키듯이 내는 소리를 마찰음이라 한다. 공기가 좁은 통로를 통과하기 때

---

[5] 폐쇄음이라는 용어와 파찰음이라는 용어는 조음 방식의 측면에서 볼 때 적합하지 못하다. '폐쇄-파열'과 '폐쇄-마찰'을 구분하기 위해서는 '폐열음, 폐찰음'으로 구분하든가 '폐쇄음, 폐찰음'으로 구분하는 것이 적당하나 용어 자체를 문제삼는 자리가 아니므로 흔히 사용하는 기존의 용어를 따른다.

문에, 공기의 흐름이 장애를 받지만, 완전히 막히지 않아 공기의 흐름이 지속되므로 지속음이라 하기도 한다. 국어의 마찰음은 'ㅅ, ㅆ, ㅎ' 등이다.

<표 3> 국어의 마찰음

	치경	성문
평음	/ㅅ/ → /s/	/ㅎ/ → /h/
유기 혹은 긴장음	/ㅆ/ → /s'/	

'ㅅ, ㅆ' 등은 혀끝을 치경에 접근하여 내는 치경마찰음이고, 'ㅎ'은 성대에 붙어 있는 성문이 좁은 통로를 형성하여 공기가 마찰을 일으키며 만들어지는 소리이기 때문에 성문마찰음이라 하기도 하고, 성대가 후두에 있기 때문에 후두마찰음이라 하기도 한다. 그런데 'ㅎ'의 경우 구강에서의 특정한 조음 위치를 가지지 않기 때문에 후행하는 모음의 영향을 많이 받는 것으로 알려져 있다.

(예) 사다 - 싸다
   살 - 쌀

[비음]
입천장의 뒷부분(연구개와 목젖이 있는 부분)을 뒤쪽으로 밀면서 들어올려 비강으로 가는 통로를 막으면 공기가 구강 통로로만 통하게 되는데, 이렇게 만들어지는 소리를 구강음이라 한다. 한편 입천장의 뒷부분을 앞쪽으로 당기듯이 내려와 비강 통로로도 공기가 통하게 되어, 공기 통로가 구강과 비강 두 군데로 만들어지게 된다. 이렇게 만들어진 소리는 비강음 혹은 비음이라고 한다. 국어의 비음에는 양순 비음 /ㅁ/, 치경 비음 /ㄴ/, 연구개 비음 /ㅇ/ 등 세 가지가 있다. 보통의 경우

비음은 모두 유성음인데, 한국어의 경우도 같다.
 /ㅁ/은 입천장 뒷부분이 당기듯이 내려와 공기가 비강으로 통과하고, 구강에서는 두 입술이 닫혔다가 일시에 파열하면서 내는 소리이다. /ㄴ/은 입천장 뒷부분의 모양은 'ㅁ'과 동일하고, 구강의 폐쇄위치가 혀끝이 치경을 폐쇄했다가 개방하면서 내는 소리이다. 'ㅇ' 역시 비강의 개방은 동일하고, 구강에서 연구개를 폐쇄했다가 개방하면서 내는 소리이다. 'ㅁ, ㄴ' 등은 어두, 어중, 어말 등의 위치에서 자유롭게 분포하지만, 'ㅇ'은 음절말 혹은 어말의 위치에서만 분포한다.

 (예) 말 - 날   (어두)
   감 - 간 - 강   (어말)

[유음]
 국어의 'ㄹ'은 유음이라 하는데, 유음은 혀끝이 입천장의 앞부분 즉 치경의 바로 뒷부분에 닿아 조음되는 소리이다. 그런데 다른 자음과는 달리 혀의 옆부분이 열려 있어 공기의 흐름이 부분적으로 자유로운 소리이다. 혀의 옆 부분이 열려 있기 때문에 이 특징을 살려 설측음이라 하기도 한다. 국어에서 유음은 초성과 종성의 위치에서 아주 다르게 조음된다. 초성의 위치에서는 혀끝을 치경의 바로 뒷부분에 살짝 두들기듯이 닿았다가 내고, 종성의 위치에서는 초성의 조음 때보다 상당히 넓은 혀의 앞부분을 치경의 뒷부분에 접근하여 낸다. 한국인들은 이 소리를 같은 소리로 인식하고 있다. 이 소리는 한국어에서 분포상의 제약을 가지는데, 고유어와 한자어에서는 음성적으로 어중과 어말에서 조음되고, 서구 외래어에서는 어두에서도 조음된다.

 (예) 다리, 오리   (어두)
   달, 말, 살   (어말)
   라디오, 로타리, 라이언스 (외래어)

[공명음과 장애음]

소리는 그것을 만들어내는 관의 모양에 따라 달라지게 된다. 소리를 만드는 관인 구강이나 비강에서 공기의 통로가 부분적으로나 전체적으로 항상 열려 있는 부분이 있는 소리와 그렇지 않은 소리는 달라지게 된다. 전자는 울리는 정도가 후자보다 훨씬 크게 마련인데 이런 소리들을 공명음이라 한다. 국어에서는 모음을 비롯하여 유음, 비음, 활음 등이 공명음에 해당한다. 이에 반해 공기의 흐름에 큰 장애를 받게 되는 소리들을 장애음이라 하는데, 국어의 폐쇄음, 파찰음, 마찰음 등이 이에 속한다.

지금까지 논의한 한국어의 자음을 정리하면 <표 4>와 같다.

<표 4> 한국어의 자음

조음 방법		조음 위치	양순음	치경음	치경구개음	구개음	연구개음	성문음
장애음	폐쇄음	평음	ㅂ	ㄷ			ㄱ	
		유기음	ㅍ	ㅌ			ㅋ	
		긴장음	ㅃ	ㄸ			ㄲ	
	마찰음	평음		ㅅ				ㅎ
		긴장음		ㅆ				
	파찰음	평음				ㅈ		
		유기음				ㅊ		
		긴장음				ㅉ		
공명음	비음		ㅁ	ㄴ			ㅇ	
	유음			ㄹ				

2.2.2. 한국어의 모음

현대 한국어의 모음 체계[6]는 최대 10모음 체계에서 최소 6모음 체

---
6) 국어사의 시대 구분은 이기문(1972)의 논의를 따르는 것이 대부분이므로, 여기

계까지, 세대와 지역, 음운론적 환경에 따라 커다란 차이를 보이고 있다. 학교 문법 및 표준어 규정을 비롯하여 기존의 논의들은 대체적으로 <표 5>와 같은 10모음 체계7)를 인정하고 있지만, 이러한 10모음 체계는 표준어 규정 내의 표준 발음법에서 'ㅟ, ㅚ'의 경우 이중 모음으로 발음할 수 있다고 명시하고 있듯이 상당한 변화의 압력을 받고 있는 실정이다. 10모음 체계가 발화되고 있는 지역이라 하더라도, 세대 간의 모음 차이가 뚜렷이 나타나는데, 대한민국의 어느 지역이든 40대 이하의 언중들은 'ㅟ'와 'ㅚ'를 이중 모음으로 발음하는 것은 물론이고 'ㅔ'와 'ㅐ'를 구분하지 못하는 경우가 대부분이다.

가. 현대 국어의 10모음 체계

현대국어에서 사용되고 있는 모음 체계는 최대의 모음 체계인 10모음 체계인데, 이러한 모음 체계는 중부 방언이나 호남 방언의 노년층에서 부분적으로 사용되고 있다. 모음 체계는 다음과 같다.

<표 5> 한국어의 모음

	전설모음		비전설모음	
	평순	원순	평순	원순
고모음	ㅣ	ㅟ	ㅡ	ㅜ
중모음	ㅔ	ㅚ	ㅓ	ㅗ
저모음	ㅐ		ㅏ	

10개의 모음 중 전설모음이 5개, 비전설모음이 5개로 각각이 전설

서도 그 시대 구분을 따르기로 한다. 또한 모음 체계라고 할 때에는 대체로 단모음 체계에 한정시킨 논의들이 대부분이므로 역시 여기서도 단모음 체계에 한하여 논의를 진행하기로 한다.
7) 논의에 따라 각각의 음가를 조금씩 달리 표현하고 있는 바, 논의의 편의를 위하여 가능한 한 한글 표기를 사용하기로 한다.

대 비전설의 균형잡힌 대립 관계를 이루고 있다. 반면에 원순모음이 4개, 비원순모음은 6개로 원순성에 대립 관계는 짝이 없는 모음이 2개 존재하는 불균형을 보이고 있다. 개구도의 등급도 불균형을 이루고 있는데 비원순모음은 3단계 그리고 원순모음은 2단계로 구분되는 불균형을 이루고 있다.

나. 지역별 모음 체계

[경기 충청 강원 방언]

경기도, 충청남·북도, 강원도, 함경남도 일부(영흥 이남), 전라북도 일부(무주·금산)를 포함하는 중부 방언은 거의 대부분의 지역에서 /ㅣ, ㅔ, ㅐ, ㅟ, ㅚ, ㅡ, ㅓ, ㅏ, ㅜ, ㅗ/의 10모음 체계를 가지고 있는 것으로 알려져 있다.

이 방언의 특징은 세대에 따라 10모음에서 7모음까지 다양한 모음 체계를 보여주고 있는 것이라 하겠는데, 이러한 세대별 모음 체계 변화[8]를 통해 현대 국어의 모음 체계가 급격하게 변해가고 있음을 알 수 있다.

이 방언이 포함하는 영역이 상당히 광범위함에도 불구하고, 그 동안 경남 방언이나 전라 방언을 비롯한 여타의 방언에 비해 상대적으로 관심을 덜 받아온 것이 사실이다. 이는 이 방언의 경우는 중앙어와 거의 같이 취급되는 등 이 방언권의 언어가 표준어(혹은 중앙어)와 별반 차이가 없는 것으로 인식되어 온 때문이라 생각된다.

---

8) 경기 방언의 세대별 모음 체계 변화도를 박경래(1998)에서 인용해 보면 다음과 같다.

이 위 으 우 에 외 어 오 애 　 아	⇒	이 　 으 우 에 　 어 오 애 　 아	⇒	이 　 으 우 애(E) 어 오 　 아
<노년층>		<중년층>		<청소년층>

제2장_ 음소

[경상 방언9)]

경상남·북도와 강원도 일부(울진, 평해)를 포함하는 경상 방언은 다시 경남 방언과 경북 방언으로 하위 분류될 수 있다. 먼저 경남 방언의 모음 체계에 대한 대표적 논의들로는 김영송(1963), 김차균(1966), 정연찬(1968), 김영태(1975), 최명옥(1976), 염선모(1977), 서보월(1982), 박창원(1983) 등을 들 수 있는데, 정연찬(1968)에서는 경남 방언의 모음 체계로 /ㅣ, ㅔ, ㅐ, ㅡ, ㅓ, ㅏ, ㅗ, ㅜ/의 8모음 체계를 제시하고 있다. 또 김영태(1975), 최명옥(1976), 염선모(1977) 등에서는 /i, E, ɨ, a, u, o/의 6모음 체계를, 박창원(1983)에서는 /i, e, (ɛ), i, a, u, o/의 6(7)모음 체계를 제시하고 있다.

경북 방언의 모음 체계에 대한 대부분의 논의들은 경북 방언의 모음 체계를 /i, E, e, u, o, a/의 6모음 체계 또는 /i, E, ɨ, ə, u, o, a/의 7모음 체계로 파악하고 있는데, 대표적인 논의로 이재오(1971), 권재선(1979), 최명옥(1982), 백두현(1989) 등을 들 수 있다. 이상규(1988)에 따르면 경북 방언의 모음 체계는 경북 북부 지역과 나머지 지역 간의 체계적 차이를 인정할 수 있느냐의 문제에 따라 6모음 체계로 통일될 가능성이 있다. 50%의 음소실현 빈도를 보이는 경북 북부 지역의 'ɨ : ə'의 대립을 인정하지 않는다면 경북 방언의 모음 체계는 6모음 체계로 볼 수 있을 것이다.

[전라 방언]

무주·금산 지역의 제외한 전라남·북도를 포함하는 전라 방언은 /ㅣ, ㅔ, ㅐ, ㅟ, ㅚ, ㅡ, ㅓ, ㅏ, ㅜ, ㅗ/의 10모음 체계 내지는 'ㅔ'와 'ㅐ'가 합류된 목록인 9모음 체계를 갖는 것으로 알려져 있다.

전남 방언의 모음 체계에 대한 대표적 논의로 이돈주(1978), 박양규

---

9) 백두현(1992)는 경상 방언권의 하위 방언에 따른 모음 체계를 목록화하여 제시하고 있다. 하위 방언권별 모음 체계는 이를 참조할 것.

(1983) 등을 들 수 있다. 이돈주(1978)은 중앙어와의 비교를 통해 전남 방언의 모음 체계가 9모음으로서 'ㅔ'와 'ㅐ'의 구분이 없다는 점을 주요 특징으로 한다고 했는데, 이기갑(1988)에 따르면 이러한 합류가 일부 지역에 한정된 것일 뿐이라는 견해도 있다고 한다. 박양규(1983)은 전남 방언 각각의 모음 음가를 밝히는 작업에서 시작하여 음소의 수를 확정하고 다시 조직, 표준 발음의 모음 체계와 비교하는 과정을 거쳐 이돈주(1978)와 같은 /i, e, y, ø, ɯ, ə, a, u, o/의 모음 체계를 제시하고 있다.

전북 방언에 대한 논의로 전광현(1983), 소강춘(1988) 등을 들 수 있는데, 이 지역의 방언은 이승재(1987)에서 지적하고 있듯이 그 성격이 뚜렷하게 부각되지 않는다. 따라서 모음 체계 역시 중앙어와 큰 차이가 없는 것으로 생각할 수 있겠다.

[함경 방언]

영흥 이남을 제외한 함경남·북도 지역의 방언을 포함하는 함경 방언은 노년층의 경우 /ㅣ, ㅔ, ㅐ, ㅟ, ㅚ, ㅓ, ㅏ, ㅜ, ㅗ/의 10모음 체계이나 'ㅟ, ㅚ'의 비원순화 경향을 보이기도 하고, 젊은층의 경우는 'ㅟ, ㅚ'가 없는 8모음 체계를 보이는 것으로 알려져 있다. 그러나 이 지역 방언에 대한 실험 음성학적 분석을 시도하고 있는 강순경(1997)은 실험결과를 바탕으로 'ㅓ'의 'ㅡ'로의 상승 혼합은 아직 완성된 것은 아니지만, 이러한 상승 혼합을 인정한다면 함경 방언도 7모음 체계로 볼 수 있다고 하였다.

함경 방언의 하위 방언으로 육진 방언을 들 수 있는데, 육진 방언 모음 체계의 특징은 'ㅔ'와 'ㅐ'의 대립 유무로 결정할 수 있다. 곽충구(1988)에 따르면 기존의 논의 대부분은 두 음소의 대립을 인정하면서, 음성상으로 세대차에 따라 음성 간극이 좁거나 구분되지 않는 경우가 있는 것으로 보고 있다. 이에 대해 곽충구(1988)은 'ㅔ'와 'ㅐ'가 점차 대립을 상실하고 중화되어 간다는 사실을 암시하는 것으로 보고 있다.

[평안 방언]

평안 방언은 행정 구역상 평안남·북도를 포함하고 있는데, 이 지역의 모음 체계 특징은 'ㅟ, ㅚ'가 이중 모음에 대응된다는 것이다. 김영배(1977)에서는 이로써 평안 지역의 모음 체계를 /ㅣ, ㅔ, ㅐ, ㅡ, ㅓ, ㅏ, ㅜ, ㅗ/의 8모음 체계로 보고 있다. 그러나, 'ㅡ'와 'ㅓ'가 모두 원순모음인 'ㅜ'와 'ㅗ'에 합류되어 /ㅣ, ㅔ, ㅐ, ㅜ, ㅗ, ㅏ/의 6모음 체계를 보여준다는 견해도 있어 이 부분에 대한 합의가 이루어져야 할 것이라 생각된다.

[제주 방언]

제주도와 그 인근 도서를 포함하는 제주 방언의 모음 체계 역시 연령층에 따라 나뉠 수 있다. 노년층의 경우 /ㅣ, ㅔ, ㅐ, ㅡ, ㅓ, ㅏ, ㅜ, ㅗ, ㆍ/의 9모음 체계를 보여주며, 젊은층의 경우 'ㅔ'와 'ㅐ'뿐 아니라 'ㆍ'와 'ㅗ'도 구별하지 못하여 /ㅣ, ㅔ(E), ㅡ, ㅓ, ㅏ, ㅜ, ㅗ/와 같은 7모음 체계를 보여준다고 한다.

제주 방언의 모음에 대한 가장 최근의 논의로 Cho 외(2001)을 들 수 있는데, 실험음성학적으로 모음의 분포를 보여주고 있는 Cho 외(2001)의 분석 결과 역시 'ㅔ'와 'ㅐ', 'ㆍ'와 'ㅗ'의 합류가 이루어지고 있음을 보여주고 있다.

다. 한국어 단모음의 모음 체계별 정리

10모음 체계

	전설모음		후설모음	
	비원순모음	원순모음	비원순모음	원순모음
고모음	ㅣ	ㅟ	ㅡ	ㅜ
중모음	ㅔ	ㅚ	ㅓ	ㅗ
저모음	ㅐ		ㅏ	

9모음 체계

	전설모음		후설모음	
	비원순모음	원순모음	비원순모음	원순모음
고모음	ㅣ		ㅡ	ㅜ
중모음	ㅔ	ㅚ	ㅓ	ㅗ
저모음	ㅐ		ㅏ	

	전설모음		후설모음	
	비원순모음	원순모음	비원순모음	원순모음
고모음	ㅣ	ㅟ	ㅡ	ㅜ
중모음	ㅔ(ㅐ)	ㅚ	ㅓ	ㅗ
저모음			ㅏ	

8모음 체계

	전설모음		후설모음	
	비원순모음	원순모음	비원순모음	원순모음
고모음	ㅣ		ㅡ	ㅜ
중모음	ㅔ		ㅓ	ㅗ
저모음	ㅐ		ㅏ	

	전설모음		후설모음	
	비원순모음	원순모음	비원순모음	원순모음
고모음	ㅣ		ㅡ	ㅜ
중모음	ㅔ(ㅐ)	ㅚ	ㅓ	ㅗ
저모음			ㅏ	

7모음 체계

	전설모음		후설모음	
	비원순모음	원순모음	비원순모음	원순모음
고모음	ㅣ		ㅡ(ㅓ)	ㅜ
중모음	ㅔ			ㅗ
저모음	ㅐ		ㅏ	

제2장_ 음소

	전설모음		후설모음	
	비원순모음	원순모음	비원순모음	원순모음
고모음	ㅣ		ㅡ	ㅜ
중모음	ㅔ(ㅐ)		ㅓ	ㅗ
저모음			ㅏ	

6모음 체계

	전설모음		후설모음	
	비원순모음	원순모음	비원순모음	원순모음
고모음	ㅣ		ㅡ(ㅓ)	ㅜ
중모음	ㅔ(ㅐ)			ㅗ
저모음			ㅏ	

라. 한국어 모음의 발음

[ㅣ]

(1) 한국어에서 'ㅣ' 모음은 닫혀 있던 입의 모양에서 입술을 조금만 열고, 혀는 아랫니나 아랫잇몸에 닿을 듯 말 듯 접근하고, 입술의 모양은 변화하지 않고 내는 모음이다.
(2) 이 모음의 조음상의 특징은 다음과 같이 기술할 수 있다.
가. 입이 조금만 벌어져 있다.
나. 혀끝이 아래 잇몸이나 아랫니에 접근한다.
다. 입술은 둥근 모양을 하지 않고, 양 옆으로 펴져 있다.

[ㅔ]
(1) 한국어에서 'ㅔ' 모음은 'ㅣ'를 발음하던 입의 모양에서 다른 것

은 변화하지 않고, 입술을 조금만 더 벌려서 발음하면 된다.
  (2) 이 모음의 조음상의 특징은 다음과 같이 기술할 수 있다.
  가. 입이 조금 벌어져 있다. 한국어의 모음을 발음하는 전체 영역에서 보면 중간쯤 입이 벌어진 상태이다.
  나. 혀끝이 아래 잇몸이나 이뿌리 근처에 놓인다.
  다. 입술은 둥근 모양을 하지 않고, 양 옆으로 펴져 있다.

[ㅏ]
  (1) 한국어에서 'ㅏ' 모음은 숨을 쉬던 입의 모양에서 입술이나 혀에 특별한 힘을 가하지 않고 입을 크게 벌리면서 소리를 내면 조음되는 소리이다. 다른 모음과 비교하면, 입이 가장 많이 벌어진 상태이고, 입술은 둥글게 되지 않으며, (혀의 위치는 중립적인데) 모음 체계 전체에서 보면 후설적이다.
  (2) 이 모음의 조음상의 특징은 다음과 같이 기술할 수 있다.
  가. 입이 크게 벌어져 있다.
  나. 혀가 호흡작용을 하던 평상시의 그대로 혓바닥에 붙어 있다.
  다. 입술은 둥근 모양을 하지 않고, 양 옆으로 펴져 있다.

[ㅐ]
  (1) 한국어의 'ㅐ' 모음은 'ㅏ'를 발화하던 입의 모양에서 혀의 위치를 아래 잇몸과 아랫니에 댄 상태로 조음하면 이 소리가 된다. 즉 'ㅏ'를 발음하던 입의 모양을 그대로 두고 혀만 앞쪽으로 내밀어서 조음하면 된다. 혹은 'ㅔ'를 조음하던 입의 모양에서 다른 것은 변화하지 않고 입만 조금 더 벌려서 조음하면 이 모음이 된다. 다른 모음에 비교하면, 'ㅏ'와 같이 입이 가장 많이 벌어진 상태이고, 입술은 둥글게 되지 않으며, 혀의 위치는 전체적으로 다른 모음과 비교하면 전설적이다.
  (2) 이 모음의 조음상의 특징은 다음과 같이 기술할 수 있다.

가. 입이 크게 벌어져 있다.
나. 혀가 호흡작용을 하던 평상시의 위치에서 앞쪽으로 와 있다.
다. 입술은 둥근 모양을 하지 않고, 양 옆으로 펴져 있다.

[ㅓ]
(1) 한국어에서 'ㅓ' 모음은 숨을 쉬던 입의 모양에서 입술이나 혀에 특별한 힘을 가하지 않고 입을 중간쯤 벌리면서 소리를 내면 조음되는 소리이다. 즉 'ㅏ' 모음을 조음하던 입의 모양에서 다른 것은 변화시키지 않고 입이 벌어지는 정도만 조금 줄여서 조음하면 된다. 대체적으로 'ㅔ' 모음과 입이 벌어지는 정도가 동일하게 보면 된다. 다른 모음과 비교하면, 입이 중간쯤 벌어진 상태이고, 입술은 둥글게 되지 않으며, (혀의 위치는 중립적인데) 전체 모음 체계에서 보면 후설적이다.
(2) 이 모음의 조음상의 특징은 다음과 같이 기술할 수 있다.
가. 입이 중간쯤 벌어져 있다.
나. 혀가 호흡작용을 하던 평상시의 상태에서 조금 들려 있다.
다. 입술은 둥근 모양을 하지 않고, 양 옆으로 펴져 있다.

[ㅡ]
(1) 한국어에서 'ㅡ' 모음은 숨을 쉬던 입의 모양에서 입술이나 혀에 특별한 힘을 가하지 않고 입을 조금만 벌리면서 소리를 내면 조음되는 소리이다. 다른 모음과 비교하면, 입이 벌어지는 정도만 'ㅣ'와 같이 가장 적게 벌어진 상태이고, 입술은 둥글게 되지 않으며, (혀의 위치는 중립적인데) 전체적으로 다른 모음과 비교하면 후설적이다. 'ㅣ'를 조음하던 입의 모양에서 혀의 위치만 뒤로 이동시키거나, 'ㅓ'를 조음하던 입의 모양에서 입이 벌어지는 정도를 조금만 줄이면 이 모음이 된다.
(2) 이 모음의 조음상의 특징은 다음과 같이 기술할 수 있다.
가. 입이 가장 작게 벌어져 있다.

나. 혀가 호흡작용을 하던 상태에서 위쪽으로 들려있다.
다. 입술은 둥근 모양을 하지 않고, 양 옆으로 펴져 있다.

다. 경과음

국어에는 자음도 아니고 모음도 아닌 두 개의 소리가 있다. 자음처럼 조음체가 조음점을 폐쇄하지 않고 모음처럼 열려 있지만, 독립적으로 조음되지 않고 앞이나 뒤에 모음이 와야 조음되는 소리가 있다. /j/와 /w/가 그것인데, 이들은 모음이 있어야 조음될 수 있고, 모음과 모음의 연결을 부드럽게 해 주는 역할도 하기 때문에 경과음 혹은 활음이라고 한다.

/j/는 한국어 'ㅑ, ㅕ, ㅛ, ㅠ' 등의 앞부분에서 공통적으로 나타나는 소리인데, 혀끝 혹은 혓몸의 앞부분을 경구개쪽으로 접근하여 내는 소리이기 때문에 경구개 경과음이라고 한다. 성대 진동을 수반하는 유성음이며, 조음체와 조음점의 사이가 열려 있기 때문에 조음하는 동안 공기가 자유스럽게 빠져 나올 수 있다. /j/는 전설 고모음 [i]와 유사한 위치에서 조음되지만 독립적으로 조음되지 못하고, [i]보다 혓몸을 구개에 더욱 가깝게 하여 조음하는 차이점이 있다.

/w/는 한국어 'ㅘ, ㅞ, ㅟ, ㅙ' 등의 앞부분에서 공통적으로 나는 소리인데, 입술을 둥글게 하여 내는 소리이기 때문에 원순 경과음이라고 한다. 후설 고모음 [u]와 유사하게 조음하지만 독립적으로 조음되지 못하고, 혓몸이 연구개 쪽으로 더 접근하게 된다. 성대 진동을 수반하는 소리이고, 조음체와 조음점의 사이가 열려 있기 때문에 조음하는 동안 공기가 자유스럽게 빠져 나올 수 있다.

2.3. 영어의 음소

세계에서 가장 널리 쓰이는 언어 중 하나인 영어는 그 음성 체계가

지리적, 사회적인 차이에 따라 매우 다양한 모습을 보인다. 그 중에서 표준적인 것으로 알려진 방언은 RP와 GA라고 일컫는 방언이다. RP(Received Pronunciation)는 영국의 런던 부근 남부 지방에서 쓰이는 방언을 말하는데, 지금은 '런던 부근 남부'라고 하는 지역적인 의미보다는 사회적인 의미를 나타내는 용어가 되었다. 즉 현재 RP는 영국의 중상류, 상류층에 의해 쓰이며, 교육과 공영 방송에서 공식적으로 사용되는 표준 방언을 정의하는 용어이다.

GA(General American)는 미국 내에서 지역적인 특성을 두드러지게 나타내지 않는 액센트를 포괄적으로 나타내는 용어이다. '지역적인 특성을 두드러지게 나타내는' 액센트에는, 동부 뉴잉글랜드 지방과 뉴욕시에서 쓰이는 동부 방언과, 버지니아, 캐롤라이나, 조지아에서 루이지아나, 텍사스에 이르는 지방에서 쓰이는 남부 방언이 포함된다. 이러한 두 지역의 방언은 미국의 나머지 지역과 음운 체계상 독특한 액센트를 보이고 있다는 점에서 표준 방언과 구분될 수 있다. GA는 미국에서 지역적으로 가장 널리 퍼져있는 방언이며, 미국 전역에 걸쳐 공영 방송에 사용되는 방언이다. RP와 GA는 또한 세계적으로 외국어로서 영어 교수에 지침이 되는 액센트로 사용된다. 본고에서는 영어 음성 체계의 방언 간 차이를 논의하는 경우를 제외하고는 대체적으로 미국 영어의 표준 방언인 GA에 관한 논의임을 미리 밝혀둔다.

2.3.1. 영어의 자음

우선 영어의 자음에 관해 논의해 보자. 인간의 조음 기관으로 낼 수 있는 말소리 중 자음은 두 조음 기관 사이에 완전한 폐쇄나 마찰이 일어나면서 성대로부터 올라오는 공기의 흐름을 수정하여 내는 소리이다. 즉 두 조음 기관이 가까이 접근하여 구강이나 비강을 통해 빠져나오는 공기의 흐름을 방해하는 방식으로 조음된다. 영어에는 22개의 자음 음소가 있다(경과음 /j/와 /w/는 아래 따로 논의됨). 우선 아래의 표에 영어의 자음 음소 및 그 낱말 예를 예시하였다. 해당 자음이 낱말 처음에, 낱말 중간에, 낱말 끝에 나타나는 경우를 나누어 제시한 것이다. 이러한 자음들은 낱말의 어느 위치에 나타나는가에 따라 음의 값이 달라지게 된다(아래 자세히 논의됨). 표에 빈 칸으로 남겨둔 부분은 해당 위치에서 자음이 나타나지 않는 경우이다. 즉 영어에서 /ʒ/와 /ŋ/는 낱말 처음에, /h/는 낱말 끝에 나타나지 않는 소리이다.

<표 1> 영어의 자음과 낱말 예

음성 기호	낱말 처음	낱말 중간	낱말 끝
/p/	pet	opera	lap
/b/	boy	abroad	lab
/t/	talk	after	pat
/d/	day	candy	pad
/k/	cut	second	back
/g/	go	again	bag
/ʧ/	chin	hatchet	batch
/ʤ/	job	agent	badge
/f/	fail	muffin	leaf
/v/	voice	over	leave
/θ/	thought	anything	bath
/ð/	though	feather	bathe
/s/	sip	lesson	race
/z/	zoo	fuzzy	raise
/ʃ/	shape	machine	cash
/ʒ/		measure	sabotage
/h/	house	ahead	
/m/	mark	drama	sum
/n/	note	answer	loan
/ŋ/		finger	song
/l/	like	hollow	feel
/ɹ/	red	carrot	door

가. 조음 위치

입술, 치아, 혀 등의 조음 기관을 움직여 조음 위치를 바꿀 때 여러 다른 자음이 만들어진다. 영어의 자음은 대략 7개의 조음 위치로 분류할 수 있다. 다음 <표 2>에 조음 위치에 따라 영어의 자음을 분류하고, 각 조음 위치에 대한 간략한 설명을 부가하였다.

<표 2> 조음 위치와 영어의 자음

명칭	음성 기호와 낱말 예	조음 위치
양순음	/p/ pie, /b/ buy, /m/ my	양 입술을 서로 맞대어 내는 소리
순치음	/f/ fat, /v/ vat	아래 입술을 윗니 쪽으로 맞대어 내는 소리
치간음	/θ/ thigh, /ð/ thy	혀끝을 윗니와 아랫니 사이에 끼워서 내는 소리
치경음	/t/ tie, /d/ die, /s/ sue /z/ zoo, /n/ night, /l/ lie /ɹ/ rain	혀끝을 치경(윗니 뒤쪽의 단단한 잇몸 부분)에 대어 내는 소리. /ɹ/은 혀끝을 말아 올려 치경 뒤쪽의 입천장 부분 가까이로 가져가서 내는 소리로 이를 특히 권설음(retroflex)이라 부름
경구개치경음	/ʃ/ mesher, /ʒ/ measure /ʧ/ church, /ʤ/ judge	혓몸의 앞부분(전설)을 치경 뒤 혹은 경구개 앞부분에 대어 내는 소리
연구개음	/k/ back, /g/ bag, /ŋ/ bang	혓몸의 뒷부분(후설)을 연구개 쪽으로 올려 내는 소리
성문음	/h/ house	성문을 좁혀 공기가 그 좁은 성문을 빠져 나가면서 형성하는 소리

나. 조음 방법

자음은 조음 위치 뿐 아니라 공기가 구강과 비강으로 빠져나갈 때 공기의 흐름이 변형되는 방법에 따라서도 구별된다. 성대 진동의 여부에 따라 유성음과 무성음으로 구분되고, 조음 기관 접근의 정도와 방법에 따라 폐쇄음, 파찰음, 마찰음, 비음, 유음으로 구분된다. 본 절에서는 영어의 자음을 조음 방법에 따라 분류해보기로 한다.

[유성음과 무성음]

성대가 서로 붙어 있는 상태에서 폐로부터 공기가 빠져 나오면서 성대의 진동을 일으키는 소리를 유성음이라 하고, 성대가 떨어져 있어 공기가 빠져 나올 때 진동을 야기하지 않는 소리를 무성음이라 한다. 예를 들어 'buzz'는 세 개의 유성음, /b/, /ʌ/, /z/로 구성되어 있는 낱말이고, 'pass'의 자음 /p/와 /s/는 모두 무성음이다. '아담의 사과'라고 불리는 목 부위에 손가락을 대고 's-s-s-s-s'와 'z-z-z-z-z'를 발음해 보면, 유성음 /z/를 발음할 때 성대의 진동을 느낄 수 있는 반면 /s/를 발음할 때는 그러한 진동을 느낄 수 없게 된다(Davenport & Hannahs 1998). 영어에서 자음의 유무성은 중요한 구분을 하는 음성 자질이다. 예를 들어 두 개의 낱말 'pat'과 'bat'은 자음 /p/와 /b/에 있어서만 다른데, 이 두 자음은 둘 다 폐쇄음이고 양순음이며 다만 성대진동의 유무에서만 차이를 보이는 자음이다. 'tote-dote', 'Kate-gate', 'fine-vine' 등도 모두 낱말 초 자음의 유무성에 따라 의미가 구분되는 낱말 쌍들이다.

[폐쇄음]

조음 기관을 완전히 폐쇄했다가 이를 파열하면서 형성되는 소리가 폐쇄음이다. 폐쇄가 일어나는 위치가 어디인가에 따라, 그리고 성대진동이 동반되는가에 따라, 영어의 폐쇄음을 다음과 같이 분류할 수 있다.

<표 3> 영어의 폐쇄음

	양순	치경	연구개
무성	/p/	/t/	/k/
유성	/b/	/d/	/g/

양순폐쇄음 /p/와 /b/는 각각 무성음과 유성음으로 분류된다. /p/와 /b/ 중, /p/를 발음할 때 공기의 파열이 더 강하게 이루어지는데, 이는 /p/의 경우 제공된 공기 양이 더 많아 구강 내 공기압이 더 크게 형성되기 때문이다. /p/나 /b/를 발음하는 동안 혀는 조음에 관여하지 않으므로 다음 모음의 위치로 미리 가 있게 된다. 아래 (1)은 /p/와 /b/를 포함한 낱말 예를, (2)는 이 두 소리에 의해 구분되는 최소 대립 낱말 쌍을 각각 제시하였다.

(1) /p/ pen, pie, pulse, play, pumpkin, leopard, appear, heap, harp, stripe
    /b/ buy, bubble, branch, breeze, stubborn, stable, amble, club, hub, bribe

(2) pend-bend, patch-batch, plead-bleed, pride-bride, peach-beach, parley-barley, staple-stable, ample-amble, rope-robe, lap-lab

/t/와 /d/는 혀의 끝부분(설단)을 치아 바로 뒤 딱딱한 부분인 치경 위치에 대어 공기의 흐름을 막았다가 파열하여 내는 소리이다. 혀의 양 옆은 치경을 따라 막아 공기가 혀 양 옆으로 빠져나가지 못하도록 차단한다. /t/는 무성 치경폐쇄음이고, /d/는 유성 치경폐쇄음이다. 양순폐쇄음의 경우와 마찬가지로, /t/를 발음할 때 구강 내 공기압이 더 크게 형성되기 때문에 공기의 파열이 더 강하게 이루어진다. (3)에 /t/와 /d/를 포함한 낱말의 예를, (4)에 /t/와 /d/로 구분되는 최소 대립 낱말 쌍을 제시하였다.

(3) /t/ tea, tour, trifle, attack, mitten, stick, write, taste, tempest, trout
   /d/ doll, diverse, disturb, dream, address, edict, pedestal, lead, ride, stand

(4) talk–dock, tag–dag, tie–die, time–dime, troll–droll, trench–drench,
   trill–drill, pat–pad, trot–trod, trait–trade

/k/와 /g/는 혓몸의 뒷부분(후설)을 입천장의 연구개에 대어 내는 연구개폐쇄음이다. 무성음 /k/의 경우, 유성음 /g/보다, 구강 내부 공기압이 더 크게 형성되어 공기의 파열이 더욱 강하게 이루어진다. (5)는 /k/와 /g/를 포함한 낱말 예, (6)은 이 두 소리로 구분되는 최소 대립 낱말 쌍들이다.

(5) /k/ keen, cotton, quick, creative, queue, school, recursive, leak, wreck, click
   /g/ gate, good, goal, gobble, goggle, aggressive, ignition, fog, rug, league

(6) cain–gain, coat–goat, crow–grow, cram–gram, back–bag, lack–lag,
   luck–lug, broke–brogue, shack–shag, pluck–plug

[파찰음]

파찰음은 조음 기관의 폐쇄와 파열의 단계를 거친다는 점에서 폐쇄음과 같은 방식으로 조음되지만, 점진적으로 파열하는 과정에서 생긴 좁은 통로를 통해 쉿 소리를 낸다는 점에서 마찰음과 같은 방식으로 조음된다. 따라서 파찰음은 음성적으로 폐쇄음과 마찰음의 연속으로 이루어진 소리라 할 수 있다. 예를 들어, 'choose'의 'ch'는 [t]와 [ʃ]가 연속해 발음된 것과 같은데, 이것은 빠른 대화에서 폐쇄음과 마찰음이 연속해 나타나는 'whi[t]e [ʃ]oes'와 파찰음이 나타나는 'why [tʃ]oose'의 발음이 동일해지는 것을 보면 알 수 있다(Fromkin & Rodman 1998).

영어에서 파찰음은 구개치경의 위치에서만 일어난다. 치경 위치에서 폐쇄가 시작하여 치경의 뒤 부분인 구개치경의 위치에서 폐쇄가 파열된다. 성대 진동 유무에 따라 무성 구개치경파찰음 /ʧ/와 유성 구개치경파찰음 /ʤ/로 분류된다. 외국어에서 들여온 차용어의 경우에 화자에 따라 어말 변이형이 존재하기도 하여, 불어에서 들여온 'garage'나 'beige' 등의 어말 자음이 파찰음 [ʤ]로 발음되거나 마찰음 [ʒ]로 발음된다. 아래 (7)에 /ʧ/와 /ʤ/가 포함된 낱말 예가, (8)에 이 두 소리로 구분되는 최소 대립 낱말 쌍들이 제시되어 있다.

(7) /ʧ/ chip, chair, chew, church, chimney, righteous, nature, question, catch, teach
　　/ʤ/ gem, joke, journal, generous, pigeon, adjoin, injure, exaggerate, lodge, smudge

(8) chin-jin, cheap-jeep, chest-jest, cherry-Jerry, choke-joke, chop-job, chunk-junk, etch-edge, rich-ridge, batch-badge

[마찰음]
두 조음 기관이 좁은 통로를 형성하여 공기가 빠져나가면서 쉿 하는 소음을 형성하는 소리가 마찰음이다. 공기가 좁은 통로를 통과해야 하므로 흐름에 장애를 받게 되지만, 완전히 막히는 것은 아니므로 모든 마찰음은 지속음이다. 우선 영어의 마찰음 체계를 그 조음 위치와 성대 진동 유무에 따라 다음 표와 같이 분류할 수 있다.

<표 4> 영어의 마찰음

	순치	치간	치경	구개치경	성문
무성	/f/	/θ/	/s/	/ʃ/	/h/
유성	/v/	/ð/	/z/	/ʒ/	

우선 /f/와 /v/는 아래 입술을 윗니 끝에 맞대어 내는 순치마찰음이다. 성대 진동의 유무에 따라 /f/는 무성 순치마찰음, /v/는 유성 순치마찰음으로 구별된다. 어말 위치의 /v/는 다음 낱말의 첫 소리가 무성 장애음에 속하는 소리일 때 무성음 [f]로 변하는 경향이 있다. 예를 들어 'ha[f] to', 'mo[f] slowly', 'o[f] course' 등에서 어말의 /v/는 각각 다음 어두의 무성 장애음 [t], [s], [k]의 영향으로 무성음 [f]로 실현된다. 또한 /v/가 기능어에 속해 있는 경우 완전 탈락 현상이 일어나기도 한다. 즉 'piece o̲f cake'과 'could ha̲ve been'에서 각각 전치사와 조동사에 속한 /v/가 탈락되기도 하는 것이다(Davenport & Hannahs 1998). /f/와 /v/는 낱말 내 어느 위치에서든 나타날 수 있어, 다음 (9)에서 볼 수 있듯이, 낱말 처음, 낱말 중간, 낱말 끝에 나타나는 예들을 각각 확인할 수 있다. (10)에는 /f/와 /v/로 구분되는 최소 대립 낱말 쌍을 제시하였다.

(9) /f/ fine, fall, foam, free, phobia, coffee, inflation, sophisticate, rough, photograph
　　/v/ veal, Venus, vote, volunteer, vocabulary, over, David, love, leave, save

(10) fail-veil, fain-vain, fair-vair, fend-vend, fat-vat, fag-vag, fan-van, first-versed, proof-prove, leaf-leave

/θ/와 /ð/는 혀의 끝 부분을 윗니의 끝에 대어 내는 소리이다. 혀가 양 치아 사이에 놓이게 된다 하여 치간음이라 하며, 좁은 통로를 통해 공기가 지속적으로 빠져나가는 마찰음에 속한다. 성대 진동의 유무에 따라 /θ/는 무성 치간마찰음, /ð/는 유성 치간마찰음으로 구분된다. 비형식적이고 빠르게 이루어지는 발화 상황에서, 어두에 위치한 [ð]는 선행 치경음에 완전히 동화되는 현상이 있다. 예를 들어 'in the pub', 'all the time', 'Is there any beer?'에서 두 번째 낱말의 /ð/가 각각 선행 치

제2장_ 음소

경음 /n/, /l/, /z/에 완전히 동화되어, 'i[n n]e pub', 'a[l l]e time', 'I[z z]ere any beer?'로 발음된다(Davenport & Hannahs 1998). /θ/와 /ð/ 역시 낱말 내 어느 위치에서든 나타날 수 있어, (11)에서 볼 수 있듯이, 낱말 처음, 낱말 중간, 낱말 끝에 나타나는 예들을 각각 확인할 수 있다.

(11) /θ/ thank, theory, theater, thermal, thought, thorn, ether, froth, bath, breath
　　 /ð/ this, though, therefore, either, feather, wither, bathe, lathe, breathe, writhe

/s/와 /z/는 두 가지 방법으로 조음될 수 있다. 혀의 끝 부분을 치경 위치에 대어 내는 것이 첫 번째 방법이고, 두 번째 방법은 혀의 끝 부분을 치아 중앙 아래쪽에 대고 혓몸의 앞부분을 치경 위치에 접근하도록 올리는 것이다. 두 경우 모두 조음점 뒤 쪽으로 홈(groove)을 형성하게 된다. 성대 진동의 유무에 따라 /s/는 무성 치경마찰음, /z/는 유성 치경마찰음으로 구분된다. /s/나 /z/는 다음에 경구개 경과음 [j]나 구개 치경마찰음 [ʃ]가 올 때 조음 위치를 경구개 쪽으로 옮기는 구개음화 현상을 보인다. 'mi[ʃ j]ou', 'it wa[ʒ j]ellow', 'ki[ʃ ʃ]eila' 등은 후행 구개 자음 [j]나 [ʃ]의 영향으로 치경마찰음 [s]나 [z]가 다소 구개음화되어 발음되는 예들이다(Davenport & Hannahs 1998). /s/와 /z/ 역시 낱말 내 어느 위치에서든 나타날 수 있어, 아래 (12)에서 낱말 처음, 낱말 중간, 낱말 끝에 나타나는 예들을 각각 볼 수 있다. (13)에는 /s/와 /z/로 최소 구분되는 낱말 쌍을 제시하였다.

(12) /s/ source, science, snow, story, insert, lesson, awesome, thesis, thrust, press
　　 /z/ zenith, xylophone, Aztec, dizzy, fuzzy, wizard, reason, prize, wise, pose

(13) seal-zeal, sip-zip, sink-zinc, rice-rise, advice-advise, place-plays, race-raise, niece-knees, price-prize, spice-spies

/ʃ/와 /ʒ/는 치경마찰음 /s/나 /z/보다 더 구개 쪽으로 뒷부분에서 조음되어 구개치경마찰음이라고 한다. 두 소리 모두 입술을 동그랗게 오므려 발음하는 특징이 있다. 성대 진동 유무에 따라 /ʃ/는 무성 구개치경마찰음, /ʒ/는 유성 구개치경마찰음으로 구분된다. 다음 (14)의 낱말 예에서 볼 수 있듯이, /ʃ/는 낱말 처음, 낱말 중간, 낱말 끝 어느 위치에서든 나타날 수 있으나, /ʒ/는 낱말의 처음에 나타나지 않는다. 즉 영어에서 /ʒ/는 낱말 중간이나 낱말 끝에서만 나타나는 분포상의 제약을 보인다.

(14) /ʃ/ shape, shout, show, social, mission, machine, pressure, omniscient, feverish, flush
    /ʒ/ vision, lesion, seizure, treasure, regime, azure, casual, grazier, mirage, sabotage

/h/는 성대(vocal cords)에 좁은 통로를 형성하여 공기가 마찰을 일으키며 빠져나올 때 형성되는 소리로, 무성 성문마찰음으로 구분된다. 영어에 유성 성문마찰음은 없다. 그러나 /h/가 나타나는 주변의 음성 환경에 따라 유성음의 자질을 다소간 취할 수 있다. 예를 들어 'ahead'라는 낱말에서 유성음인 모음 사이에 나타난 /h/는 약간의 성대 진동과 함께 발음되는 것이다. /h/가 /i, ɪ, u, ʊ/와 같은 고모음 앞에서 나타날 때는 마찰이 성대에서만 일어나는 것이 아니고 경구개나 연구개에서도 좁은 통로가 형성되어 마찰이 일어난다. 즉 'he'나 'who'를 발음할 때 구강 전체적으로 마찰 소음이 형성되는 것을 느낄 수 있다. /h/를 조음하는 동안 구강 내의 조음 기관은 다음 모음의 조음을 위한 위치로 가서 준비하게 된다. 예를 들어 'hoop'은 /h/를 조음하면서 벌써 입

술이 둥글어지고, 'heap'은 /h/를 조음하면서 입술이 양 옆으로 펴져있음을 알 수 있다. 그리고 /h/는 강세를 받지 않는 대명사나 조동사에 나타날 때 완전히 탈락되기도 하여, 'I could have liked him'에서 조동사에 속한 /h/와 대명사에 속한 /h/는 빠르고 비공식적인 대화에서 탈락되어 발화된다(Davenport & Hannahs 1998). 다음 (15)의 낱말 예에서 볼 수 있듯이 /h/는 낱말 처음이나 낱말 중간의 위치에서만 나타나고 낱말 끝에서는 나타나지 않는다.

(15) /h/ head, helium, habit, heart, holiday, inhale, ahead, behave, perhaps, rehearse

[비음]
연구개 부분을 들어올려 비강으로 가는 통로를 막으면 공기가 구강 통로로만 통하게 되어 구강음이 형성되고, 연구개가 내려와 비강 통로로도 공기가 통하면 비강음 혹은 비음이 형성된다. 영어의 비음에는 양순 비음 /m/, 치경 비음 /n/, 연구개 비음 /ŋ/가 있다. 영어의 비음은 모두 유성음이고 무성 비음은 존재하지 않는다. 영어의 비음은 모음 대신 음절핵의 역할을 하는 경우도 있다. 예를 들어 'written'의 두 번째 음절의 모음 /ə/는 거의 발음되지 않고 대신 /n/이 음절의 핵 역할을 한다.

소리별로 자세히 알아보면, 우선 /m/은 양 입술을 서로 맞대어 공기가 구강 밖으로 빠져나가지 못하도록 차단하고 대신 연구개가 내려와 공기가 비강으로 흘러 들어가 내는 양순 비음이다. 유성음이므로 조음하는 동안 성대가 진동하게 된다. (16)의 낱말 예에서 볼 수 있듯이, /m/은 낱말 처음, 중간, 끝의 어느 위치에서든지 나타날 수 있다. (17)에는 비음 /m/과 구강음 /b/로 최소 구분되는 낱말 쌍이 제시되어 있다.

(16) mad, mother, mature, manipulate, amount, drama, dimple, cramp, alarm, rhyme

(17) maker-baker, mellow-bellow, mad-bad, mar-bar, mall-ball, mark-bark, roam-robe, cram-crab, sum-sub, slam-slab

/n/은 혀의 끝 부분이 치경에 닿고, 공기가 구강 밖으로 흘러나오는 것을 차단하며, 연구개가 내려와 공기가 비강으로 흘러 나갈 수 있게 하여 내는 치경 비음이다. 성대 진동이 있는 유성음이다. 조음점을 기준으로 입 안에 형성되는 구강 통로의 크기가 /n/의 경우 /m/보다 더 작게 형성되고, 이로 인해 두 개의 다른 공명 주파수가 형성된다. (18)의 낱말 예에서 볼 수 있듯이, /n/ 역시 낱말 처음, 중간, 끝의 어느 위치에서든 나타날 수 있다. (19)에는 /n/과 /m/로 구분되는 최소 대립 낱말 쌍이 제시되어 있다.

(18) nap, noble, nuclear, negotiate, snow, answer, mannerism, astound, lean, pattern

(19) neat-meat, nail-mail, noon-moon, new-mew, narrow-marrow, dinner-dimmer, sun-sum, loan-loam, grin-grim, warn-warm

/ŋ/는 구강의 뒷부분에 속한 연구개 위치에 조음점이 형성되어 연구개 비음으로 분류된다. 성대 진동이 동반되는 유성음이다. 'English', 'finger', 'linger', 'ingot', 'anger' 등을 포함한 몇몇 낱말들에서는 /ŋ/ 다음에 유성 연구개폐쇄음 /g/가 발음된다. 그러나 'longing', 'stinger', 'hanger', 'singer', 'clanging'과 같은 낱말들은 개별 화자 혹은 방언에 따라 /g/가 발음되는 경우도 있고 발음되지 않는 경우도 있어 변이형이 존재하는 낱말들이다. 그리고 영어에서 /ŋ/는 낱말의 첫 위치에 나타나

지 않는 음소이다. /ŋ/가 낱말 초에 나타나지 않는 것은 영어의 소리 체계와 관련된 문제이며, 낱말 초 위치에서 /ŋ/를 발음하는 것이 불가능해서는 아니다. 이는 낱말 초에 /ŋ/가 나타날 수 있는 언어가 있다는 데서 알 수 있다. 예컨대 미얀마어(Burmese)에서 '물고기'는 [ŋâ]이다. /ŋ/가 낱말 중간이나 끝에 나타나는 영어의 예가 아래 (20)에 제시되어 있다.

(20) angle, larynx, mingle, stinky, twinkle, lingo, link, along, tongue, wing

[유음]
유음은 구강 내에서 공기가 비교적 자유롭게 통과할 수 있는 자음이다. 공기의 흐름에 큰 장애를 받게 되는 장애음(폐쇄음, 파찰음, 마찰음)과 비교해 이를 공명음으로 분류한다. 공명 자음에는 유음 이외에도, 비강을 통해 공기가 흐르는 비음이 속해 있다. 영어의 공명 자음은 모두 유성음이다.

유음에는 /l/과 /ɹ/이 있다. /l/은 치경 위치에 혀의 중앙 부분이 접촉을 이루지만 혀 양옆은 접촉이 되지 않아 공기가 혀 양옆으로 빠져나가는 소리이다. 이를 치경 설측음이라 일컫는다. 아래 (21)의 낱말 예에서 알 수 있듯이, /l/은 낱말 처음, 중간, 끝 어느 위치에서든 나타날 수 있는 소리이다.

(21) lead, lamp, lawn, allure, hollow, enlarge, split, mulch, pistol, temple

영어에서 /l/은 낱말 내에서 일어날 수 있는 위치에 대한 제약은 없으나, 어떤 위치에 나타나는가에 따라 그 음가가 달라진다. 낱말 처음이나 중간에 나타나는 /l/은 단순히 치경 접촉만을 이루는 소리로 '밝은 /l/'이라고 한다. 위의 낱말 예 중 'lead, lamp, lawn, allure, hollow, enlarge, split' 등에 나타나는 /l/은 '밝은 /l/'로 발음된다. 그러나 낱말 끝, 더 정확히, 음절 말음에 위치한 'l'은 치경 접촉과 동시에 혓몸의 뒷부분을 연구개 쪽으로 올려 발음하는 '연구개음화된 /l/' 혹은 '어두운 /l/'이라고 불리는 소리로 조음된다. 위의 예에서 'mulch, pistol, temple'과 'bowl, roll, tool, milk' 등의 낱말에서 /l/은 치경 접촉 뿐 아니라 후설의 연구개 쪽 접근이 이루어져 조음되는 '어두운 /l/'이다.

유음 /ɹ/은 방언에 따라 광범위한 변이형을 보이는 소리이다. 영국의 여러 방언에서는 치경 위치에서 조음되는 치경 지속음인 반면, 미국 영어에서는 주로 권설음으로 발음된다. 권설음은 혀끝을 치경 뒤쪽을 향해 살짝 굴려서 내는 소리이다. 다음 (22)의 낱말 예에서 알 수 있듯이 /ɹ/도 낱말 내 어느 위치에서든 자유로이 나타나는 분포를 보인다.

(22) read, rose, revolt, barren, carrot, brown, stress, stork, car, fear, pure

두드러지게 인식되는 영국 영어의 특징 중에 /ɹ/이 음절 말음에 나타날 때 발음되지 않는 현상이 있다. 즉, /ɹ/이 모음 앞에서만 발음되고 다른 위치에서는 발음되지 않는 방언이다. 이는 영국 영어 뿐 아니라 호주 영어, 남아프리카 영어, 아프리카계 미국인 영어 등에서도 나타나는 현상이다. 예를 들어 'revolt'나 'carrot'의 /ɹ/은 유음으로 발음되지만 'car'나 'fear'의 /ɹ/은 발음되지 않는다. 반면 미국 영어나 스코틀랜드 방언은 /ɹ/이 어느 위치에 나타나든 발음되는 방언이다.

음절 말음에서 /ɹ/이 발음되지 않는 방언에서도, 다음에 모음으로 시작하는 낱말이 따라올 때 그 /ɹ/ 음이 되살아나게 된다. 예컨대 /ɹ/ 뒤에 자음으로 시작하는 낱말이 따라오는 'bear pit'에서는 /ɹ/이 발음되지 않지만, 뒤에 모음으로 시작하는 낱말이 따라오는 'bear attack', 'far away', 'major attraction' 등에서는 /ɹ/이 발음된다(Davenport & Hannahs 1998).

이제까지 논의된 영어의 자음을 그 조음 위치와 방법에 따라 분류해 보면 다음 표와 같다.

<표 5> 영어의 자음

조음 방법		조음 위치 양순음	순치음	치간음	치경음	구개 치경음	연구개음	성문음
폐쇄음	무성 유성	p b			t d		k g	
마찰음	무성 유성		f v	θ ð	s z	ʃ ʒ		h
파찰음	무성 유성					tʃ dʒ		
비음		m			n		ŋ	
유음	설측음 권설음				l ɹ			

2.3.2. 영어의 모음

모음은 조음 과정에서 공기 통로가 충분히 열려 있어 어떤 방해도 받지 않는 소리이다. 공기가 좁은 성대를 빠져나오면서 진동을 야기하여 유성음을 형성하고, 입술의 모양이나 혀의 위치가 공명 주파수의 변형을 가져와 여러 다른 모음의 음향적 특징을 형성하게 된다. 모음을 발음할 때에는 조음 기관끼리 직접 맞닿거나 접근하는 일이 없기 때문에 자음을 분류할 때 사용했던 방법으로 조음 특징을 기술하기가 어려운 점이 있다. 그래서 모음은 자음과 다른 방법으로 기술된다. 모음의 차이는 그 음을 발음할 때의 구강 형태에 따라 결정되므로, 혀의 어떤 부분이 올라가거나 내려가는 것으로, 혹은 입술이 펴지거나 오므라드는 것 등으로 분류하게 된다. 아래에서는 영어의 모음 음소를 몇 가지 기준(혀의 높이, 혀의 위치, 입술의 모양, 조음 기관 근육의 긴장도, 이중성)에 따라 분류해 보기로 한다.

가. 혀의 높이

모음을 조음할 때 혀가 높이 올라가는지 그렇지 않은지에 따라 고모음, 중모음, 저모음으로 나뉜다. 예를 들어 'see'의 모음과 'car'의 모음을 발음해 보면 'see'를 발음할 때 혀가 높이 올라가는 반면, 'car'를 발음할 때는 혀가 낮게 내려오는 것을 알 수 있다. 그래서 'see'의 모음 /i/는 고모음이라 하고, 'car'의 모음 /ɑ/는 저모음이라고 한다. 'set'의 모음 /ɛ/는 혀의 높이가 고모음과 저모음의 중간 높이로 발음하는 중모음이다. 다음 (23)은 영어의 모음 음소를 혀의 높이에 따라 고-중-저모음으로 분류한 것이다.

(23) 고모음: /i, ɪ, u, ʊ/
　　　중모음: /e, ɛ, o, ʌ(ə)/
　　　저모음: /æ, ɔ, ɑ/

나. 혀의 위치

모음은 또한 혀의 앞부분 혹은 뒷부분이 올라가거나 내려와 조음에 관련되는가에 따라 전설모음, 중설모음, 후설모음으로 분류된다. 예를 들어 'sit'과 'soon'을 발음해 보면, 'sit'을 발음할 때 혀의 앞부분이 올라가고 'soon'을 발음할 때는 혀의 뒷부분이 올라가는 것을 알 수 있다. 혀의 앞부분이 올라가는 'sit'의 모음 /ɪ/는 전설모음, 혀의 뒷부분이 올라가는 'soon'의 모음 /u/는 후설모음이라고 한다. 혀의 중간 부분이 조음에 관여하는 중설모음의 예에는 'sir'의 모음 /ʌ/가 있다. 다음 (24)는 영어의 모음 음소를 전설-중설-후설모음으로 분류한 것이다.

(24) 전설모음: /i, ɪ, e, ɛ, æ/
중설모음: /ʌ(ə)/
후설모음: /u, ʊ, o, ɔ, ɑ/

다. 입술의 모양

입술이 양 옆으로 펴지는지 아니면 오므라들어 둥글게 되는지에 따라 모음이 구분될 수 있다. 'see'와 'sue'를 발음해 보면, 'see'의 경우에 입술이 양 옆으로 펴지는 반면, 'sue'의 경우에는 입술이 둥글게 오므라드는 것을 알 수 있다. 입술이 양 옆으로 펴지는 'see'의 모음 /i/는 평순모음, 입술이 둥글게 되는 'sue'의 모음 /u/는 원순모음이라고 한다. 다음 (25)는 영어의 모음 음소를 입술의 모양에 따라 평순모음과 원순모음으로 분류한 것이다.

(25) 평순모음: /i, ɪ, e, ɛ, æ, ʌ(ə), ɑ/
원순모음: /u, ʊ, o, ɔ/

라. 긴장성과 이중성

모음을 발음할 때 조음 기관의 근육이 긴장되는지 그렇지 않은지에 따라서 모음이 분류된다. 예를 들어 'seat'과 'sit'의 모음을 발음해보면, 'seat'을 발음할 때 혓몸과 턱의 근육이 더욱 긴장하여 발음되는 것을 알 수 있다. 그래서 'seat'의 모음 /i/를 긴장 모음, 'sit'의 모음 /ɪ/를 이완 모음이라고 한다.

긴장 모음과 이완 모음은 근육의 긴장성 뿐 아니라, 그 결과로 인해 모음의 다른 값에도 영향을 미치게 된다. 긴장 모음의 경우 근육을 더 긴장시켜 냄으로서, 길이가 다소 더 길어지고, 더 고모음으로 발음되며, 모음 공간의 주변부에서 발음된다. 반면 이완 모음은 근육을 이완한 상태에서 냄으로서, 길이가 다소 짧고, 혓몸을 약간 더 아래에 두며, 모음 공간에서 더 중앙 쪽에서 발음된다. 'say'[e]와 'set'[ɛ], 'boot'

[u]와 'put'[ʊ]도 각각 앞 낱말의 모음이 긴장 모음, 두 번째 낱말의 모음이 이완 모음이다. 다음 (26)에 영어의 모음 음소를 근육의 긴장도에 따라 긴장 모음과 이완 모음으로 분류하였다.

(26) 긴장 모음: /i, e, u, o, ɔ/
    이완 모음: /ɪ, ɛ, æ, ʌ(ə), ʊ, ɑ/

한편 발음하는 동안 모음 값이 그대로 유지되는지 혹은 중간에 다른 모음 값으로 변화하는지에 따라 각각 단모음과 이중 모음으로 분류된다. 예를 들어, 하나의 모음 값이 유지되는 'sit'의 [ɪ]는 단모음이고, /a/에서 /ɪ/로 모음 값이 변화하는 'sigh'의 [aɪ]는 이중 모음에 해당하는 소리이다. 영어에는 다음 (27)의 세 개의 이중 모음이 있다. /aɪ/는 전설 저모음에서 전설 고모음의 위치로, /aʊ/는 전설 저모음에서 후설 고모음의 위치로, /ɔɪ/는 후설 저모음에서 전설 고모음의 위치로 이동하는 이중 모음이다.

(27) 영어의 이중 모음: /aɪ, aʊ, ɔɪ/

이들 이중 모음 이외에도 영어의 여러 방언에서 중모음 /e/와 /o/가 이중 모음 [eɪ]와 [oʊ]로 발음된다. 이는 특히 RP와 GA를 포함한 표준 방언에서 이중 모음으로 발음되는데, 이러한 방언에서는 음성 표기를 /e/와 /o/로 단모음처럼 표기하는 경우에도 실제 발음은 [eɪ]와 [oʊ]의 이중 모음으로 실현됨을 주의하여야 한다. 이중 모음으로 실현되는 경우에도 방언에 따른 변이형이 약간씩 존재하여, RP에서는 후설 중모음의 첫 부분이 원순성 없는 모음으로 발음되어 [əɪ]가 되고, 런던 방언에서는 [ʌɪ]로 발음되기도 한다.

모음이 긴장, 이중 모음인지 이완 모음인지에 따라 낱말 내에서 나타날 수 있는 분포상의 제약에 차이가 있다. 즉 비교적 모음의 길이가 긴 경우인 긴장 모음과 이중 모음은, 음절 말음이 있는 (C)VC 형태의 폐쇄 음절 뿐 아니라, 음절 말음이 없는 (C)V 형태의 개방 음절에서도 나타날 수 있다. 'beat'와 'boil'은 각각 긴장 모음 [i]와 이중 모음 [ɔɪ]가 폐쇄 음절에 나타난 예이고, 'bee'와 'boy'는 동일한 긴장 모음과 이중 모음이 개방 음절에 나타난 낱말 예이다. 반면에 모음의 길이가 비교적 짧은 이완 모음의 경우, 개방 음절에는 나타날 수 없고, 폐쇄 음절에만 나타날 수 있다(아래 영어의 음절에 관한 절 참조). 그래서 이완 모음 [ɪ]는 'bit'처럼 폐쇄 음절에 나타날 수 있지만, *[bɪ]처럼 개방 음절인 단음절어에 나타날 수 없어 이와 같은 구성은 영어의 가능한 낱말이 되지 못한다. 그러나 이완 모음에 가해지는 이러한 분포상의 제약은 내용어에만 해당되며, 기능어의 경우에는 해당되지 않는다. 관사 /ə/와 /ðə/, 전치사 /tʊ/ 등은 개방 음절로 구성되어 있다.

다음의 낱말을 차례로 발음해보면, 전설 고모음에서 저모음으로, 후설 저모음에서 고모음의 위치로, 영어에서 사용되는 구강 내의 모음 공간을 대략적으로 느껴볼 수 있다. 아래의 표에는 모음의 분류 방식에 따라 영어의 모음을 도표화한 것이다.

(28) 'see' [i], 'sit' [ɪ], 'sate' [e], 'set' [ɛ], 'sat' [æ], 'car' [ɑ], 'sought' [ɔ], 'soap' [o], 'soot' [u]

<표 6> 영어의 모음

		전설모음	중설모음	후설모음
고모음	긴장모음	/i/		/u/
	이완모음	/ɪ/		/ʊ/
중모음	긴장모음	/e/		/o/
	이완모음	/ɛ/	/ʌ(ə)/	
저모음	긴장모음			/ɔ/
	이완모음	/æ/		/ɑ/

마. 개별 모음

이제 영어의 모음을 개별적으로 살펴보자. 우선 /i/는 '고-전설-긴장-평순' 모음으로 분류된다. 혓몸이 경구개 근처까지 올라가 조음된다. 혓몸을 가장 앞 쪽, 높은 위치에 두어 발음하는 모음이다. 입술은 양 옆으로 펴서 발음한다. 혀와 턱의 근육을 긴장하여 발음하는 긴장 모음이므로, 'key'나 'pea'에서 볼 수 있듯이, 개방 음절인 단음절어에 나타날 수 있는 모음이다. 전설 저모음 [æ], 후설 고모음 [u], 후설 저모음 [ɑ]와 함께 모음 사각도에서 네 개의 극단적인 위치 중 하나에 위치해 있다. 다음 (27)은 모음 /i/가 포함되어 있는 낱말의 예들이다.

(27) knee, sea, tea, beat, feed, peel, meat, leak, peace, reach, seek, yeast, field, fleet, greed, se<u>i</u>zure, rel<u>ie</u>ve, t<u>ea</u>cher, rec<u>ei</u>pt, employ<u>ee</u>

/ɪ/는 '고-전설-이완-평순' 모음으로 분류된다. /ɪ/는 /i/에 비해 혓몸을 약간 낮은 위치에 두어 발음하지만, /i/와 함께 고모음으로 분류된다. 입술은 양 옆으로 펴서 발음한다. /ɪ/와 /i/의 차이점은, /ɪ/가 조음기관의 근육이 비교적 이완된 상태에서 발음되는 이완 모음이고, /i/는 긴장 모음이라는데 있다. 이완 모음인 /ɪ/는 개방 음절인 단음절어에 나타날 수 없어서, */bɪ/나 */ʃɪ/ 같은 내용어는 영어에 존재하지 않는다. /bɪt/이나 /sɪt/처럼 폐쇄 음절에서만 나타날 수 있다. 아래 (28)은 모음 /ɪ/가 포함된 낱말 예를, (29)는 조음시 근육의 긴장성에 의해 구분되는 /i/와 /ɪ/로 최소 대립을 이루는 낱말 쌍을 제시하였다.

(28) bit, fill, king, lid, pill, prince, quit rich, sit, stink, win, <u>i</u>ntend, b<u>i</u>tter, k<u>i</u>tty, l<u>i</u>sten, p<u>i</u>stol, s<u>i</u>ster, m<u>i</u>schief, b<u>u</u>siness, cont<u>i</u>ngency

(29) each-itch, deep-dip, feet-fit, heal-hill, heat-hit, greed-grid, least-list, seat-sit, seek-sick, steal-still

제2장_ 음소

/e/는 '중-전설-긴장-평순' 모음으로 분류된다. 혓몸을 구강의 중간 위치에서 약간 위쪽에 두어 발음한다. 입술의 오므림 없이 조음하며, 혓몸과 턱 근육을 긴장하여 조음하는 긴장 모음이다. 음성 표기를 /e/로 하지만, 실질적으로는 이중 모음 [eɪ]로 실현된다. 다음 (30)은 모음 /e/가 포함되어 있는 낱말 예들이다.

(30) aid, bay, date, fade, gate, mate, May, pain, race, shape, state, taste, Yale, aw<u>a</u>y, b<u>a</u>by, cont<u>a</u>gious, cre<u>a</u>te, en<u>a</u>ble, reb<u>a</u>te, t<u>a</u>ble

/ɛ/는 '중-전설-이완-평순' 모음으로 분류한다. 혓몸을 구강의 중간 위치에서 약간 아래쪽에 두어 발음하지만, 위의 /e/와 함께 중모음으로 분류된다. 입술의 오므림 없이 조음하며, 근육의 특별한 긴장 없이 조음한다. '중-전설-평순' 모음인 /e/와 /ɛ/의 차이점은, /e/가 긴장 모음이고, /ɛ/는 이완 모음이라는데 있다. 이완 모음이므로 개방 음절인 단음절어에 나타날 수 없어, */bɛ/나 */mɛ/는 영어의 낱말이 될 수 없는 분절음 구성이다. /bɛt/나 /mɛt/에서처럼 폐쇄 음절에 나타나야 한다. 아래 (31)은 모음 /ɛ/가 포함된 낱말 예이고, (32)는 조음시 근육의 긴장도에 의해 구분되는 /e/와 /ɛ/로 최소 대립을 이루는 낱말 쌍들이다.

(31) bed, bread, chess, den, etch, friend, guest, pet, rest, <u>e</u>lephant, int<u>e</u>nd, l<u>e</u>tter, p<u>e</u>pper, pret<u>e</u>nd, r<u>e</u>lish, ser<u>e</u>nity, st<u>e</u>ady, t<u>e</u>nder, t<u>e</u>rror, w<u>e</u>ather

(32) age-edge, bait-bet, date-debt, lace-less, pain-pen, paste-pest, sail-sell, shade-shed, taste-test, wade-wed

/æ/는 '저-전설-이완-평순' 모음으로 분류된다. /æ/는 영어의 다섯 개 전설모음 중 혓몸을 가장 낮은 위치에 두어 조음하는 모음이다. 따라서 전설 고모음 [i], 후설 저모음 [ɑ], 후설 고모음 [u]와 함께 모음

사각도에서 네 개의 극단적인 위치 중 하나에 위치해 있는 모음이다. 입술의 오므림 없이 조음하며, 비교적 근육의 긴장 없이 조음하는 이완 모음이다. 따라서 개방 음절인 단음절어에 나타날 수 없다. 아래 (33)은 모음 /æ/가 포함된 낱말의 예이며, (34)는 /ɛ/와 /æ/로 최소 대립을 이루는 낱말 쌍을 제시한 것이다.

(33) ask, bank, bath, cab, craft, laugh, mad, past, stand, thank, trash, candle, cracker, language, manage, trespass, asterisk, blasphemy, fantastic, Alabama

(34) beg-bag, bend-band, dead-Dad, head-had, kettle-cattle, men-man, mess-mass, pen-pan, pest-past, send-sand

모음 /æ/ 값은 방언에 따라 상당히 다르게 실현되어서, 표준 방언인 RP와 GA에서는 /æ/로 조음하지만, 웰쉬(Welsh), 스코틀랜드, 영국 북부 등의 방언에서는 이를 /a/로 발음한다. 예를 들어, 'rat'라는 낱말을, 방언에 따라 [ræt]로 조음하거나 [rat]로 조음한다.

/u/는 '고-후설-긴장-원순' 모음으로 분류된다. 혓몸이 연구개 근처까지 올라가 조음된다. 혓몸을 가장 뒤 쪽, 높은 위치에 두어 발음하는 모음이다. 전설 고모음 [i], 전설 저모음 [æ], 후설 저모음 [ɑ]와 함께 모음 사각도에서 네 개의 극단적인 위치 중 하나에 위치해 있다. 입술은 동그랗게 오므려 조음한다. 혀의 근육을 긴장하여 조음하는 긴장 모음이므로, 'through'나 'true'에서 볼 수 있듯이, 개방 음절인 단음절어에 나타날 수 있는 모음이다. 'few'나 'music'과 같은 낱말에서는 /u/의 조음 직전에 경과음 /j/가 발음된다. 다음 (35)는 모음 /u/가 포함되어 있는 낱말들이다.

(35) bloom, boot, chew, clue, food, fool, juice, loot, lute, moon, move, pool, shoe, stew, suit, sure, through, truth, cruel, uncouth

/ʊ/는 '고-후설-이완-원순' 모음으로 구분된다. /ʊ/는 /u/에 비해 혓몸을 약간 낮은 위치에 두어 발음하지만, /u/와 함께 고모음으로 분류된다. 입술은 동그랗게 오므려 조음한다. /ʊ/와 /u/의 차이점은, /ʊ/가 조음 기관의 근육이 비교적 이완된 상태에서 발음되는 이완 모음이고, /u/는 긴장 모음이라는 것이다. 이완 모음인 /ʊ/는 개방 음절인 단음절어에 나타날 수 없어서, */kʊ/나 */pʊ/ 같은 내용어는 영어에 존재하지 않는다. /kʊd/나 /pʊl/처럼 폐쇄 음절에서만 나타날 수 있다. 아래 (36)은 모음 /ʊ/가 포함된 낱말 예, (37)은 조음시 근육의 긴장 정도에 의해 구분되는 /u/와 /ʊ/로 최소 대립을 이루는 낱말 쌍이다.

(36) book, bull could, full, good, hood, look, pull, push, put, should, stood, took, wood, wool, would, butcher, cushion, Sumatra

(37) cooed-could, food-foot, fool-full, Luke-look, pool-pull, shoed-should, stewed-stood, who'd-hood

철자가 'ool'로 끝나는 낱말에서 '고-후설-원순' 모음은 개인 화자의 차이나 방언의 차이에 따라 긴장 모음 /u/로 조음되는 경우와 이완 모음 /ʊ/로 조음되는 경우가 있다. 즉 아래 (38)의 낱말들은 개인차나 방언 차이에 따라 다음의 변이형을 보인다(Small 1999).

(38) pool /pʊl/ *or* /pul/
     cool /kʊl/ *or* /kul/
     fool /fʊl/ *or* /ful/
     tool /tʊl/ *or* /tul/

/o/는 '중-후설-긴장-원순' 모음으로 분류된다. 혓몸을 구강의 중간 위치에서 약간 위쪽에 두어 발음한다. 혀 뒷부분이 연구개 쪽으로 들어올려져 조음되므로 후설모음이다. 입술을 오므려 조음하며, 혓몸과 턱의 근육을 긴장하여 조음하는 긴장 모음이다. 음성 표기를 /o/로 하지만, 실질적으로는 이중 모음 [oʊ]로 실현된다. 다음 (39)는 모음 /o/가 포함되어 있는 낱말 예들이다.

(39) bloat, bowl, close, coast, cope, flow, foal, grow, know, phone, pose, show, soul, stoic, toad, toast, whole, bel<u>o</u>w, pr<u>o</u>bate, rem<u>o</u>te

/ɔ/는 '저-후설-긴장-원순' 모음으로 분류된다. /o/를 발음할 때 보다 혓몸을 약간 더 낮은 위치에 두어 발음한다. 입술은 오므려 조음하며, 혓몸과 턱의 근육을 비교적 긴장한 상태에서 발음하는 긴장 모음이다. 긴장 모음이므로 개방 음절 단음절어에 나타날 수 있어서, 'awe', 'law', 'paw', 'saw' 등과 같은 낱말이 존재한다. 이 모음은 미국 영어의 지역 방언에 따라 다르게 발음된다. 미국 동부나 남부에서는 [ɔ]로 조음하나, 미국 중서부, 서부, 뉴잉글랜드 지방에서는 이를 [ɔ]로 발음하는 화자도 있지만, /ɑ/로 발음하는 화자도 있는 등 변이형이 존재한다. 아래 (40)에 모음 /ɔ/가 포함된 낱말 예를 제시하였다.

(40) awe, awl, ball. caught, cough, dawn, frog, gone, haul, haw, law, off, paw, prawn, saw, Shaw, stalk, thought, vault, autumn

/ɑ/는 '저-후설-이완-평순' 모음으로 분류된다. 영어의 다섯 개 후설 모음 중 혓몸을 가장 낮은 위치에서 두어 조음하는 모음이다. 전설 고모음 [i], 전설 저모음 [æ], 후설 고모음 [u]와 함께 모음 사각도에서 네 개의 극단적인 위치 중 하나에 위치해 있다. 입술의 오므림 없이 조음하며, 비교적 근육이 이완한 상태에서 조음되는 이완 모음이다. 방언

간의 차이로 인해 'saw', 'haul', 'caught', 'awl' 같은 낱말에서 /ɔ/ 대신에 /ɑ/ 모음을 사용하는 경우가 있다. 또한 미국 동부 방언을 구사하는 화자들은 'dance'나 'pass' 같은 낱말의 모음을 [a]로 발음하는 경우도 있다. 아래 (41)은 모음 /ɑ/가 포함된 낱말의 예이고, (42)는 모음 /ɔ/와 /ɑ/로 최소 구분되는 낱말 쌍들이다.

(41) bond, blond, car, clock, psalm, rock, smart, stop, watch, apart, cartridge, college, father, occupy, ostrich, pocket, problem, rotten, apartment, carpenter

(42) born-barn, caught-cot, cord-card, court-cart, for-far, former-farmer, pork-park, port-part, store-star, taught-tot

/ə/와 /ʌ/는 둘 다 '중-중설-이완-평순' 모음이다. 이들 모음은 혓몸을 가장 편안하고 중립적인 위치에 놓았을 때 나는 소리이다. 입술의 오므림 없이 조음하며, 조음 기관 근육의 특별한 긴장 없이 조음하는 이완 모음이다. 따라서 두 모음 모두 개방 음절인 단음절어에 나타날 수 없다. /ə/보다 /ʌ/를 약간 더 뒤쪽, 낮은 위치에서 조음한다는 차이 이외에도, /ə/는 강세를 받지 않는 음절에서 나타나고 /ʌ/는 강세를 받는 음절에서 나타난다는 차이점도 있다. 아래 (43)은 모음 /ə/가, (44)는 /ʌ/가 각각 포함된 낱말 예이다.

(43) about, America, astound, comma, command, hammock, Japan, ketchup, parade, ransom, salami, sofa, suppose, tangent, dangerous, melody, rearrange, relevant, symphony, tedious

(44) cut, done, flood, luck, rub, rush, tug, tough, button, cover, luncheon, mustard, oven, public, scrumptious, stumble, trouble, abundance, redundant, wonderful

다음으로 영어의 이중 모음 /aɪ, aʊ, ɔɪ/에 대해 살펴보자. 이중 모음은 첫 번째 조음 위치에서 두 번째 조음 위치로 혀가 미끄러지듯 이동하는 모음이다. 영어 이중 모음의 정확한 시작 지점과 종료 지점은 화자 혹은 방언에 따라, 혹은 주변의 음성 환경에 따라 약간씩 다르게 발음된다. 한 가지 공통점은 영어 이중 모음은 모두 혀가 낮은 위치에서 높은 위치로 이동하는 상승 이중 모음이라는 것이다.

우선 /aɪ/는 혓몸을 전설 혹은 중설에서 낮게 위치시켰다가 전설의 높은 위치로 이동하여 내는 이중 모음이다. 처음에는 턱을 내려 입을 크게 벌리고 시작하였다가, 턱을 올려 두 입술을 가까이 닫는다. 턱과 혀의 근육은 이완된 상태이다. 이 이중 모음의 첫 번째 음소는 미국 영어에서 흔히 사용되는 후설 저모음 /ɑ/와 다르다. 보스턴이나 미국의 다른 동부 지역의 화자에게서 발견되며 'park' /pak/이나 'car' /ka/ 같은 낱말에서 사용되는 전설 혹은 중설 저모음이다. (45)는 모음 /aɪ/가 포함된 낱말 예이다.

(45) aisle, br_i_ght, buy, f_i_le, f_i_ne, gu_i_de, he_i_ght, k_i_te, l_i_fe, l_i_ke, shy, s_i_gh, thyme, wr_i_te, arr_i_ve, f_ei_sty, f_i_ber, h_y_brid, m_ae_stro, d_y_namic

/aʊ/는 혓몸을 전설 혹은 중설에서 낮게 위치시켰다가 후설의 높은 위치로 이동하여 내는 이중 모음이다. 처음에는 턱을 내려 입을 크게 벌리고 시작하였다가, 턱을 올려 두 입술을 가까이 닫아 조음한다. 입술의 모양은 평순이었다가 뒷부분에서 원순으로 바뀐다. 조음 기관의 근육은 이완된 상태이다. 아래 (46)은 모음 /aʊ/가 포함된 낱말 예이다.

(46) b_ough_, br_ow_n, cl_ou_d, cl_ow_n, c_ow_, d_ou_bt, d_ow_n, f_ow_l, l_ou_d, l_ou_t, n_ow_, r_ou_se, sh_ou_t, s_ou_nd, t_ow_n, acc_ou_nt, sh_ow_er, m_ou_thful, p_ow_der, tr_ou_sers

제2장_ 음소

/ɔɪ/는 혓몸이 구강의 아래 후설 부분에서 시작하여 위 전설 방향으로 이동하여 조음되는 이중 모음이다. 전설 부분이 앞 쪽 윗부분으로 이동하면서 턱도 함께 약간 올라간다. 입술은 동그랗게 오므렸다가 나중에 펴게 된다. 미국의 동부 방언이나 남부 방언을 구사하는 화자들 중에 이 이중 모음을 단모음 /ɔ/로 조음하는 경우가 있다. 즉 'oil'을 /ɔɪ/로, 'soil'을 /sɔl/로 조음한다. 아래 (47)은 이중 모음 /ɔɪ/가 포함된 낱말 예이고, (48)은 영어의 이중 모음 /aɪ/-/aʊ/-/ɔɪ/가 최소 대립하는 낱말 쌍들이다.

(47) boy, coy, joy, moil, moist, noise, roil, point, poise, toy, voice, av<u>oi</u>d, empl<u>oy</u>, expl<u>oi</u>t, f<u>oi</u>ble, <u>oi</u>ntment, <u>oy</u>ster, p<u>oi</u>gnant, b<u>oi</u>sterous, flamb<u>oy</u>ant

(48) buy-bough-boy, sigh-sow-soy, Kyle-cowl-coil, rye-row-Roy, file-fowl-foil

2.3.3. 영어의 경과음

영어의 경과음에는 /j/와 /w/가 있다. 경과음은, 모음처럼, 조음 기관 사이에 가까운 접촉 없이 생성되는 소리이다. 그러나 모음과 달리 음절핵의 역할을 하지는 않는다. 그리고 경과음 다음에는 반드시 모음이 따라 온다.

경구개 경과음 /j/는 혓몸의 앞부분을 경구개 쪽으로 가까이 올려서 내는 소리이다. 성대 진동과 함께 조음되는 유성음이며, 조음 기관 사이에 가까운 접촉이 없으므로 조음하는 동안 지속적으로 공기가 빠져 나온다. /j/에서 다음 모음으로 미끄러지듯 이동하여 조음하게 된다. /j/는 전설 고모음 [i]와 유사한 위치에서 조음되지만, [i]보다 혓몸을 구개에 더욱 가깝게 하여 조음하는 차이점이 있다. /j/는 낱말 처음 (*yellow*)과 중간(*cure*)에 나타나지만 낱말 끝에는 나타나지 않는 음소이다. 아래 (49)는 경과음 /j/가 포함된 낱말 예이다.

(49) cute, few, feud, million, mutate, onion, yacht, yam, yarn, yell, yellow, yes, yesterday, yet, yield, yolk, yonder, you, young, yummy

/j/ 조음의 방언 간 차이와 관련하여, 미국 북부 방언을 구사하는 화자들의 경우에 치경음이나 치간음 다음에 /j/가 발음되지 않는 특징이 있다. 예를 들어 'tutor', 'dupe', 'lurid', 'news', 'presume', 'stupid', 'suit', 'enthuse' 등 낱말의 관련 부분에서 C[ju](C=치음)는 /j/를 발음하지 않고 C[u]로 발음한다. 그 이외의 방언에서는 이러한 /j/-삭제의 과정이 존재하지 않고, 어떤 자음 환경에서든 C[ju]로 실현된다.

순연구개 경과음 /w/는 후설 고모음 [u]와 유사하게 조음하지만 혓몸을 연구개 쪽으로 더 가까이 올려서 조음한다. /u/처럼 두 군데의 조음 위치를 동시에 사용하여, 양 입술을 둥글게 오므림과 동시에 후설 부분을 연구개 쪽으로 접근하여 낸다. 성대 진동을 동반하는 소리이며, /w/에서 다음 모음으로 미끄러지듯 이동하여 조음하게 된다. /w/도 /j/처럼 낱말 처음(*walk*)과 중간(*away*)에 나타나지만 낱말 끝에는 나타나지 않는 음소이다. 아래 (50)은 /w/가 포함된 낱말 예들이다.

(50) wait, warm, week, will, wind, wine, weed, while, why, water, window, quartz, quick, sweet, twins, awake, Kuwait, language, penguin, square

2.4. 일본어의 음소

같은 음을 발음하더라도 사람들이 내는 소리는 각기 다르다. 뿐만 아니라 한 사람이 발음하더라도 발음할 때의 신체적인 상태나 심리 상태에 따라 실현되는 음은 각각 다르다. 물리적으로는 언제나 다르다고 말할 수 있다. 사람마다 음성기관의 크기나 형태가 다르고 같은 사람이라도 아프다거나 자다 깼다거나 하는 등의 신체적 조건, 혹은 심리적 상태에 따라 발성, 발음이 다른 것이다. 이러한 것은 모두 비언어학적 요소인데, 발음에 있어 이러한 비언어학적 요소의 영향은 대단히 크다. 또 비언어학적 요소의 영향이 없다고 해도 회화의 흐름이나 음연쇄 속에서 항상 앞뒤에 오는 음의 영향을 받는다.

이러한 불확실성에도 불구하고 커뮤니케이션이 성립하는 것은, 실제로 발음되는 음의 세세한 물리적인 차이는 문제가 되지 않고 의미, 내용, 감정을 전달하기 위해 필요한 차이에만 주의를 기울이기 때문이다. 이것은 또한 한 언어에는 어떤 일정한 수의 음이 일정한 조직, 체계에 기초해서 사용되기 때문에 가능한 것이다.

이러한 조직 및 체계를 음운(音韻)이라고 하며, 의미의 구별에 관여하는 음, 음운의 최소단위를 음소(音素)라고 한다. 이것은 음성학적 최소단위인 단음(單音)과 대비되는 개념이다. 음소, 단음의 표기에는 국제음성기호(IPA)를 사용한다. 또 음소는 / / 안에 넣어서 나타내고, 음소의 구체적인 표출이라고 할 수 있는 단음은 [ ]에 넣어서 나타낸다.

일본어(현대 동경어)의 음소를 정리해 나타내면 다음과 같다.

① 자음음소 : /k, g, s, z, t, c, d, n, h, b, p, m, r/
② 모음음소 : /a, i, u, e, o/
③ 경과음[10]음소 : /j, w/
④ 특수음소 : /Q/(촉음), /N/(발음), /R/(장음)

위의 특수음소의 촉음기호 /Q/는 국제음성기호에는 없는 것이며, 자음음소의 /c/와 특수음소의 장음 /R/이라는 기호는 국제음성기호의 용법과는 다른 점이 있으므로 주의가 필요하다.

---

10) 일본어 음운론에서는 일반적으로 '반모음' 혹은 '반자음'이라고 부른다.

2.4.1. 일본어의 자음

자음은 성도(聲道) 내의 어디에서 어떠한 폐쇄나 좁혀짐이 일어나는가에 따라 분류된다. 일본어의 자음음소 설정은 학자에 따라 견해가 다를 수 있겠으나 여기에서는 위의 13개로 설정한다. 오십음도의 순서에 따라 하나씩 설명해가기로 한다.

1) /k/

カ행음과 カ행 요음(拗音)의 자음 [k]이다. 무성음이고 조음 위치상으로는 연구개음이며, 조음 방법상으로는 파열음이다. 혀 안쪽이 들리면서 연구개에 닿아서 폐쇄가 생기고 그것이 파열하여 만들어지는 음이다.

그러나 같은 カ행의 [k]라도 발음은 각기 다르다. カ와 キ를 천천히 발음해 보면 알 수 있는 것처럼 후속하는 모음이나 경과음으로 인해 혀의 모양이 달라져서 서로 다른 음이 되는 것이다. 즉 모음 [a], [u], [e], [o]와 결합했을 때의 [k]와, 모음 [i]와 결합했을 때의 [k]는 실제로는 다른 음이다. 전자는 [k]이고 후자는 [kʲ]이다. 이와 같이 실제로 실현되는 음을 이음(異音)이라고 한다. 이러한 /k/의 이음들은 서로를 보완하는 관계에 있기 때문에 음운론적으로는 /k/라고 해석한다.

특히 뒤에 [i], [j]가 올 때 [k]는 혀 앞쪽이 경구개, 즉 앞쪽 입천장을 향해 올라간다. 조음 위치가 연구개에서 앞 쪽으로 이동하여 경구개에서 폐쇄가 형성되는 것이다. 이렇게 자음이 후속음의 영향으로 그 본래의 조음 위치를 벗어나서 혀 앞쪽이 경구개를 향해 들려서 [i], [j]의 태세를 취하는 현상을 「구개화(口蓋化)」라고 한다.

カ와 キャ의 조음상의 차이는 혀가 경구개를 향해 올라가느냐 연구개를 향해 올라가느냐에 달려 있다. カ가 구개화하면 キャ이다. 또 キャ와 ヤ의 차이는 혀 안쪽이 연구개에 닿았느냐 닿지 않았느냐에 있는데,

제2장_ 음소

닿으면 キャ이고 닿지 않으면 ヤ이다. 따라서 요음 キャ는 「자음 [k]+ヤ [ja]」라고 해석하여 음운론적으로는 /kja/라고 분석할 수 있다. キュ /kju/, キョ/kjo/의 경우도 마찬가지이고, ミャ, リャ, ギャ, ビャ, ピャ 등의 요음에도 동일하게 적용된다.

カ	キ	ク	ケ	コ	キャ	キュ	キョ
[ka	-	ku	ke	ko	-	-	-]
[-	kʲi	-	-	-	kja	kju	kjo]
/ ka	ki	ku	ke	ko	kja	kju	kjo /

2) /g/

ガ행음과 ガ행 요음의 자음 [g], [ŋ]이다. 일반적으로 ガ행 자음이 어두에 올 때는 [g]로 실현되고, 어두 이외의 위치에 나타날 때는 비음 [ŋ]로 실현되어 음성 환경에 따른 대립이 인정된다. 예를 들면「学校」 [gakko:]의 ガ의 자음 [g]와「小学校」[ʃo:ŋakko]의 ガ행 자음 [ŋ], 「午後」 [goŋo]에서 앞의 ゴ의 자음 [g]와, 뒤의 ゴ의 자음 [ŋ]가 그것이다.

[g]는 유성음이고 조음 위치상으로는 연구개음이며, 조음 방법상으로는 파열음이다. [ŋ]는 유성음이고 조음 위치상으로는 연구개음이며, 조음 방법상으로는 비음이다. 이 어두의 [g-]와 어중의 [-ŋ-]는 상보적 분포(相補的 分布)를 이루기 때문에 음운론적으로는 동일 음소 /g/에 해당하는 것으로 생각한다.[11]

---

11) 그러나 다음의 예처럼 두 개의 단어가 [g]와 [ŋ]라는 음성 특징에 의해 의미가 구별되는 것도 있다.
大ガラス [o:garasɯ](큰 유리) / 大烏 [o:ŋarasɯ](큰 까마귀)
第五 [daigo](제5) / 醍醐 [daiŋo](우유에 갈분을 타서 미음같이 쑨 죽)
十五 [dʒɯ:go](15) / 銃後 [dʒɯ:ŋo](후방)

이러한 [g]와 [ŋ]의 최소 대립의 예를 근거로 /g/와 /ŋ/를 별개의 두 음소로 인정해야 한다는 견해도 있다(中條修 1990:77).

ガ행 자음은 어두 이외에서는 비음 [ŋ]로 실현되는 것이 보통이지만 뒤에 오는 단어가 ガ행음으로 시작되는 복합어로 결합의 정도가 강하지 않은 경우나, 「オゲンキ(お元氣)」와 같이 단어 앞에 접두사가 붙은 ガ행음으로 시작되는 합성어, 그리고 수사 「五」의 경우는 파열음 [g]로 발음되기도 한다.

```
        ガ      ギ      グ      ゲ      ゴ      ギャ     ギュ     ギョ
[      ga       -      gu      ge     go       -       -       -  ]  어두에서
[       -      gʲi      -       -      -      gja     gju     gjo ]
[      ŋa       -      ŋu      ŋe     ŋo       -       -       -  ]  주로 어중에서
[       -      ŋʲi      -       -      -      ŋja     ŋju     ŋjo ]
/      ga      gi      gu      ge     go      kja     kju     kjo /
```

3) /s/

サ행음 음소 /s/는 발음상 두 가지로 실현된다. 「サ、ス、セ、ソ」의 자음은 무성치경마찰음인 [s]이고, シ의 자음은 무성치경구개마찰음인 [ʃ]이다. 이 [s]와 [ʃ]는 나타나는 위치가 달라서 같은 음성 환경에 나타나는 일은 없다. 즉 상보적 분포를 이룬다. 또 [ʃ]는 다른 イ단의 자음과 마찬가지로 [s]가 [i] 앞에 구개화하여 [i]에 동화한다고 해석하므로 같은 음소 /s/의 조건이음으로 취급한다.

サ행 요음의 자음도 [ʃ]로 イ단의 자음과 같은 구개음인데 음운 체계의 균형이라는 측면에서 구개화음 キャ, ミャ, リャ, ギャ, ビャ, ピャ의 분석과 마찬가지로, 음운론적으로는 [sj]로 해석한다.

```
        サ      シ      ス      セ      ソ      シャ     シュ     ショ
[      sa       -      sü      se     so       -       -       -  ]
[       -      ʃi       -       -      -       ʃa      ʃɯ      ʃo ]
/      sa      si      su      se     so      sja     sju     sjo /
```

제2장_ 음소

4) /z/

サ행의 탁음, ザ행의 자음이다. 어두나 발음(撥音) 뒤에 올 때 「ザ, ズ, ゼ, ゾ」의 자음은 유성치경파찰음 [dz]이고, 「ジ」의 자음은 유성치경경구개파찰음인 [ʤ]이다. 이 두 음도 サ행자음의 경우와 마찬가지로 상보적 분포를 나타내므로 음운론적으로는 /z/라고 해석한다. 어두 이외의 위치나 발음(撥音) 직후 이외의 ザ행 자음은 대체로 [-z-], [-ʒ-] 와 같이 마찰음으로 실현되는 일이 많다. 단 언제나 그런 것은 아니고 악센트의 고저에 의한 간섭이 보인다. 즉 「[aʤi] アジ(味)」, 「[adza] アザ(痣)」와 같이 높은 악센트에서 발음되는 경우는 파찰음이 되는 경향이 강하고 「[āʒi] アジ(鯵)」, 「[āza] アザ(字)」와 같이 낮은 악센트의 경우는 마찰음으로 발음되는 경향이 있다.

ザ행 요음의 자음은 「ジ」의 자음과 같은 치경구개파찰음 [ʤ]이지만 サ행 요음에 준해서 /zj/라고 해석한다.

```
      ザ    ジ    ズ    ゼ    ゾ    ジャ   ジュ   ジョ
[    dza    -    dzü   dze   dzo    -     -     -   ]  어두에서
[     -    ʤi    -     -     -     ʤa   ʤɯ   ʤo  ]
[     za    -    zü    ze    zo    -     -     -   ]  주로 어중에서
[     -    ʒi    -     -     -     ʒa   ʒɯ   ʒo  ]
/     za   zi    zu    ze    zo   zja   zju   zjo /
```

5) /t/, /c/

タ행의 자음은 「タ, テ, ト」의 경우는 무성치경파열음인 [t]이고, 「ツ」는 무성치경파찰음인 [ts]이다. 또 「チ」와 タ행 요음 「チャ, チュ, チョ」의 자음은 무성의 치경구개파찰음인 [tʃ]이다. 이를 정리해서 나타내면 다음과 같다.

	タ	チ	ツ	テ	ト	チャ	チュ	チョ
[	ta	-	-	te	to			]
[	-	tʃi	-	-	-	tʃa	tʃɯ	tʃo]
[	-	-	tsü					]

이 [t], [tʃ], [ts]은 상보적 분포를 이루는데 음운론적으로는 동일한 음소 /t/의 조건이음이라고 해석하고 다음과 같이 나타낼 수 있다.

/ ta, ti, tu, te, to, tja, tju, tjo /

그러나 サ행에서 [s], [ʃ]를 /s/라는 하나의 음소로 설정한 것과는 달리 タ행은 /t/와 /c/의 두 개의 음소를 설정하고 있다. サ행음 「シ」는 「환경 동화의 작업 원칙」에 의해서 「[s]+[i]→[ʃi]」와 같이 [i]가 선행 자음 [s]를 동화시켜서 [ʃi]로 바뀐다고 설명할 수 있다. 그러나 タ행음 「チ」와 「ツ」는 「[t]+[i]→*[tʃi]」, 「[t]+[ɯ]→*[tsü]」와 같이 [i],[ɯ]가 각각 선행하는 파열음 [t]를 동화시켜서 파찰음화하는 이유가 음성학적으로는 인정되지 않는다. 즉 「[ts]+[i]→[tʃi]」인 것이다.[12] 다시 말해서 치경파찰음 [ts]가 [i]에 의해서 동화되어 치경구개파찰음 [tʃ]가 되었다고 보아야 한다. 따라서 /t/와는 별도로 새로운 파찰음 음소 /c/를 설정하고 /ci/(チ), /cu/(ツ)로 해석한다. 그리고 タ행 요음 「チャ, チュ, チョ」의 자음도, 이에 의해서 음운론적으로는 /cj/로 해석한다. 결국 タ행은 다음과 같이 나타낼 수 있다.

	タ	チ	ツ	テ	ト	チャ	チュ	チョ
[	ta	-	-	te	to	-	-	-]
[	-	tʃi	-	-	-	tʃa	tʃu	tʃo]
[	-	-	tsü	-	-	-	-	-]
/	ta	ci	cu	te	to	cja	cju	cjo /

---

12) 服部四郎(1960: 288), 「音韻論(1)」, 『言語学の方法』, 岩波書店.

제2장_ 음소

6) /d/

タ행의 탁음인 ダ행의 자음이다. 「ダ, デ, ド」의 자음은 「タ, テ, ト」의 무성치경파열음 [t]에 대음하는 유성음 [d]이다. 「ヂ, ヅ」와 요음 「ヂャ, ヂュ, ヂョ」는 각각 ザ행음 「ジ, ズ, ジャ, ジュ, ジョ」와 음운상의 구별은 없다.

```
        ダ      ヂ      ヅ       デ      ド      ヂャ     ヂュ     ヂョ
    [   da    (dʑi)   (dzɯ)    de     do     (dʑa)    (dʑɯ)   (dʑo) ]
    /   da    (zi)    (zu)     de     do     (zja)    (zju)   (zjo) /
```

「ジ, ヂ, ズ, ヅ」의 네 개의 가나는 「四つ仮名」[13]라고 하는데 이것에 대해서는 역사적인 변천과정을 살펴볼 필요가 있다. 「ジ, ヂ」와 「ズ, ヅ」는 본래는 서로 다른 음을 마타내는 문자였으나 중세 말, 즉 15세기 무렵이 되면 각 쌍의 발음상의 구별이 없어지고 표기에도 혼란이 생기기 시작한다. 16세기 말에는 이러한 혼란이 일반화되어 17세기 말에는 거의 완료된 것으로 보인다. 현대 일본어에서는 발음상의 구별은 없으며 표기상으로는 두 단어가 결합되었거나 같은 음을 연달아 이어 말하는 경우를 제외하고 모두 「じ・ず」라고 쓰지만 「じ・ぢ, ず・づ」를 구별하는 지방에 한해서는 구분해서 써도 상관없다고 규정하고 있다.

7) /n/

ナ행의 자음이다. 「ナ, ヌ, ネ, ノ」의 자음은 유성치경비음 [n]이고, 「ニ」의 자음은 유성경구개비음 [ɲ]이다. 이것도 サ행자음의 경우와 마찬가지로 환경동화에 의한 조건이음으로서 음운론적으로는 /n/으로 인

---

13) 「四つ仮名」라는 명칭은 『音曲玉淵集』(1727)에 처음으로 나타난다. 「じぢずづ 此濁音を四つ仮名といふ(じぢずづ 이 탁음을 四つ仮名라고 한다)」, 『音曲玉淵集』는 일본의 전통 예능인 謠曲를 부르는 법을 적어 놓은 책인데 당시의 일본어의 음운 체계를 알 수 있는 여러 가지 정보가 실려 있다.

정한다. ナ행 요음 「ニャ, ニュ, ニョ」의 자음은 「ニ」의 자음과 같이 치경비음이 구개음화한 음인 [ɲ]인데, 음운론적으로는 サ행 요음에 준하여 /nj/라고 해석한다.

```
       ナ     ニ     ヌ     ネ     ノ     ニャ    ニュ    ニョ
[     na     -     nu     ne    no      -      -      -    ]
[      -     ɲi     -     -     -      ɲa     ɲu     ɲjo   ]
/     na     ni     nu    ne    no     nja    nju    njo   /
```

8) /h/

ハ행의 자음은 실제로 세 개의 이음을 지닌다. 「ハ, ヘ, ホ」의 자음은 무성성문마찰음인 [h]이고, 「ヒ」의 자음은 무성경구개마찰음인 [ç]이며, 「フ」의 자음은 무성양순마찰음인 [ɸ]이다. 이들 세 개의 이음은 상보적 분포를 이루고 있어서 동일한 음소 /h/에 속한다. 「フ」의 자음 [ɸ]는 청각적으로는 윗니와 아랫입술로 조음되는 순치마찰음 [f]에 가까운데 윗입술과 아랫입술을 가까이 하여 그 사이에서 가볍게 숨을 토하는 음이다. ハ행 요음 「ヒャ, ヒュ, ヒョ」의 자음은 「ヒ」와 같이 같은 [ç]이지만, サ행이나 ナ행음의 경우와 마찬가지로 /hj/라고 해석한다.

```
       ハ     ヒ     フ     ヘ     ホ     ヒャ    ヒュ    ヒョ
[     ha     -     -     he    ho      -      -      -    ]
[      -     çi     -     -     -      ça     çu     ço   ]
[      -     -     ɸu     -     -      -      -      -    ]
/     ha     hi     hu    he    ho     hja    hju    hjo  /
```

9) /b/

バ행음과 バ행 요음의 자음 [b]로 이 자음은 유성양순파찰음이다. 일본어의 [b]는 대체로 파열이 약하다. 어두에서는 약한 파열음인데 어두 이외에서는 때때로 파찰음화해서 [β]([ɸ]의 유성음)이 되기도 한다. 예를 들어「油(あぶら)」나「鈍(にぶ)い」의「ブ」는 [βɯ]로도 실현된다.

	バ	ビ	ブ	ベ	ボ	ビャ	ビュ	ビョ
[	b	–	bu	be	bo	–	–	–]
[	–	bʲi	–	–	–	bja	bju	bjo]
/	ba	bi	bu	be	bo	bja	bju	bjo /

10) /p/

パ행음과 パ행 요음의 자음으로 バ행음 [b]에 대응하는 무성의 양순파열음 [p]이다. 각각 /p/, /pj/로 간주한다. [b]와 마찬가지로 파열은 대체로 약하다.

	パ	ピ	プ	ペ	ポ	ピャ	ピュ	ピョ
[	pa	–	pu	pe	po	–	–	–]
[	–	pʲi	–	–	–	pja	pju	pjo]
/	pa	pi	pu	pe	po	pja	pju	pjo /

11) /m/

マ행과 マ행 요음의 자음인 양순비음 [m]이다.「ミ」와 マ행요음「ミャ, ミュ, ミョ」의 자음은 구개화한 음 [mj]이지만 음운론적으로는 カ행의 경우와 마찬가지로 /m/, /mj/라고 해석한다.

	マ	ミ	ム	メ	モ	ミャ	ミュ	ミョ
[	ma	–	mu	me	mo	–	–	–]
[	–	mʲi	–	–	–	mja	mju	mjo]
/	ma	mi	mu	me	mo	mja	mju	mjo /

12) /r/

ラ행음과 ラ행요음의 자음으로 유성치경탄음이다. 영어의 [r]이나 [l]과는 많이 다르다. 음운론적으로는 /r/, /rj/라고 해석한다.

	ラ	リ	ル	レ	ロ	リャ	リュ	リョ
[	ra	-	ru	re	ro	-	-	-]
[	-	rʲi	-	-	-	rja	rju	rjo]
/	ra	ri	ru	re	ro	rja	rju	rjo /

탄음(彈音)이란 혀끝이 경구개를 향해서 약간 제껴진 모양으로 치경의 후부에 가볍게 닿아서 치경을 문지르듯이 가볍게 밀면서 내는 유성음이다. 이 탄음 [ɾ]은 유성치경파열음 [d]와 조음 방법이 유사하다. [d]는 혀끝이 자연스런 모양으로 치경에 닿아서 일단 폐쇄를 형성하고 치경에서 떨어질 대 폐쇄를 터뜨려서 파열음을 발한다. 따라서 [ɾ]와 [d]의 차이는 혀끝의 위치와 조음 방법이 약간 다를 뿐이며「ダラダラ」와「ラダラダ」를 조심스럽게 발음해보면 그 차이를 알 수 있다. 이로 인해 유아의 발음이나 방언에는 ラ행과 ダ행의 혼동이 종종 관찰된다.

2.4.2. 일본어의 모음

모음은 자음과는 달리 성도 안에서 폐쇄나 좁아짐이 없이 울려서 발음되는 유성음이다. 입의 벌린 정도와 혀의 위치로 분류한다. 일본어의 모음음소는 /a/, /i/, /u/, /e/, /o/의 다섯 개이다.

일본어의 모음을 기본 모음과 함께 나타내면 다음과 같다.

제2장_ 음소

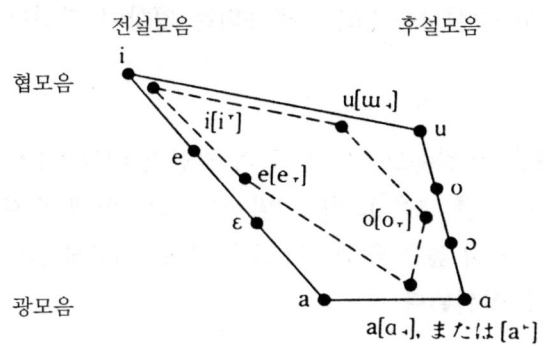

<그림> 일본어의 모음과 기본 모음[14]

1) /a/

오십음도의 ア단 모음이다. 비원순모음으로 입을 가장 크게 벌리는 중설모음이다. 입술의 긴장을 동반하지 않는다. 음성적으로는 [a]로도 [ɑ]로도 발음되는데 이것은 악센트의 고저와 관련이 있다. 높은 악센트가 오면 [ɑ]로, 낮은 악센트가 오면 [a]로 실현되는 경향이 있다.

2) /i/

イ단음의 모음이다. 비원순모음이며 입을 좁게 벌리는 전설모음이다. 기본 모음 [i]보다는 조금 넓고 또한 뒤쪽으로 치우쳐있으며 약간의 입술의 긴장을 동반한다.

3) /u/

ウ단음의 모음으로 입의 벌림이 좁은 후설모음이다. 기본 모음 [u]보다도 상당히 앞으로 치우친 모음이며 또 입술이 동그랗게 되지 않는 모음이다. 이 비원순음을 원순음과 구별하여 엄밀하게는 [ɯ]로 나타낸다. 그러나 일본 서쪽 지방(西日本)에서는 원순음 [u]가 관찰되기도 한

---

14) 上村幸雄(1978: 293),「現代日本語の音韻体系」,『日本語研究の方法』 むぎ書房.

다. ウ단음의 모음으로 동경어에서는 「ス, ズ(ヅ), ツ」의 [ɯ]는 특히 앞쪽으로 치우쳐 있고 중설모음 [ü]로 발음되는 경향이 강하다.

4) /e/

エ단음의 모음으로 비원순모음이다. 입의 벌림이 [i]와 [a]의 중간 정도인 전설모음이다. 기본 모음 [e]와 [ɛ]의 중간 발음인데 후자에 가깝다고 말할 수 있다. 특히 높은 악센트가 오는 경우나 길게 늘여서 발음할 때 [ɛ]에 가깝게 실현된다.

5) /o/

オ단음의 모음으로 입의 벌림이 /e/(エ)와 거의 같다. 기본 모음 [o]보다 [ɔ]에 가깝고 원순화가 인정된다. 그러나 그다지 긴장은 동반하지 않는다. /a/(ア)와 마찬가지로 높은 악센트에서는 [ɔ]로 실현되고, 낮은 악센트에서는 [o]로 발음되는 경향이 있다.

이상을 정리하면 다음과 같다.

```
    ア    イ    ウ    エ    オ
 /  a    i    u    e    o /
 [  a    i    ɯ    e    o ]
```

2.4.3. 일본어의 경과음(반모음)

1) /j/

ヤ행의 자음으로 유성의 경구개마찰음인 [j]이다. 독일어 등에 나타나는 [j]에 비해서 일본어의 음소 /j/는 마찰이 대단히 약하고 모음 [i]에 가깝기 때문에 경과음으로 취급된다. 또 직전의 자음과 밀착하여 요음 /kja/(キャ), /kju/(キュ), /kyo/(キョ) 등을 형성하는 요소가 된다.

2) /w/

ワ행의 자음으로 유성의 양순마찰음인 [w]이다. [j]와 마찬가지로 마찰은 극히 약하고 모음[ɯ]에 가까운 경과음이다. 영어의 [w]와 같이 입술을 둥글게 해서 내는 음이 아니고 모음 [ɯ]의 입술을 다소 좁힌 음으로 지속시간이 짧아서 곧 바로 다음 모음인 [a]로 옮겨간다. 옛날에는 바로 앞에 오는 /k/, /g/와 결합하여 소위 합요음 /kwa/(クワ), /gwa/(グワ)를 형성하는 요소가 되었다.

2.4.4. 일본어의 특수음소

1) 발음(撥音) /N/

발음(撥音)「ン」은 본래 구개수비음(口蓋垂鼻音)[N]으로, 뒤에 다른 음이 오지 않는 단어의 끝이나 문장 끝에 나타난다. 그러나 뒤에 다른 단음이 이어지는 경우는 그것이 나타나는 음성 환경에 따라 역행동화를 일으켜서 다음과 같은 이음이 되어 실현된다.

① 유성양순비음 [m] - 양순비음 [p, b, m]의 앞
散步(さんぽ)[sampo], とんぼ[tombo], あんま[amma]
② 유성치경비음 [n] - 치경비음 [t, d, n, s, z, r]의 앞
反対(はんたい)[hantai], 問題(もんだい)[mondai], 案内(あんない)[annai], 先生(せんせい)[sense:], 先祖(せんぞ)[senzo], 親類(しんるい)[sinrui]
③ 유성경구개비음 [ɲ] - 경구개비음 [ɲ]의 앞
筋肉(きんにく)[kiɲɲiku], 新入(しんにゅう)[ʃiɲɲɯ:]
④ 유성연구개비음 [ŋ] - 연구개비음 [k, g, ŋ]의 앞
人気(にんき)[niŋki], 漫画(まんが)[maŋga]
⑤ 유성구개수비음[N] - 구개수비음 어말
本(ほん)[hoN], ペン[peN], 新聞(しんぶん)[simbuN]

이와 같이 양순비음 앞에서는 양순비음이 되고, 치경비음 앞에서는 치경비음이 된다. 즉 /N/은 뒤에 오는 자음과 같은 조음점을 지닌 비음으로 동화하고 한 박자분 길이의 지속음으로 작용한다. 또 [N]은 [i], [e], [ʃ], [ɕ], [j] 앞에서는 비모음 [ĩ]가 되고, [ɯ], [o], [a], [w] 앞에서는 비모음 [ɯ̃]가 되는 일이 많다.

위의 이음 중 [m], [n], [ŋ]가 マ행, ナ행, ガ행의 자음 [m-, n-, ŋ-]와 다른 것은 이들 모두 각각 단독으로 하나의 박(拍, 모라)[15]을 구성할 수 있기 때문이다. 예를 들면 「樣(さま:~님)」의 [m], 「家內(かない:집사람)」의 [n], 「かご(바구니)」의 [ŋ]를 길게 늘려서 발음하면 각각 다음과 같이 된다.

    樣(さま)   [sama] → [samma] さんま(꽁치)
    家內(かない) [kanai] → [honne] 館內(かんない:관내)
    かご   [kaŋo] → [kaŋŋo] 看護(かんごう:간호)

앞서 /N/은 뒤에 다른 음이 오지 않는 단어의 끝이나 문장 끝에 나타난다고 하였다. 그러나 노년층의 발음(發音)에서는 「ンマ[mma](馬)」, 「ンメ[mme](梅)」와 같이 어두에 나타나는 일도 있다.

2) 촉음(促音) /Q/

촉음(促音) 「ッ」은 원칙적으로 [p, t, k, s, ʃ] 앞에 나타나서 후속하는 자음과 같은 입 모양으로 한 박자 분을 유지하는 것이다. 그렇게 한 박자를 유지한 후 후속자음으로 옮겨간다. 예를 들면 「坂(さか)」의 [k]나 「肩(かた)」의 [t]를 길게 늘여서 발음하면 「作家(さっか)」「勝った(かった)」가 된다.

이렇게 촉음(促音)에 공통하는 특징은 다음에 이어지는 무성자음의

---

15) 박(拍), 모라(mora)에 대해서는 「3.4. 일본어의 음절」에서 서술한다.

입모양으로 숨의 흐름을 한 박자 정도 길이만 방해하여 후두의 긴장을 지속시키는 것이다. 따라서 촉음 부분은 후속하는 자음의 지속부이고 확실한 음으로서 알아듣는 것이 불가능하여 발음(撥音) 「ン」과 같이 독립된 음성은 갖지 않는다.

그러나 촉음은 아래의 예에서 보는 것처럼 개략적으로는 중자음(重子音)16) [-pp-, -tt-, -tts-, -ttʃ-, -ss-, -ʃʃ-]으로 나타낼 수 있다. 이들을 단자음 경우와 비교할 때 음운적으로 최소 대립이 인정된다.

一杯(いっぱい)[ippai]   位牌(いはい)[ihai]
行った(いった)[itta]   居た(いた)[ita]
一通(いっつう)[ittsɯ]   胃痛(いつう)[itsɯ]
一致(いっち)[ittʃi]   一(いち)[itʃi]
一軒(いっけん)[ikkeN]   意見(いけん)[ikeN]
発散(はっさん)[hassaN]   破産(はさん)[hasaN]
一升(いっしょう)[iʃʃoː]   衣裳(いしょう)[iʃoː]

그러나 중자음 전반의 부분 요소가 한 박자분의 길이를 가지며 음성 환경에 의해 다섯 개의 이음(조건이음)으로 실현된다고 볼 수 있기 때문에 발음(撥音)의 경우와 마찬가지로 상보적 분포의 원칙에 의해 음소 /Q/로 인정한다.

촉음은 「すっごい[sɯ̈ggoi]」, 「すっばらしい[sɯ̈bbaraʃiː]」와 같은 강조어

---

16) 같은 자음이 단어 내부 또는 단어 연결의 연접 부분에서 연속한 것을 중자음(double consonant)이라고 한다. 이중자음이라고도 한다. 영어 등에서는 같은 자음이 겹친 경우에도 하나의 자음과 같이 발음하든가 혹은 발음한다고 해도 반장음 정도 늘려서 발음하는 것이 보통으로 일본어와 같이 한 박자분의 장자음(長子音)으로 발음하는 일은 거의 없다. 예를 들면 letter[létə], kiss[kis], grammar[grǽmə]가 있다. 또한 다른 자음이 연속하는 중자음(연자음)은 일본어에는 없다. 「ッ」를 표기하기에 따라서는 tsu와 같이 자음을 겹쳐 쓰기도 하지만 그 음성 [ts]는 파열음과 마찰음이 연속하여 거의 동시에 발음되기 때문에 파찰음이라고 하는 하나의 자음으로 생각한다.

형이나 「バッジ[baddʒi]」, 「バッグ[baggɯ]」, 「ベッド[beddo]」와 같은 외래어에서는 유성자음 앞에서도 관찰된다.

3) 장음(長音) /R/

장음(長音)「ー」은 직전에 오는 모음 [a, i, u, e, o]를 입 모양을 바꾸지 않고 한 박자 분 길게 늘인 것이다.

  おじいさん[odʒi:saN] 할아버지 おじさん[odʒisaN] 아저씨, 삼촌 등
  おばあさん[oba:saN] 할머니 おばさん[obasaN] 아줌마, 고모 등

위의 두 쌍은 모음을 길게 늘여 발음하느냐 아니냐에 따라 의미에 차이가 생겨서 단모음과 장모음 사이에 음운적인 대립이 있는 것으로 본다. 이러한 대립은 다섯 개의 모음에 모두 인정된다.

  カード(카드)[ka:do]   角(かど:모퉁이)[kado]
  チーズ(치즈)[tʃi:zɯ]   地図(ちず:지도)[tʃizɯ]
  通知(つうち:통지)[tsɯ:tʃi] 土(つち:흙)[tsɯtʃi]
  世紀(せいき:세기)[se:ki]   席(せき:자리)[seki]
  通る(とおる:통하다)[to:ru] 取る(とる)[toru]

일본어의 장모음은 음성적으로는 하나의 장음절이다. 그러나 「[sit] sit(앉다) : [si:t] seat(자리)」과 같은 영어 단어의 대립에서 보이는 장모음 [i:]의 작용과는 달라서 두 박자로 본다.

장모음(두 박자)과 단모음(한 박자)의 대립은 일본어에서는 지극히 명확하다.

  지명 オーサカ[o:saka] (大阪, 逢坂) : オサカ[osaka] (小坂)
  인명 オーノ[o:no] (大野) : オノ[ono] (小野)

이 인명과 지명은 모음의 길이에 의해서 구별되고 있다. 따라서 장단의 구별이 불충분하다면 이해에 지장을 초래하게 된다. 영어는 「길이」가 엄밀하지 않기 때문에 「大阪」, 「大野」는 종종 [osaka], [ono]와 같이 발음된다. 한국어의 외래어 표기에서도 이 두 단어는 모두 [오노]라고 표기하므로 표기상으로는 변별력을 잃고 만다.

일본어의 장모음은 모음 한 박자와 그것과 같은 모음 한 박자분의 「끄는 음(引く音)」으로 이루어진다. 이 「끄는 음」에 해당하는 부분은 선행하는 모음에 따라서 다섯 종류의 음성이 되어 실현되는데 음운론적으로는 하나의 장음음소 /R/에 해당한다고 해석한다.

그러나 음소 /R/에는 명확한 음성특징이 없다고 보는 입장에서 이론이 제기되기도 한다. 즉, 장음을 음소로 인정하지 않고 같은 모음의 연속 /aa/, /ii/라고 해석하는 입장이 그것이다.17)

그런데 어떤 장모음을 장음으로 볼 것인가, 혹은 두 개의 같은 모음의 연속으로 볼 것인가에 관해서 金田一春彦는 「里親」와 「砂糖屋」라는 예를 들고 다음과 같이 설명하고 있다.

里親 /satooja/ [sato?oya]
砂糖屋 /satoRja/ [sato:ja]

즉, 「里親」는 /sato + oja/[o-?o]로, 사이에 형태(의미)가 나뉘는 부분이 인정되는 두 개의 모음연속이며, 「砂糖屋」는 /satoR + ja/ [o:]가 되어 나뉘는 부분이 없기 때문에 장음이라고 하였다.18)

이러한 金田一春彦의 의견에 대해 여러 가지 논의가 있는데 그 대표적인 것으로 小泉保의 견해를 들 수 있다. 小泉保는 천천히 끊어서 발

---

17) 服部四郎(1960: 360-361), 「音韻論(1)」, 『言語学の語法』, 岩波書店.
　　小泉保(1978: 118-124), 『日本語の正書法』, 大修館書店.
18) 金田一春彦(1967: 135-153), 『日本語音韻の研究』, 東京堂出版.

음하면 형태가 지니는 잠재적인 구분점의 차이가 나타나지만 일상적인 대화에서는 그것을 듣고 분간하는 것이 곤란하다. 따라서 형태가 나뉘는 곳을 인정하는 데에만 필요하고 확실한 「음성상의 차이」가 없는 한 이 구별은 무리라고 하는 반대 의견을 제시하고 있다.[19]

그러나 현대일본어에서는 장음으로 하나의 음소로 인정하는 것이 일반적이라고 볼 수 있다.

이상 현대 일본어의 음소에 대해 살펴보았는데 그 결과를 표로 나타내면 다음과 같다.

<표 7> 현대 일본어(동경어) 음소표[20]

	調音法	調音点	입술	치경	치경·경구개	연구개	성문
子音 音素	閉鎖音	無聲	p	t		k	
		有聲	b	d		g	
	破擦音	無聲			c		
		有聲			z		
	摩擦音				s		h
	鼻音		m	n			
	彈音			r			
半母音音素			w		j		
特殊音素				N		R	Q
母音 音素		狹 고 / 糠 중 / 廣 저	전 i / e / a	중 u / o	후		

---

19) 小泉保(1978: 118-124).
20) 『日本語教育事典』(1991: 56)의 표를 수정하여 실었다.

2.5. 한국어·영어·일본어의 음소 대비

2.5.1. 자음과 경과음 대비

가. 음소 목록

경과음을 포함하여 한국어에는 21개의 자음이, 영어에는 24개의 자음이 있다. 그리고 일본어에는 17개의 음소가 있다. 우선 아래에 한국어와 영어, 일본어의 자음 목록의 대비표를 보자.

<표 8> 한국어와 영어 그리고 일본어의 자음 대비

분류	한국어 자음	영어 자음	일본어 자음
양순폐쇄음	/p/, /p'/, /pʰ/	/p/, /b/	/p/, /b/
치경폐쇄음	/t/, /t'/, /tʰ/	/t/, /d/	/t/, /d/
연구개폐쇄음	/k/, /k'/, /kʰ/	/k/, /g/	/k/, /g/
치경파찰음			/c/
경구개(치경)파찰음	/tʃ/, /tʃ'/, /tʃʰ/	/tʃ/, /dʒ/	
순치마찰음		/f/, /v/	
치간마찰음		/θ/, /ð/	
치(경)마찰음	/s/, /s'/	/s/, /z/	/s/, /z/
경구개(치경)마찰음		/ʃ/, /ʒ/	
성문마찰음	/h/	/h/	/h/
양순비음	/m/	/m/	/m/
치경비음	/n/	/n/	/n/
연구개비음	/ŋ/	/ŋ/	
유음	/l/	/l/, /ɹ/	/r/
경구개(전설성) 경과음	/j/	/j/	/j/
연구개(원순성) 경과음	/w/	/w/	/w/
특수 음소			/N/, /Q/
합계	21	24	17

나. 조음 위치 대비

앞의 자음 대비표에서 보듯이 한국어와 영어 그리고 일본어에는 동일한 조음 위치를 사용하는 많은 공통적인 음소가 존재하지만, 한국어나 일본어에 비해 영어의 조음 위치가 다양하여 더 많은 음소가 존재한다. 파찰음의 경우는 한국어와 영어가 비슷하고 일본어가 다른 조음 위치를 가진다. 조음 위치의 다양성은 조음 방식에 따라 결정된다. 파열음, 비음 등은 세 언어가 동일한 조음 위치를 가지고, 파찰음 등은 한국어와 영어가 동일한 조음 위치를 가지고 일본어가 다른 위치를 가진다. 마찰음의 경우는 한국어와 일본어가 동일한 조음 위치를 가지고, 영어는 다른 두 언어보다 훨씬 다양한 조음 위치를 가진다.

[동일한 조음 위치]

세 언어의 파열음은 조음 위치가 동일하다. 목젖 부근의 근육을 뒤와 위로 당겨 비강 통로를 차단한 상태에서 구강의 통로를 차단한 상태에서 자음 중 두 입술을 막았다가 개방하는 한국어의 양순음 'ㅂ, ㅍ, ㅃ' 그리고 영어와 일본어의 양순음 'p, b' 등의 조음 위치는 동일하다. 역시 구강의 통로를 차단한 상태에서 혀끝이 치경을 막았다가 개방하는 한국어의 치경음 'ㄷ, ㅌ, ㄸ' 그리고 영어와 일본어의 치경음 't, d' 등의 조음 위치도 동일하다. 구강의 통로를 막은 상태에서 혀의 뒷부분이 연구개를 막았다가 개방하는 한국어의 연구개음 'ㄱ, ㅋ, ㄲ' 그리고 영어와 일본어의 연구개음 'k, g' 등의 조음 위치도 동일하다. 다시 말해 한국어의 파열음과 영어의 파열음 그리고 일본어의 파열음은 조음 위치가 완전히 일치한다.

비음의 구강 내 조음 위치도 공통적인 것이 존재한다. 파열음이 조음되는 위치에서 비강 통로를 열어 놓는 비음 중 다수의 조음 위치는 동일하다. 한국어의 'ㅁ, ㄴ, ㅇ' 등은 각각 영어와 일본어의 'm, n, ŋ

등에 대응된다.(일본어는 이외에 조음 위치가 약간 다른 비음을 가지고 있다. 아래 설명 참조)

그리고 두 개의 경과음이 존재하는 것도 동일하고 이들이 조음되는 위치도 대동소이하다. 경구개(전설성) 경과음 혹은 연구개(원순성) 경과음이라는 용어 자체가 이들이 조음되는 위치를 나타내는 것이다. 경구개 혹은 연구개라는 용어는 조음점을 지칭한 명칭이고, 전설성이란 조음체인 혀의 위치를 지칭한 것이다. 그리고 원순성이란 입술이 둥글게 되는 것을 지칭한 것이다. 용어에서 보듯이 한국어와 영어 그리고 일본어의 경과음은 동일한 것이다.

파찰음의 경우 언어 간 동질성과 이질성이 존재한다. 비강을 막은 상태에서 혀끝을 경구개에 접근하여 폐쇄하였다가 개방이 순간적으로 일어나지 않아 마찰을 수반하는 파찰음은 한국어와 영어 그리고 일본어가 하나씩만 가지고 있는 것은 동일하지만, 조음 위치는 한국어와 영어에서만 경구개에서 조음되는 동일성을 가지고 있다.(언어에 따라 혹은 개인에 따라 미세한 차이가 있을 수 있으나 이것은 무시해도 괜찮을 정도의 음성적인 차이에 불과하다.)

[상이한 조음 위치]
파찰음의 경우 한국어와 영어의 파찰음이 경구개에서 조음되는 반면 일본어에서는 치조(혹은 치경)에서 조음된다. 즉 구강통로를 차단한 상태에서 한국어와 영어는 혀의 앞부분이 경구개를 폐쇄하였다가 개방하면서 파찰음을 조음하는 반면, 일본어에서는 혀끝이 치경을 폐쇄하였다가 개방하면서 조음하는 것이다.

마찰음의 경우 한국어와 일본어에는 2개의 조음 위치에 3종류의 마찰음이 존재하지만, 영어의 경우 5개의 조음 위치에 9개의 마찰음이 있다. 한국어에는 비강을 차단한 상태에서 혀끝과 윗잇몸을 사용하는 치경(혹은 치조)마찰음 'ㅅ, ㅆ', 성문마찰음 'ㅎ'만 존재하고, 일본어에도 역시 비슷한 조음 위치의 치경마찰음 's, z', 성문마찰음 'h'가 존재하지만, 영어에는 ① 비강을 막은 상태에서 아래 이빨과 윗입술을 사용하는 순치마찰음 'f, v' ② 비강을 막은 상태에서 혀끝과 윗잇몸을 사용하는 치경마찰음 's, z' ③ 비강을 막은 상태에서 혀끝과 이 사이를 사용하는 치간마찰음 'θ, ð' ④ 비강을 막은 상태에서 혀끝을 윗잇몸 뒤쪽에 접근시키고 혀의 앞부분을 경구개에 접근시켜 조음하는 'ʃ, ʒ' ⑤ 성문에서 마찰을 일으키는 'h' 등 5개의 조음 위치에서 9개가 조음되고 있는 것이다. 이 중 한국어의 치경마찰음 'ㅅ, ㅆ'와 영어와 일본어의 치경마찰음 's, z'의 조음 위치는 동일한 것으로 볼 수 있고, 한국어의 성문마찰음 'ㅎ'과 영어와 일본어의 성문마찰음 'h'의 조음 위치는 동일한 것으로 간주해도 무방하다.

비음의 경우 한국어와 영어 그리고 일본어가 동일한 조음 위치를 가지는 공통적인 것이 존재하지만, 일본어는 한국어와 영어에 없는 비음을 더 가지고 있다. 이에 대해서는 조음 방식의 비음 자질에서 설명하기로 한다.

다. 조음 방식 대비

[성문 자질]

성대가 열려 성문에서 공기가 통과하는 방식에 따라 여러 가지 소리가 나누어진다. 성문이 가장 많이 닫혀 있는 긴장음, 그리고 성문이 조금 열려 있어 성대 진동을 일으키는 유성음, 이보다 성문이 더 열려 성대 진동을 수반하지 않는 무성음(이를 앞으로 평음이라 한다.), 그리고 성문이 많이 열려 공기의 흐름이 강한 유기음 등이 그것이 그것이다. 이러한 네 종류의 소리는 한국어나 영어의 파열음과 파찰음에서 공통적으로 존재한다. 양순음을 예로 하여 이들이 분포하는 위치를 비교해 보면 다음과 같다.

음성	한국어	영어	일본어
[pʰ]	팔	Paris	パス
[p]	발	apis	
[b]	갈비	baby	バス
[pʔ]	뺄	spring	

그런데 이러한 네 종류의 소리는 음성적으로 약간의 차이가 있다. 영어에서 어두의 'p'가 한국어의 'ㅍ'과 유사하지만 유기성이 한국어만큼 강하지는 않고 약간 약하게 조음된다. 마찬가지로 영어의 자음군에서 's' 뒤에 나타나는 영어의 'p'가 긴장성을 가지지만 한국어의 긴장음보다는 그 긴장성이 약하다. 유사하게 한국어의 평음은 유성적 환경에서 유성음으로 조음되지만 환경에 따라 영어의 유성음보다 성대의 진동이 훨씬 약하다.

음성적으로 미세한 차이가 있을 뿐만 아니라 이들은 각각의 언어에서 평음을 제외하면 음운론적인 기능도 달라서 전혀 다른 기능을 수행한다. 한국어의 경우 유기성, 긴장성 등이 변별적인 기능을 수행하는 반면 영어에서는 성대 진동의 유무와 관련되는 유성성만이 변별적인 기능을 수행하는 것이다.

한국어에서는 유성음과 무성음이 구별되지 않고, 무기음만이 변별된다. 무기음들은 유기성과 긴장성 등의 유무에 의해 세 종류로 구분된다. 예를 들어, '달-탈, 들-틀', '불-풀, 발-팔, 벌-펄', '기-키, 갈-칼' 등은 무성음의 유기성(혹은 기식성) 여부에 따라 의미가 변별되는 최소 대립어들이다. 그리고 '달-딸, 들-뜰', '불-뿔, 벌-뻘', '기-끼, 굴-꿀' 등은 무성음이 성대의 긴장을 동반하는지 그렇지 않은지에 따라 구분되는 최소 대립어들이다. 즉 각 낱말 쌍의 첫 낱말은 유기성이나 긴장성이 없는 무성 파열음이고, 각 쌍의 두 번째 낱말은 유기성을 가지고 있는 무성 유기 파열음(앞의 예) 혹은 성대의 긴장성을 가지고 있는 무성 긴장 파열음(뒤의 예)인 것이다. 이들은 모두 한국어에서 독립적인 의미를 가진 단어들이다.

한국어에서는 치경마찰음은 평음과 긴장음이 변별된다. 성대 긴장의 동반 여부가 변별적인 기능을 작용하여 '살-쌀'의 최소 대립 낱말 쌍을 형성하고 있다. 영어의 치경마찰음과 비교하면 대체적으로 다음과 같다.

음성	한국어	영어
[s]/[sh], [s?]	ㅅ	s
	ㅆ	
[z]		z

한국어의 'ㅅ'은 파열음이나 파찰음의 평음과는 달리 어느 정도의 유기성을 수반하기 때문에 유성적 환경 즉 '마수, 방수, 발수' 등의 환경에서 유성화하지 않는다. 오히려 긴장성을 수반하는 경우가 많다. 영어의 /s/ 역시 강한 유기성을 수반하기 때문에 한국인의 귀에 'ㅅ'으로 들리기도 하고 'ㅆ'으로 들리기도 한다(이에 대한 세밀한 연구는 앞으로의 과제로 남겨둔다).

그러나 한국어에서 성대 진동의 유무는 모든 자음에서 변별적인 기능을 수행하지 못한다. 파열음이나 파찰음의 유성성은 음소가 분포하는 위치에 의해 예견될 수 있는 자질인 것이다. 즉 음운론적인 기능을 담당하는 'ㄱ'은 유성음과 유성음 사이에서는 유성음으로 실현되고, 그렇지 못한 환경에서는 무성음으로 실현된다. 예를 들어 '가구, 갈구, 간구, 감기, 강구' 등의 어두 초성 'ㄱ'은 무성음으로 실현되고, 유성음과 유성음 사이에 위치한 제2음절 위치의 초성 'ㄱ'은 유성음으로 실현되는 것이다.

한편 영어에서는 성대 진동의 유무가 폐쇄 음소를 구별하는 자질이고, 기식성과 성대 긴장성은 폐쇄 음소를 구분하지 않는다. 예를 들어, 'pat-bat, tip-dip, coat-goat'는 각각 낱말 첫 소리의 성대 진동 유무에 따라 의미의 차이를 가져오는 낱말 쌍들이다. 영어의 파찰음 /tʃ/와 /dʒ/ 역시 성대 진동의 유무에 따라 분류되는 음소들이다. 한편 영어에서 기식성의 유무는 폐쇄음이 나타나는 음성 환경에 따라 예측할 수 있는 자질이다. 즉 무성폐쇄음이 낱말 처음에 나타나고 강세 음절에 속해 있을 때 기식성이 가장 두드러지게 나타나고, 강세가 없는 음절에서는 매우 약하게 나타난다. 유성폐쇄음의 경우는 어떤 환경에서든 기식성 없이 조음된다.

[비음 자질]
연구개가 인접해 있는 부분의 근육을 뒤와 위로 당겨서 비강을 닫아서 소리내거나 그것을 닫아서 소리내는 방식은 한국어와 영어에서 완전히 일치한다. 조음 방식도 그러하고 이러한 조음 방식으로 내는 소리의 조음 위치도 동일하다. 즉 양순음, 치경음, 연구개음에서만 비음이 존재하는 것이다.
이러한 공통성 외에 일본어의 비음은 한국어나 영어보다 약간 다양하게 나타난다. 위의 세 가지 조음 위치 외에 다른 조음 위치를 가지는 비음이 존재하고 또한 구강에서 폐쇄를 일으키지 않고 내는 비음이 존재하는 것이다. 치조 비음 /n/은 모음 /i/나 /j/ 앞에서 [ɲ]으로 실현된다.

이것의 조음 위치는 경구개와 치경 사이쯤이 된다. 이외에 일본어에는 한국어와 영어에 없는 비음이 있다. 일본어 기술에서 /N/으로 표기되는 이 소리는 주로 어말에서 조음되는 것인데, 구강 내에서 폐쇄를 일으키지 않고, 즉 혀끝이나 혀의 앞부분이 치경이나 경구개나 연구개 등에서 폐쇄를 일으키지 않고 혀 전체를 뒤쪽으로 당기고 비강을 열어놓은 상태로 조음하는 것이다.

[구강 자질]

구강에서 조음하는 방식은 기본적으로 세 언어가 동일하다. 구강으로 통과하는 공기가 조음점과 조음체의 작용으로 인하여 파열음, 마찰음, 파찰음 등으로 구분되는 것은 한국어와 영어 그리고 일본어 등 세 언어에서 공통적이다.

조음체가 조음점에 완전히 밀착하여 흐르는 공기의 흐름을 폐쇄하였다가 일시적으로 방출하는 파열음의 조음 방식은 세 언어가 일치한다. 조음체와 조음점이 아주 근접하게 접근하여 공기가 마찰을 일으키는 마찰음의 조음 방식도 동일하고, 공기의 흐름을 폐쇄하였다가 개방이 지연되는 파찰음의 조음 방식도 동일하다.

그러나 마찰음과 파찰음 중 조음 위치가 경구개인 자음들은 영어에서의 조음 방식과 한국어와 일본어에서의 조음 방식에 현저한 차이가 난다. 영어의 경구개마찰음인 /ʃ/, /ʒ/ 등과 경구개파찰음인 /ʧ/, /ʤ/ 등은 한국어와 일본어를 비교하면 현저히 입술을 둥글게 하여 발음하는 것이다.

한편 영어에는 유음이 /l/과 /r/ 두 종류의 음소가 있는 반면, 한국어에는 'ㄹ' 하나의 음소만이 존재한다. 일본어에도 하나의 유음이 존재한다. 한국어의 유음은 종성의 위치에서는 [l]로 실현되고, 초성의 위치에서는 [r]로 실현된다. 미세한 조음상의 차이는 있지만 영어의 [l]은 한국어의 종성 'ㄹ'의 조음과 유사하고, 영어의 [r]은 한국어 초성 'ㄹ'

과 유사하다. 그리고 일본어의 유음은 영어의 /r/와 유사하고 한국어의 초성 'ㄹ'에 가깝다.

[경과음]

반모음, 경과음, 활음 등으로 불리는 [j], [w] 등은 한국어와 영어 그리고 일본어에서 공통적이다. 조음되는 위치와 방식에서 차이가 없다고 보아도 무방하다.

2.5.2. 모음 대비

가. 단모음

[단모음 목록]

한국어와 영어 그리고 일본어의 단모음 목록을 비교하면 다음과 같다.

<표 9> 한국어(위)와 영어(중간), 일본어(아래)의 단모음 대비

	전설 평순모음	전설 원순모음	비전설 평순모음	비전설 원순모음
고모음	/ㅣ/	(ㅟ)	/ㅡ/	/ㅜ/
중모음	/ㅔ/, /ㅐ/	(ㅚ)	/ㅓ/	/ㅗ/
저모음			/ㅏ/	

		전설모음	중설모음	후설모음
고모음	긴장모음	/i/		/u/
	이완모음	/ɪ/		/ʊ/
중모음	긴장모음	/e/		/o/
	이완모음	/ɛ/	/ʌ(ə)/	
저모음	긴장모음			/ɔ/
	이완모음	/æ/		/ɑ/

	전설모음		중설모음		후설모음	
	평순	원순	평순	원순	평순	원순
고모음	[i]				[ɯ]	
중모음	[e]					[o]
저모음			[a]			

한국어의 모음은 최대 10개에서 최소 6개가 조음되고 있는데, 위의 한국어 7모음 체계는 현재 한국어에서 가장 널리 사용되고 있는, 대부분의 지역에서 30대 이하의 젊은층이 사용하고 있는 모음 체계이다.

혀의 위치를 전설과 비전설로 구분한 것은 중설과 후설의 구분이 한국어에서 무의미하기 때문이다. 이에 대해서는 뒤에서 설명한다.

[개구도]

개구도의 등급이 전체적으로 세 등급으로 나누어지는 것은 세 언어가 공통적이다. 혀의 위치나 원순성에 따른 분류에 따라 세 등급으로 나누어지기도 하고 두 등급으로 나누어지기도 하는 것이다. 한국어의 원순모음에서는 개구도가 두 등급으로 나누어지고, 비원순모음에서는 세 등급으로 나누어지기도 한다.

한국어에서 개구도가 가장 큰 모음은 'ㅏ'인데 이것은 영어의 [a] 혹은 [ɑ]와 유사하다. 일본어의 あ[a] 역시 한국어의 'ㅏ'와 유사하다. 개구도가 가장 높은 한국어 'ㅣ, ㅡ, ㅜ, (ㅟ)' 등의 개구도는 영어의 [i], [u] 등의 개구도와 유사하고, 일본어의 い, う 등의 개구도와 유사하다. 개구도가 중간단계인 한국어의 'ㅔ, ㅓ, ㅗ, (ㅚ)' 등은 영어의 [e], [ə], [o] 등의 개구도와 유사하고, 일본어의 え, お 등의 개구도와 유사하다. 한국어의 전설모음 중 개구도가 큰 'ㅐ'는 현대국어에서 'ㅔ'와 구분되지 않는 경우가 많지만 변별되어 조음될 경우 영어의 [ɛ]와 유사하다.

[원순성]

현대 한국어에서 'ㅚ, ㅟ'는 원순성을 가진 단모음 [ø], [y]로 조음될 때도 있지만, 대체로 이중 모음 [we], [wi]로 조음된다. 그래서 현대 한국어에서는 원순모음이 2개가 된다. 한국어의 원순모음 'ㅗ'는 영어의 /o/에 대응되고, 일본어의 お에 대응된다. 한국어의 원순모음 'ㅜ'는 영어의 원순모음 /u/에 대응된다. 일본어에서는 う가 대응될 수 있는데 일본어에서는 이 모음의 원순성이 아주 약하여 평순모음에 오히려 가깝다. 한국어는 원순성에 의한 대립짝을 영어나 일본어보다 잘 이루고 있다. 'ㅚ, ㅟ' 등이 원순모음이었을 때에는 'ㅣ:ㅟ, ㅔ:ㅚ, ㅡ:ㅜ, ㅓ:ㅗ' 등이 원순성에 의한 대립짝을 이루고 있었다. 즉 원순성의 유무에 의해서만 이들 모음이 변별되는 양면적 대립 관계를 이루고 있었던 것이다. 그런데 'ㅚ, ㅟ' 등이 이중 모음으로 분기하면서 그러한 대립 관계가 흔들려 현재와 같은 모음 체계가 된 것이다. 현재 남아 있는 한국어의 원순모음 'ㅗ, ㅜ'는 항상 강한 원순성을 가진다. 그래서 영어에 대응되는 원순모음과는 음가에 있어서 차이가 나기도 한다. 즉 영어의 원순모음 /u/는 원순성이 약화되어 한국어의 'ㅡ'와 유사하게 조음될 때도 있는 것이다. 그리고 영어의 원순 저모음 /ɔ/, /ɑ/에 대응되는 모음은 한국어나 일본어에 존재하지 않는다.

[혀의 위치]

현대 한국어는 혀의 위치에 의해 양분된다. 전설 대 비전설 혹은 후설 대 비후설로 대립하고 있는 것이다(이러한 현상은 한국어의 움라우트 현상에서 증명이 되고도 남는다). 그래서 'ㅡ'와 'ㅜ' 혹은 'ㅓ'와 'ㅗ' 등의 혀의 위치를 구분할 필요가 없는 것은 전설모음에서 'ㅣ, ㅔ' 등과 'ㅟ, ㅚ' 등의 혀의 위치를 구분할 필요가 없는 것과 동일하다. 영어와 일본어에서는 전설과 중설 그리고 후설로 구분하기도 한다.

한국어의 전설모음은 5개였지만 현재는 'ㅣ'와 'ㅔ(ㅐ)' 등 2개가 실질적으로 조음되고 있다. 영어의 전설모음은 5개로 나타나고, 일본어에서는 2개가 나타나는데, 혀의 위치는 대동소이한 것으로 보아도 될 것이다.

한국어의 비전설모음은 영어와 일본어의 중설모음과 후설모음에 해당되는데, 한국어의 'ㅏ'는 영어의 중설 [a] 혹은 후설 [ɑ]와 유사하나 중설쪽에 가깝다. 일본어의 あ와 같은 혀의 위치라고 보아도 무방하다. 한국어의 비전설모음 'ㅡ'는 영어에 직접 해당되는 모음이 없지만 원순성이 약화된 [u]와 유사하다. 일본어의 후설모음 う는 한국어의 'ㅡ'와 거의 같은 위치에서 조음된다. 한국어 'ㅓ'가 조음되는 혀의 위치와 영어의 [ə]가 조음되는 혀의 위치는 동일한 것으로 보아도 무방하다. 한국어의 'ㅓ'와 'ㅡ'의 혀의 전후 위치가 동일하다는 사실은 한국어의 'ㅓ'를 조음하다가 혀의 위치와 입술의 모양을 그대로 두고 개구도만 적게 하면 'ㅡ' 모음이 조음되는 것으로 확인할 수 있다. 그런데 현대 한국어에서 'ㅓ'의 조음은 상당히 넓은 영역에서 나타난다. 'ㅡ'와 유사하게 나타나기도 하고 'ㅗ'와 유사하게 나타나기도 하는 것이다. 그렇지만 'ㅓ'의 기본적인 조음 영역은 영어의 중설모음 [ə]와 가장 유사하다. 일본어에는 이에 대응되는 모음이 존재하지 않는다. 한국어의 'ㅗ'와 영어의 [o] 그리고 일본어의 お는 혀의 위치가 동일하다고 간주해도 무방하다.

나. 중모음

한 음절 속에 둘 이상의 모음이 발화되거나 경과음과 모음이 결합하여 조음되는 것을 중모음이라고 한다. 흔히 이중 모음이라 함은 삼중 모음 혹은 경과음과 모음이 결합한 것을 통칭하여 이중 모음이라고 하기도 한다.[21]

---

21) 이중 모음이라는 용어 자체는 부적절한 것이다. 삼중 모음, 사중 모음도 있을 수 있고, 이중 모음이란 모음이 둘인 것만을 지칭할 수 있기 때문이다. 여기

[j]나 [w]가 선행하는 상향성 이중 모음은 한국어와 영어 그리고 일본어가 대동소이하다. 한국어의 이중 모음에는 /je, jɛ, jə, ja, jo, ju, we, wɛ, wə, wa, wi/ 등이 있고, 영어도 대동소이하다. 한두 예를 들면 다음과 같다. [je] yes, [ju] use, [jɑ] yard, [jə] yearn, [jɔ] york, [wi] without, [wai] wile, [we] west, [wɛ] wearable 등. 그런데 일본어에서는 w가 선행하는 이중 모음은 상당히 제약을 받는다. 영어에는 하향성 이중 모음이 존재하지만 한국어와 일본어에는 그러한 모음이 존재하지 않는다.22) 영어의 하향성 이중 모음에는 /aɪ, aʊ, ɔɪ/ 등이 있다.

서는 자음 이외의 것이 둘 이상 결합한 것을 지칭한다.
22) 이중 모음의 엄밀한 정의에 따르면 한국어의 '아우' 등이 한 음절이 될 수 있을 것이다. 그러나 한국어에서는 이것을 두 개의 음절로 인식하고 있다.

제3장
음절

3.1. 음절의 개념과 구조

3.1.1. 음절의 개념

 인간이 구체적으로 발화할 수 있는 자립적인 최소의 단위를 음절이라고 한다. 음절은 음절보다 작은 단위인 음소를 구성 요소로 하고, 음절보다 큰 단위인 단어의 구성 요소가 된다. 음소 중 자음은 폐쇄되는 성질을 가지고 있어 독자적으로 조음되지 못하고, 모음은 조음체와 조음점 사이가 열려 있어 독자적으로 조음될 수 있기 때문에, 음절을 구성함에 있어서 모음은 필수적인 요소가 되고 자음은 임의적인 요소가 된다. 그래서 모음은 음절핵의 역할을 하고, 자음은 부수적인 역할을 한다. 모음이 음절핵의 구실을 하고 음절의 필수적인 요소가 되는 것은 모음이 자음보다 상대적으로 공명도가 크기 때문이다. 공명도란 하나의 분절음이 동일한 세기의 강도, 고저, 장단으로 실현되었을 때 최대로 들릴 수 있는 상대적인 차이를 말하는 것인데, 공명도의 크기는 입이 벌어지는 정도와 성문의 상태에 의해 결정되므로, 모음의 공명도가 자음의 공명도보다 크게 되는 것이다.
 예스페르센(Jespersen)은 공명도의 등급을 다음과 같은 8도로 나누고 있다.

1도 무성폐쇄음
    무성마찰음
2도 유성폐쇄음
3도 유성마찰음
4도 비음
    설측음
5도 설탄음
6도 폐모음
7도 반폐반개모음
8도 개모음

이와 유사하게 소쉬르는 간극을 기준으로 7단계로 나눈다.

0도 [p] [b] [t] [d] [k] [g]
1도 [f] [v] [θ] [ð] [s] [z] [ʃ] [ç] [x] [ɣ]
2도 [m] [n] [ŋ]
3도 [l] [r]
4도 [i] [u] [y]
5도 [e] [o] [œ]
6도 [a]

이들의 논의에는 경과음이 빠져 있는데, 경과음을 포함하여 공명도 서열은 대체로 다음과 같이 받아들이고 있다.

무성폐쇄음 ≪ 유성폐쇄음 ≪ 무성마찰음 ≪ 유성마찰음 ≪
비강 자음 ≪ 유음 ≪ 경과음 ≪ 고모음 ≪ 저모음

이들에 의하면 도수가 일정수준 이상이 되어야 음절핵의 구실을 하게 되는데, 대체로 음절초에서 음절핵으로 갈 경우에는 도수가 커지

고, 음절핵에서 음절말로 가면 도수가 작아진다. '반달'을 예로 하면
다음과 같다.

    증가 최대　감소 증가 최대 감소
    ㅂ　ㅏ　　ㄴ　ㄷ　ㅏ　ㄹ

음성학적 음절과 음운론적 음절

음절의 개념과 음운론적 기능에 대해서는 다양한 의견들이 있는데, 그 중 주목할 만한 것이 파이크(K. L. Pike)의 음절에 대한 정의이다. 파이크는 음성학적 음절과 음운론적 음절을 구분하고, 각각에 대해 다음과 같이 정의하였다.[23]

    Phonetic syllable : A unit of sound comprising one or more segments during which there is a single chest pulse and a single peak of sonority or prominece
    Phonemic syllable : A unit of sound for a particular language such that one syllable represents a single unit of stress placement, or of tone placement, or of timing, or of vowel length, or of morpheme structure. (in general, a phonemic syllable will be constituted of a single phonetic syllable with some rearrangement of the grouping in accordance with structural pressure)

이러한 정의가 촘스키의 생성문법의 영향을 받아 음절을 기저 음절과 표면 음절로 나누기도 하고, 1970년대에는 형태소 구조와 음절의 역할에 관한 논의가 활발히 이루어지기도 하였는데, 1980년 이후에는 음절은 발화의 단위로, 형태소는 의미의 단위로 일반적으로 인식되어

---

23) 정연찬(1997) 113쪽에서 재인용.

왔다.

3.1.2. 음절의 구조

음소가 모여 음절이 되지만, 음절은 분절음(음소)들의 단순한 연속체가 아니라 독자적인 구조를 가지고 있는 발화의 한 단위가 된다. 한 언어 내의 방언에 따라 혹은 언어에 따라 허용되는 음절 구조가 있고 허용되지 않는 음절 구조가 있다. 예를 들어 '관광'이라는 단어를 경상도 방언에서는 '간강'이라고 발음하는 것은 경상도 방언에서 "자음+경과음+단모음+자음"의 음절 구조를 허용하지 않는 음절 구조의 차이 때문이고, 영어의 한 음절 단어인 spring을 한국어에서 받아들일 때에 '스프링'이라는 세 음절로 조음하는 것은 한국어와 영어의 음절 구조 차이 때문에 생기는 현상이다.

'자음+모음+자음'으로 이루어지는 음절의 구조는 보는 시각에 따라 다음의 세 가지가 될 수 있다($는 음절을 뜻함).

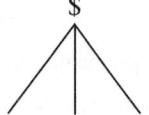  

이 중 보편적인 음절 구조가 무엇인가에 대한 논의가 있었고, 각 언어에 따라 적합한 음절 구조가 무엇인가에 대한 논의도 있었다. 각 언어에서 논의하고 있는 음절 구조에 대해서는 각 언어에 대한 기술을 참고하기 바란다.

3.2. 한국어의 음절

3.2.1. 한국어의 음절

언어가 실제적으로 발화되는 상황에서 독립적으로 발화될 수 있는 최소의 단위를 음절이라고 한다. 예를 들어 '값만 비싼 옷을 여러 겹 겹겹이 입을지 말지 열 번 이상 의논하고 또 논의하였다.'라는 문장은 [감만 비싼 오슬 여러 겹 겹껴비 이블찌 말찌 열 뻔 이상 의노나고 또 노늬하엳따.]로 발음된다. 이러한 발화에서 독립적으로 발화될 수 있는 '감', '만', '비', '싼', '오', '슬', '여', '러', '겹', '겹', '껴', '비', '입', '꼬', '읻', '떠', '라' 등을 한국어에서는 각각 하나의 음절이라고 한다.

가. 음절의 유형

위의 예문으로 음절의 유형을 분류해서 정리해 보면 다음과 같다. 하나의 모음은 독립된 하나의 음절을 이룰 수 있다.

(1) V 형
    예) 오

모음 앞에 자음이 오는 경우가 있다. 자음과 모음이 결합한 CV구조가 언어에 가장 보편적인 구조이다.

(2) CV 형
    예) 비, 러, 떠, 라

모음 앞에 경과음이 와서 하나의 음절을 이루기도 한다.

(3) GV형
　　예) 여

모음 앞에 경과음과 자음이 동시에 오는 경우이다. 흔히 이중 모음 앞에 자음이 오는 경우이다. 자음과 경과음의 순서가 바뀌는 경우는 없다.

(4) CGV형
　　예) 껴

모음 뒤에 자음이 와서 하나의 음절을 이루기도 한다.

(5) VC형
　　예) 입, 일

자음과 모음 뒤에 자음이 와서 하나의 음절을 이루기도 한다.

(6) CVC
　　예) 감, 만, 싼, 슬

반모음(혹은 경과음 또는 활음)과 모음 즉 이중 모음 뒤에 자음이 와서 하나의 음절을 이룬다.

(7) GVC
　　예) 열

자음, 경과음, 모음, 자음이 순차적으로 결합하여 하나의 음절을 이루기도 한다. 이러한 구조는 한국어에서 가정 복잡한 음절 구조라고 할 수 있다.

   (8) CGVC
      예) 겹

이외에 한국어에 존재하는 음절이 '의'이다. 이 소리는 음절핵을 무엇으로 보느냐에 따라 음절 유형이 달라지게 되는데, 여기는 'ㅡ'와 'ㅣ'가 대등한 위치에서 결합하였다고 보고 VV형이라고 칭하기로 한다.

   (9) VV형
      예) 의

VV 형의 앞이나 뒤에 자음이 오는 경우는, 한국어에서 제대로 조음되지 않는 경우가 많지만 전혀 불가능한 것은 아니다. 그런데 VV 뒤에 자음이 오는 경우는 한국어에서 공백에 해당하므로, 앞에 자음이 오는 경우만 추가된다.

   (10) CVV
      예) 늬('논의'의 둘째 음절 발음)

나. 음절 구조

발화의 단위로서 음절은 언어에 따라 그 유형이 달라지기도 하지만, 음소들의 단순한 연결체가 아니라 실질적인 구조체로서 존재한다. 그 구조는 위의 유형에서 보듯이 필수적인 요소인 모음을 중심으로 그 주변에 활음이나 자음이 존재하게 된다. 그러므로 하나의 음절은 음절의 중심음을 가운데 하고 그 주변에 있는 음으로 구분할 수 있다. 그리고 중심음은 음절의 핵을 이루는 모음과 그것을 중심으로 그 주변에 있는 경과음으로 나눌 수 있다. 이러한 구조는 다음과 같이 이해될 수 있다.

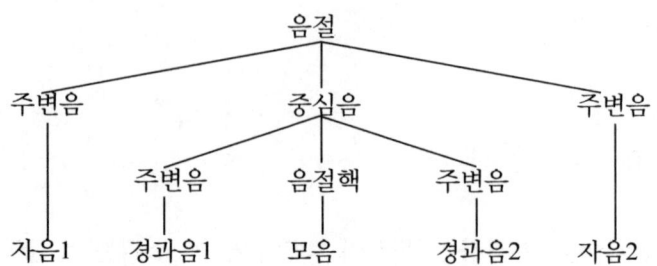

여기에서 찾아지는 한국어의 음절 구조상의 특징을 알아보자.

(1) 하나의 음절에는 모음이 반드시 존재하고, 경과음이나 자음은 있을 수도 있고 없을 수도 있다.

(2) 음절의 끝에 오는 자음은 음절 초이든 음절 말이든 하나의 자음만이 올 수 있다.

(3) 한국어의 경과음은 모음의 앞(경과음1)에서만 존재한다.

다. 음절 위치에 따른 음소의 분포

음절의 초성 위치에는 약간의 예외를 제외하면 한국어의 모든 자음이 올 수 있다. 즉 한국어의 자음 음소는 초성의 위치에 거의 자유스럽게 분포할 수 있다. 그런데 단어에서 차지하는 음절의 위치에 따라 약간의 차이가 발생한다. 편의를 위해 앞의 음절 구조를 다시 보기로 한다.

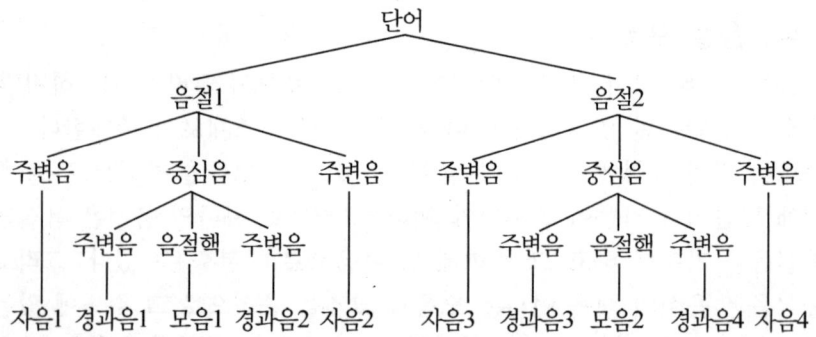

한국어의 자음은 그 위치에 따라 실현되는 음성이 심한 차이가 난다. 음절초의 위치인 자음1과 자음3에도 차이가 난다. 한국어에서 가장 다양한 자음이 조음될 수 있는 위치는 음절 초성의 위치가 어중인 자음3의 위치이다. 이 위치에서는 'ㅇ'을 제외한 모든 자음이 올 수 있다.

어중 음절초: ㅂ, ㅃ, ㅍ, ㄷ, ㄸ, ㅌ, ㅈ, ㅉ, ㅊ, ㄱ, ㄲ, ㅋ, ㅅ, ㅆ
(자음 3)   ㅁ, ㄴ, ㄹ, ㅎ

그러나 음절 초성의 위치가 어두일 경우에는 몇 가지 제약이 있다. 'ㄹ'일 경우 어두에 나타나지 않는 것이 일반적이다.

어두 음절초: ㅂ, ㅃ, ㅍ, ㄷ, ㄸ, ㅌ, ㅈ, ㅉ, ㅊ, ㄱ, ㄲ, ㅋ, ㅅ, ㅆ,
(자음 1)   ㅁ, ㄴ, ㅎ

음절말의 위치인 자음2와 자음4의 경우에도 차이가 난다. 자음4의 위치에서는 7개의 자음만이 올 수 있다. 이 위치에 있는 'ㅂ'과 'ㅍ'은 'ㅂ'으로 실현된다. 'ㅃ'이 단어 말의 위치에 오는 경우는 존재하지 않는다. 그리고 'ㄷ, ㅌ, ㅅ, ㅈ, ㅊ' 등은 'ㄷ'으로 실현된다. 'ㅆ', 'ㅉ', 'ㄸ' 등이 단어 말에 위치하는 경우는 없다. 'ㄱ', 'ㅋ' 등은 'ㄱ'으로 실현된다. 'ㄲ'이 단어 말에 오는 경우는 없다. 그리고 'ㅁ', 'ㄴ', 'ㅇ', 'ㄹ' 등은 각각 제 음가대로 실현된다. 이를 정리하면 다음과 같다.

ㅂ(← ㅂ, ㅍ) : 입, 잎
ㄷ(← ㅅ, ㅈ, ㅊ, ㅌ) : 옷, 젖, 꽃, 밭
ㄱ(← ㄱ, ㅋ): 각, 부엌,
ㅁ : 밤
ㄴ : 신

ㅇ : 강
ㄹ : 발

어말 위치인 음절말 : ㅂ, ㄷ, ㄱ, ㅁ, ㄴ, ㅇ, ㄹ

그러나 자음2의 위치에서는 자음3의 영향으로 조음 위치의 동화 현상이 발생하여 최대 9개의 자음이 조음될 수 있다.

후행하는 음절의 초성이 'ㅅ'일 경우 'ㅅ', 'ㅈ', 'ㄷ' 등은 조음 위치와 조음 방식의 동화가 발생하여 'ㅅ'으로 실현되기도 하고

웃소→[웃쏘], [우쏘], [운쏘]
젖소→[젓쏘], [저쏘], [전쏘]
닫소→[닷쏘], [다쏘], [단쏘]
꽃샘→[꼿쌤], [꼬쌤], [꼰쌤]

후행하는 음절의 초성이 'ㅈ'일 경우에는 'ㅈ, ㅅ, ㅌ, ㅊ, ㄷ' 등도 역시 조음 위치와 조음 방식의 동화가 발생하여 'ㅈ'으로 실현되기도 한다.

젖줄→ [젖쭐], [저쭐], [전쭐]
밧줄→ [밧쭐], [바쭐], [반쭐]
밭지름→[밧찌름], [바찌름], [반찌름]
쫓지→ [쫓지], [쪼찌], [쫀찌]

그리하여 자음2의 위치에서 실현 가능한 최대한의 자음 수는 다음의 9가지가 된다.

어중 위치인 음절말 : ㅂ, ㄷ, ㄱ, ㅁ, ㄴ, ㅇ, ㄹ, ㅅ, ㅈ(자음 2)

음절핵은 단어의 위치에 따른 분포상의 제약이 존재하지 않는다. 모음1의 위치에서나 모음2의 위치에서나 한국어의 단모음은 모두 음절핵으로서의 기능을 수행한다.

음절핵 : ㅣ, ㅔ, ㅐ, ㅟ, ㅚ, ㅡ, ㅓ, ㅏ, ㅜ, ㅗ

한국어에서 경과음은 경과음1이나 경과음3의 위치에서만 나타나는 것이 일반적이다. 방언 등에서 경과음2나 경과음4의 위치에서 'ㅣ'의 변이음으로 나타날 수 있으나 이것은 음성적인 현상이고 음운론적이라고 할 수 없다. 이중 모음 '의'의 경우 하향적 이중 모음으로 기술하고 경과음이 존재하는 것으로 기술하는 것을 흔히 볼 수 있으나 이것은 한국어의 언어 현실에 맞지 않는 기술이다. '의의'가 [으이]로 실현되는 것은 '의'의 구성 요소 중 어느 하나가 핵모음의 역할을 중심적으로 하지 못한다는 것을 의미하고, 하나를 반모음으로 처리하면 안된다는 것을 보여 주기 때문이다.

경과음1이나 경과음3의 위치에서 나타나는 한국어의 경과음은 /j/, /w/ 등 두 가지이다.

경과음 : j, w

라. 음절 경계

한국어의 음절 수는 모음의 숫자에 의해 결정된다. 그리고 음절 경계는 음절 구조의 유형이라는 한 조건과 경과음이나 자음이 음절초를 선호한다는 제약에 의해 대체로 결정된다. 음절 경계가 놓이는 음의 연쇄를 몇 가지 경우로 나누면 다음과 같다.

(1) VV형
V와 V 사이에 음절 경계가 놓인다.

(2) (C)(G)VCV(C)형
이러한 구조에서는 V와 C 사이에 음절 경계가 놓이는 것이 일반적이다. 그런데 방언에 따라 혹은 선행하는 형태소의 형태를 고정시킬 필요가 있을 경우 연음하지 않고 발음하는 경우가 있다. 예를 들어 '몰이해', '각이론' 등은 [모$리$해], [가$기$론] 등으로 조음하는 것이 일반적이지만, [몰$이$해], [각$이$론] 등으로 조음하여 앞 형태소의 형태를 변형시키지 않는 경우가 있다.

(3) (C)(G)VGV(C)형
'모여'⇒[모$여]처럼 V와 GV 사이에 음절 경계가 놓인다.

(4) (C)(G)VCGV(C)형
'가격, 목요일' ⇒ [가$격], [모$교$일]에서처럼 V와 CGV 사이에 음절 경계가 놓인다. 단 복합어일 경우에는 색연필⇒[생$연필]에서처럼 자음 첨가 현상이 발생하는 경우가 있으므로 기저형과 표면형의 도출 사이에 주의가 필요하다.

(5) (C)(G)VCCGV(C)형
간결⇒[간$결]에서처럼 C와 C사이에 음절 경계가 발생한다.

[음절 경계의 불투명성]
위와 같이 한국어의 음절 경계는 비교적 투명하게 나타나지만, 그 경계를 인식하기 어려운 경우가 있다. 몇 가지 경우를 제시하면 다음과 같다.

제3장_음절

(1) (C)(G)VCV(C)형에서

이러한 유형에서 어중의 C가 된소리나 거센소리일 경우 선행하는 음절에 종성이 덧나는 경우가 있다.

/아프다/ ⇒ [아$프$다] 혹은 [압$프$다]
/스치다/ ⇒ [스$치$다] 혹은 [슻$치$다]
/지키다/ ⇒ [지$키$다] 혹은 [직$키$다]
/비틀다/ ⇒ [비$틀$다] 혹은 [빋$틀$다]

이러한 예에서 보듯 모음과 모음 사이에 거센소리가 하나일 경우 선행하는 음절의 종성에 평음이 덧나는 경우가 있는 것이다. 이러한 현상은 된소리일 경우에도 동일하다.

/깨뜨리다/ ⇒ [깨$뜨$리$다] 혹은 [깯$뜨$리$다]
/기쁘다/ ⇒ [기$쁘$다] 혹은 [깁$쁘$다]
/아까/ ⇒ [아$까] 혹은 [악$까]
/어쭈구리/ ⇒ [어$쭈$구$리] 혹은 [엊$쭈$구$리]
/괘씸하다/ ⇒ [괘$씨$마$다] 혹은 [괫$씨$마$다]

(2) (C)(G)VCCV(C)형

위와 반대되는 경우 모음과 모음 사이에 자음이 두 개 있되, 그것의 조음 위치가 동일한 자음일 경우 그 발음은 다음과 같이 실현된다.

/악기/ ⇒ [아$끼] 혹은 [악$끼]
/밭두렁/ ⇒ [바$뚜$렁] 혹은 [받$뚜$렁]
/입버릇/ ⇒ [이$뻐$른] 혹은 [입$뻐$른]
/젖줄/ ⇒ [저$쭐] 혹은 [젇$쭐]

이러한 자음들은 천천히 발음할 경우 두 개로 인식되지만, 빨리 조음할 경우 하나의 자음이라고 볼 수도 있는 것이기 때문에 그 경계를 논의하기 어려운 것들이다. 국어에서 'ㄹㄹ'로 표기되는 것들도 동일하다.

/달력/

이러한 유형은 조음 위치 동화 현상이 발생한 후 동일한 자음이 이어지는 경우에도 동일하다.

/신문/ ⇒ [신$문] 혹은 [심$문]
/돋보기/ ⇒ [돋$뽀기] 혹은 [돕$뽀$기] 혹은 [도$뽀$기]
/밥그릇/ ⇒ [밥$끄른] 혹은 [박$끄른] 혹은 [바$끄$른]
/웃기다/ ⇒ [욷$끼다] 혹은 [욱$끼다] 혹은 [우$끼$다]
/젖고/ ⇒ [젇$꼬] 혹은 [적$꼬] 혹은 [저$꼬]

이들 발음 중 제1음절 위치의 말자음이 제2음절 위치 초성 자음의 평음으로 조음될 경우 이들은 양음절성을 가지기 때문에 음절 경계를 논의하기 어려운 것이다.

3.3. 영어의 음절

3.3.1. 음절

개별 음소는 음절(syllable)이라는 상위의 단위로 묶인다. 그리고 한 개 혹은 그 이상의 음절이 모여 낱말을 이룬다. 모국어 화자라면 어떤 낱말이 주어졌을 때 그 낱말이 몇 개의 음절로 구성되었는지 비교적 어렵지 않게 알 수 있다. 예를 들어 대부분의 영어 모국어 화자는 *post*

가 음절 한 개, pity는 음절 두 개, determine은 음절 세 개로 이루어져 있음을 알고 있다. 그러나 이처럼 낱말의 음절 개수를 세는 일은 비교적 쉬운 일임에도 불구하고, 음절의 실체를 음성 음운론적으로 설명하는 일은 쉽지 않다.

일반적으로는, 공명도(sonority)에 의해 음절의 음성 음운적 근거를 설명하는 것이 받아들여지고 있다. 공명도는 소리의 상대적인 크기(relative loudness)라고 정의할 수 있다. 음파의 강도(amplitude)가 가장 크게 형성되는 저모음의 경우 소리가 가장 크게 되고 따라서 공명도가 가장 큰 소리가 된다. 조음 기관의 완전한 폐쇄로 형성되는 폐쇄음의 경우 음파의 강도가 최소이고 따라서 공명도가 가장 작은 소리가 된다. 공명도에 따라 소리의 순서를 매기면, 다음 (1)과 같다. 무성폐쇄음의 공명도가 가장 작고, 저모음의 공명도가 가장 크며, 나머지 소리들도 그 강도에 따라 다음과 같이 공명도 순서가 정해진다.

(1) 공명도 서열
    무성폐쇄음 << 유성폐쇄음 << 무성마찰음 << 유성마찰음 <<
    비강 자음 << 유음 << 경과음 << 고모음 << 저모음

음절은 공명도에 있어서 하나의 정점(sonority peak)이 있다. 그 정점을 중심으로 음절 주변부로 갈수록 공명도가 낮아지게 된다. 예를 들어, /klæmp/ 'clamp'와 같은 단음절 낱말을 보면, 하나의 공명도 정점이 있음을 알 수 있다. /k/보다 /l/이, /l/보다 /æ/가 공명도가 크므로 모음을 중심으로 공명도가 점차 증가하고, /æ/보다는 /m/이, /m/보다는 /p/가 공명도가 작으므로 모음을 중심으로 공명도가 점차 감소하고 있다. 즉 정점 /æ/를 중심으로 공명도가 증가했다가 정점에서 다시 감소하는 패턴을 보이는 것이다. 다른 예 /ændru/ 'Andrew'는 /æ/와 /u/ 두 군데에서 공명도 정점을 이루고 있으므로, 두 음절로 구성된 낱말이라고 할

수 있다.

　이처럼 음절 내에서 공명도 정점을 이루는 분절음을 음절핵(nucleus)이라고 한다. 음절핵은 음절 구성에 필수적인 요소이다. 음절핵의 역할은 주로 모음이 하게 된다. 모음이 탈락하는 경우 간혹 비음이나 유음이 음절핵의 역할을 하는 경우도 있다. 예를 들어 /bʌ.tn/ 'button'의 두 번째 음절의 핵은 비음 /n/이다(.는 음절 경계를 표시함). 'rhythm', 'little', 'butter' 등의 예에서도 두 번째 음절의 핵이 각각 비음 /m/, 유음 /l/, 유음 /r/의 공명 자음들이다. 강세를 받는 단음절어의 경우에 공명 자음은 음절핵이 될 수 없고, 모음만 핵이 될 수 있다. 마찰음이나 폐쇄음 등의 장애음이 음절핵을 이루는 경우는 없다.

　핵 앞에 나타나는 자음은 음절 두음(onset), 음절핵 뒤에 나타나는 자음은 음절 말음(coda)이라고 한다. 이미 언급한 것처럼, 음절 두음은 공명도가 상승하는 방향으로, 음절 말음은 공명도가 하강하는 방향으로 구성된다. 음절 내에서의 구조는 음절핵과 음절 말음이 음절 운모(rhyme)를 형성하고, 음절 두음과 음절 운모가 음절을 형성하는 방식으로 다음과 같이 이루어진다.

　(2) 음절의 구조

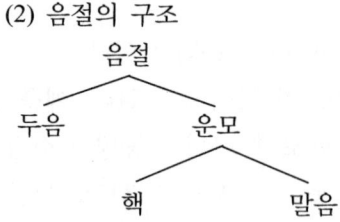

3.3.2. 단음절어의 음절 구조

　위에서 논의한 바와 같이, 음절은 핵을 중심으로 해서 공명도가 상승했다가 하강하는 패턴을 보이는 것이 일반적이다. 그러나 이와 같은 상승-하강의 공명도 원칙만으로는 영어의 가능한 음절 구조를 모두 설명하는 데에는 부족함이 있다. 예를 들어, */kljaʊlmp/라는 영어의 음절을 생각해 보자. 이는 /a/에서 공명도 정점이 한 개 있고 이를 중심으로 /k/에서 /a/까지 상승 공명도, /a/에서 /p/까지 하강 공명도를 형성하므로, 공명도 원칙에 있어서는 문제가 없는 음절이다. 그러나 이는 영어에서 가능하지 않은 음절이다. 문제는 아마도 한 음절에 너무 많은 분절음이 포함되어 있다는 점인 듯 하다. 유사한 분절음으로 구성된 *clamp*는 가능한 음절인 것을 보아, 분절음 수의 초과가 그 원인인 것 같다는 설명을 뒷받침한다(아래의 논의 참조).

상승-하강 공명도 원칙으로 설명할 수 없는 또 다른 문제가 있다. 예를 들어, 영어에서 /klæmp/는 가능한 음절인 반면 */knæmp/는 가능한 음절이 아니다. 그러나 음절 두음 /kl/과 */kn/은 모두 상승 공명도를 형성하고 있으므로, 이 두 음절은 모두 공명도 원칙을 준수하고 있다. 분절음들이 자음 군을 이룰 수 있는 가능성에 제약이 있는 것 같다. 즉 일정한 정도의 공명도 차이가 확보되어야 하는 제약이 있어, /k/와 /n/의 공명도 차이는 '충분하지 않다'는 이유로 금지되는 것이다.

또 다른 문제로는, 예를 들어, /stɪks/라는 낱말의 두음 /st-/가 하강 공명도를, 말음 /-ks/가 상승 공명도를 형성하고 있음에도 불구하고, 영어의 올바른 음절이라는 점이다. 즉 /s/, /ɪ/, /s/에서 세 개의 공명도 정점이 있으므로, 하나의 음절은 하나의 공명도 정점만이 있다는 원칙에 위배되는 것이다. 본 절에서는 영어 음절의 기본적인 구성과 위에 제기된 음절에 관한 몇 가지 문제점들을 논의하고자 한다.[24]

가. 음절 두음

우선 다음의 자료를 살펴보자.

---

24) 본 절의 논의는 주로 Giegerich(1992)를 참조하였음을 밝혀둔다.

(3) a. eye, east, ink, old, up
　　b. cup, pie, seat, wink, team
　　c. blank, cross, friend, sleeve, tree
　　d.*kfry, *psleeve, *tsleeve, *ktree, *tcross
　　e. scroll, splash, spring, squeeze, stew, street

(a)에 제시된 낱말들은 모두 음절 두음이 없는 낱말들이므로, 이를 통해 두음은 반드시 있어야하는 요소는 아님을 알 수 있다. (b)에 제시된 낱말들은 음절 두음으로 자음이 한 개 있는 경우이고, (c)는 두음이 두 개 있는 낱말들이다. 한편 (d)에 제시된 낱말들은 두음으로 세 개의 자음이 있는 경우들인데 이런 음절 구성은 가능하지 않은 것으로 보아, 음절 두음에 올 수 있는 자음 개수의 상한선이 일단 두 개라고 가정할 수 있다. 그렇지만 (e)에 제시된 낱말들은 음절 두음에 세 개의 자음이 있으나 올바른 음절을 구성하고 있다. 이런 경우는 첫 음소가 모두 /s/라는 공통점이 있다. 그래서 이를 예외적인 경우로 가정하고, 첫 소리로 /s/가 오는 경우 (1) 음절 두음으로 자음이 세 개까지 올 수 있고, (2) /sp-/, /st-/, /sk-/ 등에서 볼 수 있듯이 하강 공명도를 형성할 수 있다고 본다.

나. 음절 말음

음절 말음의 자음 구성에 대해 다음의 예를 살펴보자.

(4) a. flow, key, pie, stew, toe
　　b. cut, dawn, fill, mean, pet
　　c. clamp, clasp, film, firm, pearl
　　d.*clamsp, *filmp, *firmk, *pearlf, *mintp
　　e. acts, clamps, clasps, films, attempt

(a)에 제시된 낱말들은 모두 음절 말음이 없는 낱말들로, 이는 음절 말음은 반드시 있어야 하는 요소는 아님을 알려준다. (b)에 제시된 낱말들은 음절 말음에 자음이 한 개, (c)는 자음이 두 개인 낱말들이다. 한편 (d)에 제시된 낱말들은 말음으로 세 개의 자음이 있는 경우들인데 이런 음절 구성은 가능하지 않은 것을 보아, 음절 말음에 올 수 있는 자음 개수도 상한선이 일단 두 개라고 가정할 수 있다. 그렇지만 (e)에 제시된 낱말들은 음절 말음에 세 개의 자음이 있으나 올바른 음절을 구성하고 있다. 이런 경우는 마지막 음소가 /s/이거나 /z/이거나 /t/인 경우들이다. 그래서 이를 역시 예외적인 경우로 가정하고, 끝소리로 /s/나 /z/나 /t/가 오는 경우 (1) 음절 말음으로 자음이 세 개까지 올 수 있고, (2) /-ts/, /-ps/, /-mz/ 등에서 볼 수 있듯이 상승 공명도를 형성할 수 있다고 본다.

다. 음절 운모

음절핵과 말음으로 구성된 음절 운모는 시에서 운을 맞추는데 중요한 역할을 하는 음운 단위이다. 가령 시에서 각 행의 마지막 낱말로 사용된 *lie*와 *die*, *man*과 *ran*, *milk*와 *silk* 등은 핵과 말음을 포함한 음절 운모를 맞춘 예들이라고 할 수 있다.

그렇다면 음운 분석에서 운모를 인정해야 하는 이유는 무엇일까? 그 이유는 두음을 제외하고, 음절핵과 말음이 함께 기능한다는 증거가 여러 가지 있기 때문이다. 그 중 가장 중요한 증거는 음절의 길이 혹은 무게를 계산하는 것과 관련이 있다. 하나의 음절은 어느 정도 일정한 길이를 유지하려는 경향이 있어, 음절이 너무 길어도 혹은 너무 짧아도 좋지 않은 것이다. 이처럼 음절의 길이를 고려할 때, 핵과 말음 길이의 합을 고려하는 것이며 이러한 길이 계산에 음절 두음은 포함되지 않는다.

이를 보다 정확한 제약으로 설명하기 위해서 시간을 나타내는 단위

X를 사용해 보자. 우선 모음의 경우, 비교적 길이가 짧은 이완 모음은 X 하나와 연결되는 것으로, 상대적으로 길이가 긴 긴장 모음이나 이중 모음은 각각 X 두 개와 연결되는 것으로 본다. 한편 음절 말음에 나타나는 자음은 X 하나와 연결되는 것으로 한다. 다음의 낱말들을 살펴보자.

(5) a. bow, coo, free, say, tie (X=2)
    b. cat, fill, put, set, sun (X=2)
    c. bone, cool, pain, seat, soup (X=3)
    d. bulk, clamp, font, pulp, silk (X=3)
    e.*/klaɪmp/, */silm/, */sɪlmk/ (X=4)
    f. bind, cold, find, mold, seals (X=4)

(a)는 말음 없이 긴장 모음이나 이중 모음이 핵 위치에 나타난 경우이므로 X가 두 개씩인 낱말들이다. (b)는 핵 위치의 이완 모음과 말음 위치의 자음 한 개가 각각 X 한 개씩 부여받으므로 총 X가 두 개씩인 경우이다. (c)는 핵 위치에 긴장 모음이나 이중 모음이 X 두 개, 말음 위치의 자음이 X 한 개로 총 X가 세 개인 낱말들이다. (d)는 핵 위치의 이완 모음이 X 한 개, 말음 위치의 자음 두 개가 X 두 개를 부여받아 총 X가 세 개인 경우이다. (e)는 긴장/이중 모음과 자음 두 개, 혹은 이완 모음과 자음 세 개로 이루어진 운모를 가진 경우이므로 X 수가 네 개이다. (a-d)는 올바른 음절을, (e)는 그렇지 않은 음절을 구성하고 있는 것으로 보아, 올바른 음절을 구성하기 위해서는 핵과 말음, 즉 운모의 X 수가 세 개 이하이어야 한다는 규정을 세울 수 있다. (f)의 경우는 긴장/이중 모음과 자음 두 개에 X가 네 개 부여됨에도 불구하고 올바른 음절을 구성하고 있다. 이 경우를 예외적인 경우로 가정하고, 음절 끝 자음이 /-d/나 /-s/ 등인 경우 X가 네 개까지 올 수 있다고 본다.

    음절 운모 X 수의 상한선은 세 개이며, 예외적인 경우가 있다고 하였다. 그렇다면 핵과 말음 X 개수의 하한선은 어떻게 될까? 다음의 음절 구성은 영어에서 올바른 내용어를 형성하지 못한다.

(6) */bɪ/, */kæ/, */nʌ/, */sɛ/, */tʊ/ (X=1)

음절 운모에 이완 모음 하나만 있는 이러한 경우는 X가 한 개인 경우로, 운모는 최소 X가 두 개는 되어야 함을 보여 준다. 위의 (5a-b)에서 볼 수 있듯이, 핵 위치에 긴장/이중 모음이 오거나, 이완 모음 뒤에는 반드시 말음으로 자음이 따라와야 하는 것이다. 즉 */bɪ/는 영어의 가능한 단음절어가 아니지만, /bɪt/는 가능한 낱말이 된다. 여기에서 유추할 수 있는 또 한 가지 사실은 이완 모음은 폐쇄 음절에만 나타날 수 있고 개방 음절에 나타날 수 없는 반면, 긴장/이중 모음은, /bi/나 /tu/에서 볼 수 있듯이, 폐쇄 음절 뿐 아니라 개방 음절에서 나타날 수 있다는 점이다.

그러나 관사 /ə/나 /ðə/, 전치사 /tə/에서 볼 수 있듯이 어떤 경우에는 X 수가 한 개인 낱말들도 있다. 이는 영어의 강세의 패턴과 관련하여 설명할 수 있는데, 다음과 같이 일반화할 수 있다.

(7) 강세를 받는 음절은 최소 두 개의 X가 확보되어야 하는 반면, 무강세 음절은 한 개의 X로도 구성될 수 있다.

관사, 전치사, 대명사, 접속사 등의 기능어들은 일반적으로 강세를 받지 않는 낱말들이므로 한 개의 X로도 낱말을 형성할 수 있는 것이다. 반면 명사, 동사, 형용사, 부사 등의 내용어에는 강세가 최소 하나는 주어지므로 적어도 두 개의 X 수가 확보되어야 한다는 제약을 준수해야 한다. 관사나 전치사의 경우에도 발화 상황에 따라 강세를 두는 경우가 있다. *not a book but the book*의 경우 관사 *a*에 강세를 두어 /e/의 긴장 모음으로 발화해 X를 두 개 확보하는 것을 볼 수 있으며, 이는 강세와 X 수가 서로 상관 관계가 있음을 보여주는 예라고 할 수 있다.

이제까지의 논의를 요약하면 다음과 같다. 일단 일반적인 사실을 제시하고, 다음 절에서 예외적인 경우들을 다루도록 하겠다.

(8) a. 음절의 공명도: 음절핵은 음절 내에서 공명도가 가장 높은 분절음이다. 핵 앞에 나타나는 두음들은 공명도가 점차 상승해야 하며, 핵 뒤에 나타나는 말음들은 공명도가 점차 하강해야 한다.
   b. 분절음의 길이 단위 X: 음절핵과 말음을 포함한 운모는 강세 음절의 경우 최소 두 개의 X가 확보되어야 한다. 무강세 음절의 경우 운모에 X가 한 개인 경우도 허용된다. 음절 운모의 최대 가능 X 수는 세 개이다. 음절 두음은 최대 두 개까지의 자음을 포함할 수 있으나 두음의 자음은 음절 길이를 제한하는 위의 규정에는 관여하지 않는다.

라. 예외 사항들

음절의 길이에 대한 제약과 관련하여 음절 운모의 X 수가 세 개까지만 가능하다는 원칙과 음절핵을 중심으로 상승-하강의 공명도 패턴을 보여야 한다는 원칙을 준수하는 것이 음절의 일반적인 모습이라고 하였다. 그러나, 예를 들어 /klæmps/ 'clamps'의 말음에서처럼, 음절 운모가 세 개 이상의 X로 구성되어 있고 공명도도 /p/에서 /s/로 증가하고 있는 등 이러한 원칙을 위배하는 경우들이 몇 가지 있음을 언급한 바 있다. 이처럼 X 수의 제한과 공명도 원칙을 어기는 경우들을 아래에 모았다(Giegerich 1992:147).

(9) X 수 제약과 공명도 원칙을 어기는 경우들

세 개 이상의 X	공명도 원칙 위배	둘 다 위배	문제 음소
mind, filed	begged, robbed	lobed	/d/
paint, hoofed	dropped, looked	peaked, text	/t/
Giles, beans	adze, lads	minds, globes	/z/

제3장_ 음절

bounce, flounce	fox, text	coax, drinks	/s/
	width	length	/θ/
lounge, strange			/dʒ/

운모의 X 수 제약이나 공명도 원칙을 준수하는데 있어서 예외적으로 행동하는 '문제의' 음소들인 /d, t, z, s, θ, dʒ/는 공통된 자질을 가진 그룹에 속한 소리들임을 알 수 있다. 즉 모두 설단 장애음(coronal obstruents)에 속하는 소리들이다. 그러므로 이를 예외적인 사항으로 규정하고 앞서 내린 일반화를 그대로 유지하도록 할 수 있다.

(10) 설단 장애음을 제외한 모든 분절음들은 음절 운모의 X 수 제약과 공명도 원칙을 준수하여야 한다.

설단 장애음 그룹에 속하지 않은 모든 다른 분절음들은 두 가지 음절 제약을 항상 준수해야 하므로, */maɪmp/라든가 */wɪdf/ 등의 형태는 영어에서 올바른 음절을 구성하지 못하게 된다.

음절 두음도 유사한 상황이다. 다음의 예를 보자.

(11) a. spill, still, skill
b. spring, string, scream, split, spew, stew, skew

(a)의 음절 두음 자음 군 /sp-, st-, sk-/에서 공명도가 감소하고 있고, (b)의 /spr-/, /str-/, /skr-/, /spl-/, /spj-/, /stj-/, /skj-/에서는 공명도의 감소 뿐 아니라 자음 세 개로 구성되어 있어 문제가 된다. 음절 두음의 경우, 자음 개수 제한과 공명도 원칙을 준수하는데 예외적인 음소가 될 수 있는 것은 유일하게 /s/이다. 따라서 다음과 같은 수정된 일반화를 가정하도록 한다.

(12) /s/를 제외한 모든 분절음들은 음절 두음의 자음 개수 제약과 공명도 원칙을 준수하여야 한다.

3.3.3. 음절의 음소 배열

위에서 논의한, 한 음절에 포함될 수 있는 분절음 개수에 대한 제약이나 한 음절 내에 공명도의 구성 방식에 대한 일반적인 제약을 모두 준수하더라도 영어에서 실제 사용되는 음절 내 분절음의 배열은 상당히 제한되어 있다. 예를 들어, 음절 두음으로 /sl-/은 가능하나 */sr-/은 가능하지 않으며, /tr-/은 가능하나 */tl-/은 가능하지 않은 것 등이다. 이들은 위에 언급한 두 가지 음절 제약으로 구분할 수 없는 예들이다. 또한 */ml-/이나 */kn-/은 자음 개수 제약이나 공명도 원칙을 위배하고 있지 않지만 영어에서는 사용되지 않는 분절음 배열이다. 본 절에서는 영어의 음절 두음이나 말음에서 어떠한 자음군이 허용되는지 혹은 허용되지 않는지와 관련된 문제를 논의해 보도록 하겠다.25)

가. 음절 두음 배열

우선 음절 두음에 자음이 한 개 나타나는 경우에, /ʒ/와 /ŋ/의 음소를 제외하고는 모든 자음이 자유롭게 두음 위치에 나타날 수 있다. /ŋ/가 두음 위치에 나타나는 경우는 전혀 없고, /ʒ/의 경우는 불어에서 차용된 낱말에서 간혹 음절 두음으로 나타날 수 있다. 즉 화자에 따라 *genre*의 첫 소리를 [ʤ] 혹은 [ʒ]로 발음하기도 하는 것이다.

이제 음절 두음에 자음이 두 개 나타나는 경우를 생각해 보자. 영어에서 사용되는 두 자음 음절 두음은 (1) '장애음+유음 혹은 /w/', (2) '/s/+자음', (3) '자음+/j/'의 세 가지 종류로 분류할 수 있다.

'장애음+유음 혹은 /w/'로 구성된 두음 자음군은, 첫 자음이 장애음,

---

25) 본 절의 논의는 주로 Hammond(1999)와 Giegerich(1992)를 참조하였다.

두 번째 자음이 유음 /l/이나 /r/ 또는 경과음 /w/로 구성된 자음군이다. 이는 두 자음 간에 공명도 차이가 극대화된 경우라고 볼 수 있다. */pf-, pn-/ 등은 공명도가 증가함에도 불구하고 음절 두음으로 사용되지 않는 것은 두 자음 간 공명도 차이가 '충분하지' 않기 때문이라고 설명할 수 있다. 그러나 '장애음+유음 혹은 /w/'의 경우라고 하더라도 두음 자음군을 형성할 수 없는 경우가 있다. */pw-/, */bw-/, */tl-/, */dl-/ 등이 그 예이다(아래의 논의 참조). 아래의 <표 1>에 영어에서 가능한 자음군 배열과 그렇지 않는 배열을 표시하였다(Giegerich 1992:155). 세로는 장애음을, 가로는 유음 혹은 /w/를 나열한 것이다. 가능한 자음군의 경우 이를 표시하고 불가능한 자음군 배열은 빈 칸으로 남겨두었다. 가능한 자음군은 실제 낱말 예를 몇 개씩 제시하였다.

<표 1> 영어의 가능한 음절 두음 자음군: '장애음+유음 혹은 /w/'[26]

	l	r	w
p	/pl-/ (plan, plea, plug)	/pr-/ (pride, profit, prose)	
b	/bl-/ (black, bless, blue)	/br-/ (breeze, brilliant, broad)	
t		/tr-/ (train, treat, trip)	/tw-/ (twice, twig, twilight)
d		/dr-/ (draw, dress, drink)	/dw-/ (dwarf, dwell, dwindle)
k	/kl-/ (clarity, clever, clock)	/kr-/ (credit, critic, crude)	/kw-/ (quality, quest, quick)

---

[26] <표 1>의 가능한 음절 두음 자음군은 영어에서 생산적(productive)으로 나타나는 경우만을 제시한 것이다. 생산적으로 나타나지는 않지만 한두 낱말에서 나타나는 다른 자음군들도 있다. 예를 들어, /pw-/ 'pueblo', /bw-/ 'bwana', /vl-/ 'Vladimir', /zl-/ 'zloty', /ʃm-/ 'shmuck', /ʃn-/ 'schnapps', /ʃl-/ 'schlep', 'schlock', /ʃw-/ 'Schweppes' 등이 그것이다.

g	/gl–/ (glad, glean, global)	/gr–/ (grace, grasp, grew)	/gw–/ (Guam, guano, guava)
tʃ			
dʒ			
f	/fl–/ (flavor, fluent, fly)	/fr–/ (free, fresh, friend)	
v			
θ		/θr–/ (thrill throb, throng)	/θw–/ (thwart, thwack)
ð			
s	/sl–/ (slim, slit, slow)		/sw–/ (sweet, swift, swoon)
z			
ʃ		/ʃr–/ (shrewd, shrine, shrub)	
ʒ			
h			

<표 1>에 표시된 불가능한 자음군 배열에 관해 다음의 몇 가지 일반적인 사항을 제시해 볼 수 있다.

(13) a. 입술이 조음에 관여하는 순자음(labial consonants)은 순연구개 경과음 /w/와 두음 자음군을 형성하지 않는다(예: */pw–/, */bw–/, */fw–/).
  b. 치경폐쇄음 /t/와 /d/, 치간마찰음 /θ/는 유음 /l/과 두음 자음군을 형성하지 않는다(예: */tl–/, */dl–/, */θl–/).27)
  c. /s/는 /l/이나 /w/와 두음 자음군을 이룰 수 있으나 /r/과 자음군을 이루지 않는다(/sl–/, /sw–/, */sr/). /ʃ/는 /r/과 두음 자음군을 이룰 수 있으나 /l/이나 /w/와 자음군을 이루지 않는다(*/ʃl–/, */ʃw–/, /ʃr–/).

---

27) (13a–b)의 내용은 유사한 분절음이 연속해 나타나는 것을 제한하는 OCP (Obligatory Contour Principle)의 결과로 해석할 수 있다.

제3장_ 음절

d. 영어의 파찰음 /ʧ/, /ʤ/, 유성마찰음 /v/, /ð/, /z/, /ʒ/, 성문마찰음 /h/ 등은 음절 두음 자음군에 나타나지 않는다.

다음은 음절 두음에 나타날 수 있는 자음군 중 '/s/+자음'의 경우이다. /sp-, st-, sk-, sm-, sn-/의 배열이 영어에서 생산적으로 두음 자음군을 형성할 수 있고, 간혹 /sf-, sθ-/의 자음군이 사용되기도 한다. 다음에 '/s/+자음'으로 구성된 두음 자음군과 해당하는 낱말 예를 몇 개씩 제시하였다.

(14) 영어의 가능한 음절 두음 자음군: '/s/+자음'
/sp-/   specific, spicy, spirit, spoil, sporadic
/st-/   stable, stance, stigma, stock, story
/sk-/   scholar, skeleton, skeptical, skim, sky
/sm-/   smart, smear, smile, smoke, smother
/sn-/   snack, snatch, sneeze, snobbery, snuggle
/sf-/   sphenoid, sphere, sphinx
/sθ-/   sthenic

끝으로, 영어에서 음절 두음에 나타날 수 있는 자음군 중 '자음+/j/'의 경우를 살펴보자. /j/가 두음에 홀로 나타날 때에는 문제가 없어서, 'yield', 'you', 'yell', 'yarn' 등의 예에서 볼 수 있듯이, 다음에 오는 모음에 상관없이 자유롭게 나타난다. /j/가 자음군에서 두 번째 자음으로 나타날 때, 선행 자음과도 상당히 자유로운 분포를 보여, 폐쇄음, 마찰음, 비음, 유음 뒤에 /j/가 나타날 수 있다. 그러나 음절 두음에 홀로 나타나는 /j/는 다음 모음의 종류에 제약을 두지 않지만, 다른 자음 뒤에 /j/가 나타나는 경우 반드시 다음 모음이 /u/이거나 음절핵 역할을 하는 /r/이어야 한다. 다음에 /j/를 포함한 자음군과 그 낱말 예를 제시하고 있다.

(15) 영어의 가능한 음절 두음 자음군: '자음+/j/'
/pj-/   pure, puce, puerile, pugilist, Pulitzer
/bj-/   beautiful, bucolic, bugle, bureau, butte
/fj-/   fuel, fumigate, fusion, futile, future
/vj-/   view
/tj-/   tubercular, tulip, tumult, tune, tutor
/dj-/   dual, dubious, due, durable, duty
/sj-/   suable, suit, super
/kj-/   cumulative, cure, curious, cute, queue
/gj-/   gules, gubernatorial
/hj-/   huge, human, humid, humility, humor
/mj-/   municipal, mural, music, mutation, mutual
/nj-/   neutral, news, nuclear, numeral, nutrition
/lj-/   lubricate, lucid, luminous, lurid, lute

'자음+/j/'의 자음군과 관련하여, 방언 간에 발음상의 차이가 있는 경우가 있다. 첫 자음이 설단 자음(coronal consonants)인 경우 대부분의 미국 영어에서는 경과음 /j/ 없이 설단 자음만으로 발음한다. 즉 /tj, dj, sj, zj, nj, lj/가 각각 /t, d, s, z, n, l/로 발음되는 것이다. 다음 (16)에 비설단 자음이 첫 자음으로 오는 경우 [Cju-]로, 설단 자음이 오는 경우 /j/ 없이 [Cu-]로, 조음되는 예를 각각 제시하였다.

(16) 표준 미국 영어의 설단 자음 뒤 /j/ 탈락
    a. 비설단 자음의 경우: [mju-] 'music', [bju-] 'beauty', [kju-] 'cute', [fju-] 'fuel', [pju-] 'pure'
    b. 설단 자음의 경우: [du-] 'due', [lu-] 'lucid', [nu-] 'news', [-zu-] 'presume', [tu-] 'tutor', [su-] 'suit'

영어에서는 일반적으로 두음에 두 개까지 자음을 허용하지만, 예외적으로 세 개의 자음군까지 나타나는 경우가 있다고 하였다. 이러한 경우 첫 자음은 반드시 /s/이어야 하고, 두 번째 자음은 장애음, 세 번째 자음은 공명 자음이어야 한다. 다음에 영어의 가능한 세 음절 두음 자음군과 그에 해당하는 낱말 예들을 제시하였다.

(17) 영어의 가능한 음절 두음 세 자음군: '/s/+폐쇄음+유음이나 경과음'[28]

/spl-/   splash, splendid, splint, split, splurge
/spr-/   spray, spread, spring, sprout, spruce
/spj-/   spew, spume, sputum
/str-/   stress, string, strive, structure, struggle
/stj-/   stew, student, studio, stupid, stupor (GA에서는 /st-/로 조음됨)
/skr-/   scramble, scratch, screw, scroll, scrunch
/skw-/   squeeze, squash, squalid, squid, squirrel
/skj-/   scuba, scutage, scute, skew, skua

세 개의 자음이 음절 두음에 나타나는 경우 한 가지 사실은, 가능한 두 자음군의 합이어야 한다는 점이다. 즉 세 자음군 /αβγ-/이 영어의 가능한 자음군이면 /αβ-/와 /βγ-/도 영어에서 가능한 두 개 자음군에 속한다는 것이다. 예를 들어, /spl-/은 영어의 가능한 세 자음군인데, 그에 속한 /sp-/와 /pl-/도 영어의 올바른 자음군이다.

나. 음절 말음 배열

음절 말음에 자음이 한 개 나타나는 경우, /h/를 제외한 모든 자음이 나타날 수 있다. 경과음 /j/와 /w/도 말음 위치에 나타나지 않는 소리들이다. /r-/음이 음절 말음에서 탈락되는 방언(nonrhotic accents)에서는

---

28) 여기에 제시된 자음군보다는 덜 생산적으로 나타나지만 간혹 사용되는 세 자음군에 /skl-/ 'sklar', 'sclerosis'과 /sfr-/ 'sphragistic'이 있다.

/r/도 음절 말음에 나타나지 않는 소리 중 하나이다.

　음절 말음에 자음이 두 개 나타나는 경우, 두 자음의 공명도 구성에 관해 다음의 표 2를 통해 알아보자. 표에 기재된 R은 /r/, L은 /l/, N은 비강 자음, F는 마찰음, A는 파찰음, P는 폐쇄음을 각각 표시한 것이다. 세로의 자음이 자음군의 첫 자음을, 가로의 자음이 자음군의 끝 자음을 나타내었다. 빈 칸으로 남겨둔 경우는 영어에서 허용되지 않는 자음군이다. 우선 첫 자음의 공명도가 끝 자음의 공명도보다 큰 경우만 허가되는 것을 알 수 있다. -LR, -NR. -FR, -AR, -PR, -NL, -FL, -AL, -PL, -FA, -PA 등은 끝 자음의 공명도가 첫 자음의 공명도보다 큰 이유로 허가되지 않는 말음 자음군들이다. 공명도의 크기가 동일한 경우에도 복합 말음을 형성할 수 없다. 따라서 -RR, -LL, -NN, -FF, -AA, -PP의 경우에 빈 칸으로 남아있음을 알 수 있다. 즉 두 개의 비 자음군 /-mn/, 마찰 자음군 /-sf/, 폐쇄 자음군 /-tp/ 등은 음절 말음에 나타날 수 없다. 그러나 동일한 공명도를 가진 두 자음임에도 불구하고 음절 말음을 형성한 예외적인 경우가 있다. 예를 들어, *coughs* /-fs/, *loves* /-vz/, *apt* /-pt/, *nagged* /-gd/ 등은, 위에 논의한 것처럼, 마지막 자음이 설단 장애음 /-s, -z, -t, -d/임을 알 수 있다. 끝으로, -FA, -FP, -AP는 첫 자음이 끝 자음보다 공명도가 크지만 영어에서 허용되는 말음 자음군이 아니다. 말음 자음군 형성과 관련하여 마찰음과 파찰음과 폐쇄음 간에 나타나는 공명도 차이는 인정하지 않음을 알 수 있다. 표 아래에는 가능한 자음군의 실제 낱말 예들을 몇 개씩 제시하였다.

<표 2> 영어의 가능한 복합 말음
(R=/r/, L=/l/, N=비음, F=마찰음, A=파찰음, P=폐쇄음)

C1\C2	R	L	N	F	A	P
R		-RL	-RN	-RF	-RA	-RP
L			-LN	-LF	-LA	-LP
N				-NF	-NA	-NP
F						
A						
P						

(18) 복합 말음의 낱말 예

    a. -RL   earl, gnarl, girl, curl, pearl

    b. -RN charm, form, storm, barn, corn, turn

    c. -RF   morph, turf, carve, starve, birth, mirth, course, farce, harsh

    d. -RA march, search, torch, charge, gorge, large

    e. -RP   harp, sharp, art, court, fork, park, absorb, sorb, beard, hard

    f. -LN   elm, helm, realm, kiln

    g. -LF   elf, self, involve, solve, health, wealth, else, pulse

    h. -LA belch, filch, squelch, bulge, divulge, indulge

    i. -LP   help, gulp, belt, melt, bulk, silk, cold, field

    j. -NF   nymph, triumph, labyrinth, length, strength, offense, sense, bronze, lens, bronze, arrange, lounge

    k. -NA branch, launch, quench

    l. -NP   lump, ramp, font, hunt, bank, think, hand, mend, mind

영어의 복합 말음 형성에서 마찰음과 폐쇄음의 공명도 차이는 인정되지 않는다고 했지만, 마찰음 중 /s/는 예외적으로 무성폐쇄음 /p, t, k/와 함께 복합 말음을 형성할 수 있다. 다음에 /-sp, -st, -sk/으로 끝나는 실제 낱말 예를 몇 개씩 제시하였다.

   (19) /s/+무성폐쇄음
      /-sp/   clasp, crisp, grasp, hasp, lisp
      /-st/   best, cost, last, least, past
      /-sk/ disk, dusk, risk, task, whisk

/s/ 뒤에 무성폐쇄음이 오는 경우 이외에도, 장애음 다음에 설단 장애음 /t, s, θ, d, z/가 오는 예외적인 경우가 있다. 다음의 음절 말음군과 각각의 낱말 예를 보자.

   (20) 장애음+설단 장애음
      /-pt/   abrupt, accept, adopt, corrupt, kept
      /-kt/   act, fact, product, reluct, tract
      /-ft/   gift, left, lift, soft, shift
      /-ps/ collapse, copse, elapse, lapse, traipse
      /-ts/   blitz, ersatz, klutz, ritz
      /-ks/ ax, box, fix, fox, vox
      /-pθ/ depth
      /-tθ/   eighth
      /-dθ/ width
      /-fθ/   fifth

비강 자음과 구강폐쇄음으로 구성된 복합 말음(즉, -NP)의 경우, 말음 구성에 관한 몇 가지 제약이 더 있다. 다음에 가능한 말음의 경우 낱말 예를, 가능하지 않은 경우 * 표시를 하였다.

(21) 비강 자음과 폐쇄음으로 구성된 복합 말음
/-mt/ ('dreamt')   /-nt/ ('lent')   */-ŋt/
/-md/ ('hummed')   /-nd/ ('land')   /-ŋd/ ('hanged')
/-mp/ ('clamp')   */-np/   */-ŋp/
*/-mb/   */-nb/   */-ŋb/
*/-mk/   */-nk/   /-ŋk/ ('bank')
*/-mg/   */-ng/   */-ŋg/

위의 자료를 검토해 보면, 비강 자음과 구강폐쇄음이 자음군을 이루기 위해서는 두 소리의 조음 위치가 동일해야 한다는 사실을 알 수 있다. 즉 /-mp/, /-nt/, /-nd/, /-ŋk/ 등은 허용되지만, */-mk/, */-mg/, */-np/, */-nb/, */-nk/, */-ng/, */-ŋt/, */-ŋp/, /-*ŋb/ 등은 두 자음의 조음 위치가 다르다는 이유로 허용되지 않는다. 조음 위치가 다름에도 불구하고 비음-폐쇄음의 자음군을 형성할 수 있는 경우가 있는데, /-mt/, /-md/, /-ŋd/ 등은 끝 자음이 설단음이기 때문에 예외적으로 말음 자음군을 형성할 수 있다. */-mb/와 */-ŋg/는 조음 위치가 동일한 두 자음의 결합이나 이러한 조합으로 이루어진 실제 낱말 예가 존재하지 않는다.

말음 위치에 세 개의 자음까지 올 수 있다. '비음+무성 장애음+/s, t/'이거나 '유음+무성 장애음+설단 장애음'이거나 '유음+비음+설단 장애음'이거나 '무성 장애음+/s, t/+/s, t/'인 경우들이다. 복합 두음의 경우와 마찬가지로, 세 개의 자음으로 구성된 복합 말음의 경우에도, 두 개의 올바른 말음군으로 구성되어야 한다. 즉 /-$C_1C_2C_3$/라는 말음 자음군이 있을 때, /-C_1C_2/와 /-C_2C_3/도 영어의 말음 위치에 나타날 수 있는 자음군이라는 점이다. 예를 들어, /-mpt/는 영어의 가능한 말음 자음군인데, 그 구성 자음군 /-mp/와 /-pt/도 역시 영어에서 가능한 말음 자음군이라는 것이다. 다음에 위에 언급한 세 개 말음 자음군의 가능한 경우 네 가지와 그 낱말 예를 각각 제시하였다.

(22) 세 자음 복합 말음: '비음+무성 장애음+/s, t/'
/–mpt/ attempt, exempt, kempt, prompt, tempt
/–mps/ glimpse, mumps
/–nts/ blintz, chintz, Muntz, pants
/–ŋks/ jinx, larynx, lynx, Manx, minx, pharynx
/–ŋkt/ adjunct, defunct, distinct, extinct, injunct, instinct, succinct, tinct
/–ŋst/ amongst, angst
/–nst/ against

(23) 세 자음 복합 말음: '유음+무성 장애음+설단 장애음'
/–lfθ/ twelfth
/–rps/ corpse
/–rts/ hertz, quartz
/–rʃt/ borscht
/–rks/ Marx

(24) 세 자음 복합 말음: '유음+비음+설단 장애음'
/–rmθ/ warmth

(25) 세 자음 복합 말음: '무성 장애음+/s, t/+/s, t/'
/–kst/ text, next, sext
/–dst/ amidst, midst

영어에 나타나는 음절 말음에 대한 제약을 살펴보았다. 이를 요약하면, (1) 성문 폐쇄음 /h/는 음절 말음에 나타나지 않는다. (2) 경과음 /j/와 /w/도 음절 말음에 나타나지 않는다. (3) 방언에 따라 유음 /r/이 음절 말음에서 조음되지 않는 경우가 있다. (4) 말음 위치에 자음이 두 개 나타나는 경우 첫 자음의 공명도가 끝 자음의 공명도보다 커야 한다. (5) 두 자음의 공명도가 동일한 경우 복합 말음을 형성할 수 없다.

제3장_ 음절

(6) 복합 말음군 형성과 관련하여 마찰음, 파찰음, 폐쇄음 간의 공명도 차이는 인정되지 않아 이들로 구성된 복합 말음은 허용되지 않는다. (7) 말음군의 첫 자음이 /s/인 경우에는 예외적으로 폐쇄음과 복합 자음군을 형성할 수 있다. (8) 끝 자음이 설단 장애음인 경우 예외적으로 다른 장애음과 복합 말음을 형성할 수 있다. (9) 비음-폐쇄음이 복합 말음을 형성하는 경우, 두 자음의 조음 위치가 동일하거나 폐쇄음이 설단음이어야 한다. (10) 복합 말음군에 자음이 예외적으로 세 개까지 올 수 있는데, 이 경우 끝 자음이 반드시 설단 장애음이다.

다. 음절 운모 배열

음절핵의 구성과, 핵과 말음의 구성에 관한 제약을 알아보자. 음절 음모에 말음 없이 핵으로만 구성된 단음절어의 경우, 그 모음 핵은 반드시 긴장 모음이거나 이중 모음이어야 한다(위 3.3.2절의 논의 참조). 아래 어말에 나타나는 긴장 모음과 이중 모음의 예를 제시하였다. 이완 모음으로 끝나는 낱말은 가능하지 않음을 보여 준다.

(26) 말음 없는 음절 운모
　a. 긴장 모음: /mi/ 'me', /me/ 'may', /ku/ 'coo', /to/ 'toe', /pɔ/ 'paw', /mɑ/ 'ma'
　b. 이중 모음: /maɪ/ 'my', /kaʊ/ 'cow', /bɔɪ/ 'boy'
　c. 이완 모음: */bɪ/, */sɛ/, */kæ/, */nʌ/, */tʊ/

자음 한 개로 끝나는 낱말에는 그 자음 앞에 긴장/이중 모음과 이완 모음 둘 다 나타날 수 있다. 예를 들어, /bit/ 'beat', /baɪt/ 'byte', /bɪt/ 'bit'는 긴장 모음, 이중 모음, 이완 모음으로 최소 구분되는 낱말들이다. 그러나 /ŋ/ 앞에는 이완 모음만 나타날 수 있고, 긴장 모음이나 이중 모음은 나타날 수 없다. 따라서 /hæŋ/ 'hang', /bʌŋk/ 'bunk' 등은 영어의 가능한 낱말이지만, */baɪŋ/이나 */biŋk/는 불가능한 낱말이다.

말음 위치에 두 개의 자음이 오는 경우에는 일반적으로 이완 모음만 나타날 수 있다. 이는 음절 운모에 세 개 이하의 X 수만을 허용한다는 내용의 위 3.3.2절의 논의와 관련 있다. 위의 (9)에서 논의되었듯이, 자음군 앞에 긴장 모음이나 이중 모음이 나타날 수 있는 경우는 끝 자음이 설단 장애음인 예외적인 경우라고 하였다. 아래 (27)의 예에서 /-lp, -lf, -lk, -ŋk/의 자음군 앞에 이완 모음이 나타나 있는 것을 확인할 수 있다(예: Hammond 1999).

(27) 자음군 앞의 이완 모음
/hɛlp/ 'help', /hʌlk/ 'hulk', /mɪlk/ 'milk', /θæŋk/ 'thank', /wʊlf/ 'wolf'

3.3.4. 다음절어의 음절 나누기

다음절어는 올바른 형태의 음절 몇 개로 구성된 낱말이다. 본 절에서는 다음절어에서 음절을 나누는 원칙에 대해 논의하도록 하겠다. 예를 들어, 'aroma'는 세 개의 음절로 이루어진 낱말인데, 중간에 있는 자음 /r/을 첫 번째 음절의 말음으로 분석할지 두 번째 음절의 두음으로 분석할지의 문제가 있다. 마찬가지로 자음 /m/이 두 번째 음절의 말음인지 세 번째 음절의 두음인지 결정할 수 있어야 한다.

다음의 예를 보자. 낱말이 주어지고 음절을 분할하도록 하면, 영어의 모국어 화자들은 대부분 다음과 같이 음절을 나눌 것이다.

(28) a. 'a.ro.ma', 'pho.ne.mic', 'va.ca.tion'
   b. 'al.ti.tude', 'prin.cess', 'stan.dard'
   c. 'a.pri.cot', 'ma.tron'

이처럼 모국어 화자들이 음절 분할에 대해 가지고 있는 일관된 지식은 어떠한 원리에 따른 것일까? 우선 (a)의 낱말에서처럼 모음 사이에 자음이 한 개만 있는 경우 그 자음은 언제나 뒤 음절의 두음이 된다. (b)에서처럼, 두 자음이 연속해 나타나는 ...VC₁C₂V...의 형태이면서 C₁이 C₂보다 공명도가 큰 경우, C₁은 앞 음절의 말음, C₂는 다음 음절의 두음으로 분석된다. (c)에서처럼, ...VC₁C₂V...의 형태이면서 C₁이 C₂보다 공명도가 작은 경우, C₁과 C₂ 모두 뒤 음절의 두음으로 분석된다. 따라서 다음과 같은 음절 분할 원칙이 있다고 가정할 수 있다.

(29) 음절 분할 원칙
    a. 음절 두음을 최대화하라.
    b. 영어에서 가능한 음절 두음이 아닐 경우, 첫 자음을 앞 음절의 말음에 속하도록 하라.

아래 (30)의 낱말들은 ...VC₁C₂V...의 형태이지만 위의 두 경우와 약간 다른 경우이다. 예를 들어 'enigma'에서 두 자음 /gm/은 상승 공명도를 형성하고 있으므로 공명도 원리에 따르면 두 자음 모두 뒤 음절의 두음으로 분석될 수 있다. 그러나 (29b)에 제시된 원칙에 따라 /gm/은 영어의 가능한 두음이 아니므로 /g/를 앞 음절의 말음에 속하도록 해야 한다. (28c)에서 논의된 /pr/과 /tr/의 경우는 공명도 원리도 어기지 않고 영어의 가능한 두음이므로, 가능한 두음을 최대화하라는 (29a)의 원리에 따라 함께 뒤 음절의 두음으로 분석된 것이다.

(30) e.ni/g.m/a, a/t.l/as

다음 낱말들에서는 강세를 받는 음절이 경음절이 되어 문제가 된다. (강세를 받는 모음이 진하게 표시되어 있다.)

(31) /kæ.mə.rə/ 'camera', /pɛ.də.stəl/ 'pedestal', /æ.frɪ.kə/ 'Africa'

예를 들어 /kæ.mə.rə/에서 자음 /m/은 다음 음절의 두음이 되어야 하므로 앞 음절 /kæ/는 말음 없는 개방 음절, 즉 경음절이 된다. 그러나 문제는 이 음절이 강세를 받는 음절이라는데 있다. 위의 3.3.2절에서 논의했듯이, 강세 음절은 중음절이어야 한다는 제약이 있다. 따라서 자음 /m/은 여기에서 음절 두음 최대화 원칙에 따라 두음이 되어야함과 동시에 강세 음절 중음절 원칙에 따라 말음이 되기도 해야 하는 모순적인 상황에 부딪히게 되는 것이다. 이러한 문제점을 해소하기 위해, 해당 자음이 두 음절 모두에 속한 것으로 분석한다. 이를 양음절성(ambisyllabicity)이라 하고, 다음 (32)와 같은 경우에 자음이 양음절 분석된다. /kæ.mə.rə/의 음절 분석은 (33)과 같이 나타낸다.

(32) 음절 분할 원칙
    c. 어떠한 자음이 뒤 음절의 두음으로 분석할 수 있는 동시에 강세를 받는 이완 모음 다음에 나타날 때, 양음절 분석된다.

(33)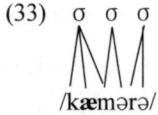

(33)에서 볼 수 있듯이 /m/이 두 음절 모두에 속하고 있으며, 이러한 양음절성이라는 방법을 통해, 음절 두음 최대화와 강세 음절 중음절 원칙을 모두 준수할 수 있게 된다. 실제로 모국어 화자에게 이를 음절 분할하여 발음하게 하면 /kæm/-/mə/-/rə/ 형태의 세 음절로 나누어 발음하는 것을 확인할 수 있을 것이다.
    이제까지 논의한 음절 나누기 규칙에 의해, 영어에 가능한 낱말 구성과 가능하지 않은 낱말 구성 간에 구분할 수 있게 된다. 예를 들어 /ʌmbrə/는 실제 존재하는 영어 낱말은 아니지만, '존재 가능한' 낱말이라고 할 수 있다. 이는 이 낱말이 /ʌm/과 /brə/의 올바른 음절로 나눌 수 있기 때문이다. 반면 /ʌmbnə/는 실제 존재하지 않을 뿐 아니라 '존재 가능하지 않은' 낱말이다. 중간에 있는 자음 /b/가 어떤 음절에도 속할 수 없기 때문이다. 즉 */ʌm.bnə/로 음절 분할하면 두 번째 음절의 두음이 불가능한 음절이고, */ʌmb.nə/로 분할하면 첫 번째 음절의 말음이 불가능한 음절이 되는 등 어떤 방식으로도 올바른 음절 나누기를 할 수 없는 낱말이다. 즉 낱말 속에 포함된 모든 분절음이 음절에 속해야 하는데, 그렇지 않은 음절이 존재할 경우 이는 불가능한 낱말이 된다. 가령 어떠한 회사에서 새로운 상품의 제품명을 짓고자 할 때, /ʌmbrə/는 가능한 후보가 될 수 있지만 /ʌmbnə/는 후보가 되지 못 할 것이다.

3.4. 일본어의 음절

3.4.1. 일본어의 음절

음절에 대해서는 음운론적 음절과 음성학적 음절을 구분하여 논하는 경향이 1930년대부터 생겨나게 되었다. 일본에서도 대부분 그러한 경향을 따르고 있으므로 여기에서도 음운론적 음절과 음성학적 음절로 나누어 설명하기로 한다.

음운론적 음절은 실제로 존재하는 각각의 언어에서 그 언어의 리듬을 구성하는 음연속의 가장 작은 단위로, 음소 하나 혹은 몇 개가 결합하여 생긴다. 음의 연속 중에서 한 개, 두 개, 세 개로 셀 수 있는 기본적인 단위이며 관념적인 단위이다. 그것은 운문을 지을 때 전형적으로 나타난다. 일본 단가의 경우 5·7·5·7·7의 리듬을 지니는데 이 때 가나 한 글자가 원칙적으로 한 음절, 즉 음운론적 음절을 구성한다.

음성학적 음절은 음 경계(단락)에 둘러싸여 하나의 단위로 들리는 음의 연속을 말한다. 그 내부에는 그 이상의 단락이나 약화가 감지되지 않는다고 한다. 이 음성학적 음절은 순수하게 물리적인 견지에서 일정한 기준에 의해 측정된 음의 범위를 가리킨다.

　일본어의 경우 앞서 살펴본 특수음소를 포함하는 단어의 경우 음운론적 음절과 음성학적 음절 사이에 혼란을 일으키는 경우가 있다. 예를 들어 발음(撥音)과 イ단 장음을 포함하는「先生(せんせい)」라는 단어를 일본인에게 발음시켜 보면,「セ・ン・セ・イ」와 같이 4음절로 발음하는 경우와,「セ・ン・セイ」,「セン・セ・イ」와 같이 3음절로 발음하는 경우,「セン・セイ」와 같이 2음절로 발음하는 경우를 볼 수 있다. 이 단어는 운문을 지을 경우는 4음절로 파악하지만 발음과 장음이 음절로서의 독립성이 약화되어 선행음절과 함께 인식되는 경향이 나타나는 것이다. 촉음(促音)과 オ단 장음을 포함하는「学校(がっこう)」의 경우도 사정은 같다.

　다음의 예를 살펴보기로 하자.

　　① コセキ[koseki] (戶籍・古跡)
　　② コーキ[ko:ki] (後期・好機・校旗)
　　③ コンキ[koŋki] (婚期・今期・根氣)
　　④ コッキ[kokki] (國旗・克己)

　음성학적으로 ①은 3음절, ②, ③, ④는 2음절인데, 시간의 길이는 모두 거의 비슷하다. 이렇게 특수음소를 지닌「コー」,「コン」,「コッ」의 긴 음절은 음성학적으로는 하나의 단위를 형성한다고 볼 수 있지만 음의 길이에서는 두 개의 단위로 구성되어 있다.

　服部四郎는 일본어의 음절 구조를 /C(S)V/, /C(S)VV/, /C(S)VN/, /C(S)VQ/(C는 자음, S는 경과음(반모음), V는 모음, N은 발음(撥音), Q는 촉음(促音), VV는 동일한 모음연속)와 같이 정리하고, 이것과는 별도로 음의 시간적 단위로서 모라(mora)를 설정하여 C(S)V는 1모라, C(S)VV, C(S)VN, C(S)VQ는 2모라라고 하였다. 모라는 악센트를 담당하는 단위이다.29) 일반적으로 일본 국어학계에서는 服部의 모라에 해당하는 단위를 음절이라고 부르고 있어서 혼란을 야기할 우려가 있다. 金田一春彦는 이러한 혼란을 피하기 위해 음운론의 단위로서는 服部의 모라를 박(拍)이라고 불러 사용하고, 음절은 순수하게 음성학적인 용어로서만 사용하자고 주장하였다.30)

이하에서는 음운론적 단위로서 모라, 즉 가나문자 한 글자(단, 요음은 두 글자)에 해당하는 단위를 박(拍)이라고 부르기로 하겠다. 그리고 음성학적 단위로서 服部가 말하는 음절을 음성학적 음절이라고 부르기로 한다.

박은 본래 음의 길이를 측정하는 단위로, 대개 가나 한 글자, 요음은 두 글자에 해당하고, 하나의 단음절의 길이에 해당하는 길이를 지닌다. 그리고 박은 원칙적으로 같은 길이로 발음된다. 이를 박의 등시성(等時性)이라고 한다. 한 박의 구체적인 길이는 5분의 1초 정도이고 빠르게 이야기할 때는 12분의 1초 정도라고 한다. 「コセキ」는 3음절 3박이며, 「コーキ」, 「コンキ」, 「コッキ」는 2음절 3박이다. 「先生, 学校」는 모두 2음절이고 4박인 단어이다. 천천히 정중하게 하는 발음은 박마다 잘라서 발음한 것이다.

3.4.2. 박(음운론적 음절)의 구조

일본어의 박의 구조는 다음의 다섯 가지로 같이 정리할 수 있다(자음은 C, 모음은 V, 경과음은 G로 나타낸다).

- V형
- SV형

---

29) 服部四朗(1951: 175-184), 『音声学』, 岩波書店.
30) 金田一春彦(1967: 61), 『日本語音韻の研究』, 東京堂出版.

- CV형
- CSV형
- 특수음소로 된 것

1) V형

모음 하나로 이루어진 음절로 현대 일본어에는 다음의 다섯 개가 있다.

あ /a/, い /i/, う /u/, え /e/, お /o/

2) GV형

경과음음소와 모음음소 하나가 결합된 음절이다. 다음의 네 개를 들 수 있다.

や /j+a/, ゆ /j+u/, よ /j+o/, わ /w+a/

이론상으로는 わ행의 を도 여기에 포함되어야 한다. 역사적으로 を는 [w+o]였으나 현대 일본어에서는 자음이 탈락하여 [o]음만을 갖게 되었고 목적격조사를 나타내는 데에만 쓰인다.

3) CV형

자음음소 하나와 모음음소 하나가 결합된 음절이다. か, さ, た, な, は, ま, ら, が, ざ, だ, ば, ぱ 각 행의 음을 말한다. 일본어의 음절 중 단음절은 대부분 여기에 속한다. 또 현대 일본어에 사용되는 총 47자의 가나 중, あ단의 あ, い, う, え, お의 네 글자와 후대에 추가된 발음(撥音) ん, 촉음(促音) っ, 그리고 や, ゆ, よ, わ, (を)를 제외한 나머지 35자는 모두 이 음절 구조에 속한다. 이들 음절의 음소 연결 구조를 표로 나타내면 다음과 같다.

제3장_ 음절

≪CV형 음절의 음소 연결: 청음≫

	가나 /음소 연결/	가나 /음소 연결/	가나 /음소 연결/	가나 /음소 연결/	가나 /음소 연결/
か행	か /k + a/	き /k + i/	く /k + u/	け /k + e/	こ /k + o/
さ행	さ /s + a/	し /s + i/	す /s + u/	せ /s + e/	そ /s + o/
た행	た /t + a/	ち /c + i/	つ /c + u/	て /t + e/	と /t + o/
な행	な /n + a/	に /n + i/	ぬ /n + u/	ね /n + e/	の /n + o/
は행	は /h + a/	ひ /h + i/	ふ /h + u/	へ /h + e/	ほ /h + o/
ま행	ま /m + a/	み /m + i/	む /m + u/	め /m + e/	も /m + o/
ら행	ら /r + a/	り /r + i/	る /r + u/	れ /r + e/	ろ /r + o/

위의 표는 청음만을 나타낸 것으로 이밖에도 자음부가 탁음과 반탁음인 음절이 있다. 이를 표로 나타내면 다음과 같다.

≪CV형 음절의 음소 연결: 탁음≫

	가나 /음소 연결/	가나 /음소 연결/	가나 /음소 연결/	가나 /음소 연결/	가나 /음소 연결/
が행	が /g + a/	ぎ /g + i/	ぐ /g + u/	げ /g + e/	ご /g + o/
ざ행	ざ /z + a/	じ /z + i/	ず /z + u/	ぜ /z + e/	ぞ /z + o/
だ행	だ /d + a/	ぢ /d + i/	づ /d + u/	で /d + e/	と /d + o/
ば행	ば /b + a/	び /b + i/	ぶ /b + u/	べ /b + e/	ぼ /b + o/
ぱ행	ぱ /p + a/	ぴ /p + i/	ぷ /p + u/	ぺ /p + e/	ぽ /p + o/

4) CGV형

자음음소 하나와 경과음음소 하나, 모음음소 하나가 결합된 음절이다. きゃ, しゃ, ちゃ, にゃ, ひゃ, みゃ, りゃ, ぎゃ, じゃ, びゃ, ぴゃ 등이 여기에 속한다. 이 때 모음은 /a/, /u/, /o/에만 결합되고 /i/, /e/와는 결합되지 않는다. 이 음절들은 표기상으로 보면 き, し, ち, に, ひ, み, り의 い단 음에 や, ゆ, よ를 작게 써서 나타낸다. 여기에 속하는 음절의 음소 연결을 표로 나타내면 다음과 같다.

≪CGV형 음절의 음소 연결≫

	가나 /음소 연결/	가나 /음소 연결/	가나 /음소 연결/
き	きゃ /k + j + a/	きゅ /k + j + u/	きょ /k + j + o/
し	しゃ /s + j + a/	しゅ /s + j + u/	しょ /s + j + o/
ち	ちゃ /c + j + a/	ちゅ /c + j + u/	ちょ /c + j + o/
に	にゃ /n + j + a/	にゅ /n + j + u/	にょ /n + j + o/
ひ	ひゃ /h + j + a/	ひゅ /h + j + u/	ひょ /h + j + o/
み	みゃ /m + j + a/	みゅ /m + j + u/	みょ /m + j + o/
り	りゃ /r + j + a/	りゅ /r + j + u/	りょ /r + j + o/
ぎ	ぎゃ /g + j + a/	ぎゅ /g + j + u/	ぎょ /g + j + o/
じ	じゃ /z + j + a/	じゅ /z + j + u/	ぎょ /z + j + o/
ぢ	ぢゃ /d + j + a/	ぢゅ /d + j + u/	ぢょ /d + j + o/
び	びゃ /b + j + a/	びゅ /b + j + u/	びょ /b + j + o/
ぴ	ぴゃ /p + j + a/	ぴゅ /p + j + u/	ぴょ /p + j + o/

5) 특수음소로 된 것

특수음소인 발음(撥音, ン, N)과 촉음(促音, ッ, Q)과 장음(長音, ー, R)이 각각 하나의 음절을 이룬 것을 말한다. 이 특수음소로 이루어진 음절은 음절로서의 독립성이 부족하여 음절과 관련한 논의에서 문제가 된다. 일본인은 옛날부터 仮名 한 자에 해당하는 시간적 단위를 음성의 최소단위로서 의식해왔다. 앞서 말한 바와 같이 전통적인 운문 시가를 지을 때 「5·7·5」 혹은 「5·7·5·7·7」이라고 세는 운문의 리듬을 구성하는 단위가 바로 가나 한 글자이다. 이 때 발음(撥音), 촉음(促音), 장음(長音)도 운문에서 한 개로 센다. 이것은 오랜 옛날부터 이들 특수음소가 하나의 음절 단위로서 인정되어 왔음을 의미하는 것이다.

이상에서 살펴본 음절 중 1), 2), 3)과 같이 仮名 한 글자로 나타낼 수 있는 음절을 「직음(直音)」이라고 하고, 4)와 같이 다른 행의 イ단의 가나에 「ヤ・ユ・ヨ」를 보통 글자 크기의 이분의 일 크기로 붙여 써서 仮名 두 자로 나타내는 음절을 「요음(拗音)」이라고 한다. 또 일본어 음절에는 탁점이나 반탁점이 붙어 있지 않은 仮名으로 나타내는 「청음(淸音)」과, 탁점이나 반탁점을 붙인 仮名으로 나타내는 「탁음(濁音)」의 대립이 있다.

3.4.3. 박(음운론적 음절) 구조의 특징[31]

일본어의 음운론적 음절, 즉 박구조의 특징은 먼저 그 수가 적다는 것을 들 수 있다. 현대 일본어에서는 다음과 같이 외래어 등에 사용되는 특수한 음절, 예를 들면 ティ[ti], ディ[di], トゥ[tu], ドゥ[du], ファ[ɸa], フィ[ɸi], フォ[ɸo], クヮ[kwa], シェ[ʃe], ジェ[dʒe] 등을 별개로 하면 일단 111개의 음절이 인정된다. 이 음절수는 세계의 다른 언어와 비교해 볼 때 대단히 적은 숫자이다. 중국어(북경어)도 음절수가 적은 편이라고 하는데 그래도 400개 이상의 음절이 있으며, 영어는 30,000개를 넘는다.

두 번째로 그 구성이 극히 단순하다는 점을 들 수 있다. 박 수가 적은 것은 우선 그것을 구성하는 자음이나 모음의 수가 적다는 것에 기인한다. 전술한 바와 같이 일본어의 자음음소는 /p, b, t, d, k, g, c, m, n, r, s, z, h/의 14개이고, 모음음소는 /i, e, a, o, u/의 5개이며, 경과음(반모음)/음소는 /j, w/의 2개로 다른 언어에 비해 음소수가 적다고 할 수 있다. 또 박의 구조가 극히 단순하여 단음의 결합양식이 한정되어 있으므로 수가 적은 것이다. 특히 고대 일본어에는 직음 음절만이 있

---

31) 中條修(1990: 32-34), 『日本語の音韻とアクセント』, 勁草書房.

었고, 요음이나 특수음소인 촉음, 발음, 장음도 한자음의 영향으로 9, 10세기 이후에 생겨난 것이다.

　셋째로 개음절(開音節, open syllable)구조라는 특징이 있다. 일본어는 오래전부터 개음절 언어이며 특히 한자음의 영향을 받기 이전의 고대 일본어는 직음의 개음절만으로 단순하고 정돈된 구성을 하고 있었다. 요음이나 발음, 촉음 등이 생겨난 이후에도 이 「개음절성」은 굳게 지켜졌다.

　폐음절 외국어를 외래어로서 받아들이는 경우 일본어의 개음절성이 강하게 나타나는데 예를 들어 영어의 cup(CVC), text(CVCCC)를 일본어로 나타내면, カップ[kappɯ](CV,Q,CV), テキスト[tekisɯto](CV,CV,CV,CV)가 되어 CV인 개음절의 연속체를 이루는 것이 보통이다.

　넷째로 하나의 박 안에 두 개 이상의 자음이 연속해서 오는 일이 없다는 점이다. 영어의 tree, street, schedule 등은 음절 처음에 [tr-], [str-], [sk-]와 같은 자음의 연속이 오지만 이러한 이중자음은 일본어에는 보이지 않는다. 단 촉음은 [ippoN](一本), [katta](勝った)에서 보는 것처럼 [-pp-], [-tt-]와 같이 동일한 자음연속으로 나타나기 때문에 이중자음처럼 보인다. 그러나 이 자음연속 중 앞에 오는 자음은 촉음을 나타내고, 뒤의 자음은 후속음절의 첫 자음을 나타내고 있어서 각각이 별개의 음절에 속한다.

　다섯째로 하나의 박 안에 두 개의 모음이 연속해서 오는 일이 없다는 점을 들 수 있다. 이것은 영어나 스페인어 등의 외국어에서 보이는 [ai], [oi], [ui] 등의 이중 모음을 지니는 음절이 일본어에는 인정되지 않는다고 하는 것이다. 즉 일본어에서는 이들 모음연속을 구성하는 제1모음과 제2모음 사이에 음향상의 경계가 인정되며, 제1모음은 앞 음절에, 제2모음은 뒤 음절에 속하여 각각 별도의 음절을 구성하고 있다.

≪현대 일본어(동경어) 박(음운론적 음절) 일람표와 오십음도≫

直音拍					拗音拍		
あ a	い i	う u	え e	お, を o	や ja	ゆ ju	よ jo
か ka	き ki	く ku	け ke	こ ko	きゃ kja	きゅ kju	きょ kjo
が ga	ぎ gi	ぐ gu	げ ge	ご go	ぎゃ gja	ぎゅ gju	ぎょ gjo
さ sa	し si	す su	せ se	そ so	しゃ sja	しゅ sju	しょ sjo
ざ za	じ, ぢ zi	ず, づ zu	ぜ ze	ぞ zo	じゃ, ぢゃ zja	じゅ, ぢゅ zju	じょ, ぢゅ zjo
た ta	ち ci	つ cu	て te	と to	ちゃ cja	ちゅ cju	ちょ cjo
だ da			で de	ど do			
な na	に ni	ぬ nu	ね ne	の no	にゃ nja	にゅ nju	にょ njo
は ha	ひ hi	ふ hu	へ he	ほ ho	ひゃ hja	ひゅ hju	ひょ hjo
ぱ pa	ぴ pi	ぷ pu	ぺ pe	ぽ po	ぴゃ pja	ぴゅ pju	ぴょ pjo
ば ba	び bi	ぶ bu	べ be	ぼ bo	びゃ bja	びゅ bju	びょ bjo
ま ma	み mi	む mu	め me	も mo	みゃ mja	みゅ mju	みょ mjo
ら ra	り ri	る ru	れ re	ろ ro	りゃ rja	りゅ rju	りょ rjo
わ wa							
특수박 ん N	っ Q	- R					

3.4.4. 음성학적 음절의 구조

일본어의 음성학적 음절의 구조는 간략히 나타내면 다음과 같다. 1박으로 구성된 것, 2박으로 구성된 것, 3박으로 구성된 것의 세 종류가 있다.

- ·1박 ① (G)V
         ② C(G)V
- ·2박 ① (G)VV
         ② (C)(G)VV
         ③ (C)(G)VN
         ④ (C)(G)VQ
- ·3박 ① (C)(G)VVN
         ② (C)(G)VVQ

1박의 음성학적 음절은 박(음운론적 음절)과 대부분 일치한다. 그러나 특수음소가 단독으로 음성학적 음절을 구성하지 못한다는 점에 차이가 있다. 이하에서는 2박과 3박에 대해서 언급하기로 하겠다.

1) 2박
2박으로 구성된 음성학적 음절은 다음의 12개가 있다. 모두 특수음소가 결합된 것들이다. 각각의 특수음소에 따라 4개씩의 음성학적 음절이 있다.

① VV(→VR) - 모음 두 개가 연속하여 하나의 장음절을 이룬다. あ, い, う, え, お 다섯 개의 모음 모두에 나타나는데, 이 때 후속 모음부는 [a:], [i:], [u:], [e:], [o:]와 같이 선행모음을 한 박자 분 길게 발음한다는 공통된 성질을 지닌다. 따라서 후속 모음부는 독립된 모음으로 파악하

는 것이 아니라 /R/이라고 하는 장모음 음소를 설정하여 파악한다.

≪VV(→VR)의 음소 연결≫

	가나 표기	/음소 연결/	실제 발음	/음소 표기/
あ단장음	ああ	/a + a/	[a:]	/aR/
い단장음	いい	/i + i/	[i:]	/iR/
う단장음	うう	/u + u/	[u:]	/uR/
え단장음	えい	/e + i/	[e:]	/eR/
	ええ	/e + e/		
お단장음	おう	/o + u/	[o:]	/oR/
	おお	/o + o/		

각단의 실제 용례를 들고 위의 표와 같이 나타내면 다음과 같다.

≪VV(→VR)의 실제 용례≫

	가나 표기	/음소 연결/	실제 발음	/음소 표기/
あ단장음	ああ(저렇게)	/a + a/	[a:]	/aR/
い단장음	いいこ(좋은 아이)	/i + i + k + o/	[i:ko]	/iRko/
う단장음	ウール(울)	/u + u + r + u/	[u:ru]	/uRru/
え단장음	えいが(映画:영화)	/e + i + g + a/	[e:ga]	/eRga/
	ええ(예, 네)	/e + e/	[e:]	/eR/
お단장음	おうよう(応用:응용)	/o + u + j + o + u/	[o:jo:]	/oRjoR/
	おおきい(大きい:크다)	/o + o + k + i + i/	[o:ki:]	/oRkiR/

② GVV(→GVR) - 경과음음소 하나와 모음음소 두 개가 결합하여 생기는 음절이다. 이 때의 후속 모음부도 장모음음소 /R/로 파악한다. や장음의 경우는 やあ(성원하거나 박자를 맞추기 위해 쓰는 말)나 よ

あい(부추기거나 홍을 돋울 때 쓰는 말)의 경우 이외에는 잘 나타나지 않는다. 반면 ゆ장음과 よ장음은 ゆうき(勇気:용기), ゆうぼう(有望:유망), ようきゅう(要求:요구), ようふく(洋服:양복)과 같이 한자어에 자주 쓰인다. お단장음의 경우에 유추해서 생각하면 よ단장음의 경우도 よお의 형태가 나타날 수 있을 것으로 기대되지만 실제로는 나타나지 않는다.

≪GVV(→GVR)의 음소 연결≫

	가나 표기	/음소 연결/	실제 발음	/음소 표기/
や장음	やあ	/j+a+a/	[ja:]	/jaR/
ゆ장음	ゆう	/j+u+u/	[ju:]	/juR/
よ장음	よう	/j+o+u/	[jo:]	/joR/

≪GVV(→GVR)의 실제 용례≫

	가나 표기	/음소 연결/	실제 발음	/음소 표기/
や장음	やあ	/j+a+a/	[ja:]	/jaR/
ゆ장음	ゆうき	/j+u+u+k+i/	[ju:ki]	/juRki/
よ장음	ようふく	/j+o+u+h+u+k+u/	[jo:huku]	/joRhuku/

③ CVV(→CVR) - 자음음소 하나와 모음음소 두 개가 결합하여 생기는 음절이다. 이 때의 후속 모음부도 장모음 음소 /R/로 파악한다. 다음에 か행만을 표로 나타내기로 한다.

제3장_ 음절

≪CVV(→CVR)의 음소 연결≫

	가나 표기	/음소 연결/	실제 발음	/음소 표기/
か장음	かあ	/k + a + a/	[ka:]	/kaR/
き장음	きい	/k + i + i/	[ki:]	/kiR/
く장음	くう	/k + u + u/	[ku:]	/kuR/
け장음	けい	/k + e + i/	[ke:]	/keR/
	けえ	/k + e + e/		
こ장음	こう	/k + o + u/	[ko:]	/koR/
	こお	/k + o + o/		

≪CVV(→CVR)의 실제 용례≫

	가나 표기	/음소 연결/	실제 발음	/음소 표기/
か장음	おかあさん(어머니)	/o+k+a+a+s+a+N/	[oka:saN]	/okaRsaN/
き장음	きいろ(黃色:노란색)	/k+i+i+r+o/	[ki:ro]	/kiRro/
く장음	くうき(空気:공기)	/k+u+u+k+i/	[ku:ki]	/kuRki/
け장음	けいたい(形態:형태)	/k+e+i+t+a+i/	[ke:tai]	/keRtai/
こ장음	こうけい(光景:광경)	/k+o+u+k+e+i/	[ko:ke:]	/koRkeR/
	こおり(氷:얼음)	/k+o+o+r+i/	[ko:ri]	/koRri/

④ CGVV(→CGVR) - 자음음소 하나와 경과음음소 하나, 그리고 모음음소가 두 개가 결합하였다. 후속 모음부는 장모음음소 /R/이다. 총 4개의 음소가 결합하여 이루어진 음절이다. きゃ, きゅ, きょ의 경우만을 표로 나타내보면 다음과 같다. きゃあ는 어린이나 여성이 놀라서 내는 소리인 きゃあきゃあと(꽥꽥)라는 단어에 나타난다. きゅう나 きょう는 한자어에서 많이 볼 수 있는데 예를 들면 きゅうこう(急行:급행), きゅうでん(休電:휴전), きょうみ(興味:흥미), きょうよう(教養:교양)와 같은 예가 있다.

≪CGVV(→CGVR)의 음소 연결≫

가나 표기		/음소 연결/	실제 발음	/음소 표기/
きゃ	きゃあ	/k+j+a+a/	[kja:]	/kjaR/
きゅ	きゅう	/k+j+u+u/	[kju:]	/kjuR/
きょ	きょう	/k+j+o+u/	[kjo:]	/kjoR/
	きょお	/k+j+o+o/		

⑤ VN - 모음음소 하나와 발음ん이 결합된 음절이다. あんない(案内: 안내)의 アン, いんかん(印鑑:인감)의 イン, うんめい(運命:운명)의 ウン, えんどう(遠藤:성씨의 하나)의 エン, おんせつ(音節:음절)의 オン이 여기에 해당한다. 이 때 발음 ん의 실제 발음은 전술한 바와 같이 후속음절에 따라 다르게 실현된다. 발음 ん은 음소 표기상으로는 /N/으로 나타낸다.

あん /a+N/, いん /i+N/, うん /u+N/, えん /e+N/, おん /o+N/

⑥ GVN - 경과음음소 하나와 모음음소 하나, 그리고 발음ん이 결합된 음절이다. 1박 음절의 ②GV에 발음이 결합된 음절이다. やんわり(부드럽게, 온화하게), ゆんで(弓手:왼손), よんで(読んで:읽고, 읽어서), わんりょく(腕力:팔힘) 등에 나타난다.

やん /j+a+N/, ゆん /j+u+N/, よん /j+o+N/, わん /w+a+N/

⑦ CVN - 자음음소 하나와 모음음소 하나, 그 위에 발음ん이 결합된 음절이다. か행의 경우 かんけい(関係:관계), きんがく(金額:금액), くんれん(訓練:훈련), けんこう(건강), こんき(根気:끈기) 등의 단어에서 나타난다. 1박의 CV 모든 음절에 실현된다. 또 さ행의 경우를 보면, さんすう

(算数:산수), しんけん(真剣:심각), すんぜん(寸前:직전), せんせい(先生:선생님), そんけい(尊敬:존경) 등의 예를 볼 수 있다. 이 음절은 1박의 ③CV의 모든 음절에 실현된다.

≪CVN의 음소 연결≫

	가나 /음소 연결/	가나 /음소 연결/	가나 /음소 연결/	가나 /음소 연결/	가나 /음소 연결/
か행	かん/k+a+N/	きん/k+i+N/	くん/k+u+N/	けん/k+e+N/	こん/k+o+N/
さ행	さん/s+a+N/	しん/s+i+N/	すん/s+u+N/	せん/s+e+N/	そん/s+o+N/
た행	たん/t+a+N/	ちん/c+i+N/	つん/c+u+N/	てん/t+e+N/	とん/t+o+N/
な행	なん/n+a+N/	にん/n+i+N/	ぬん/n+u+N/	ねん/n+e+N/	のん/n+o+N/
は행	はん/h+a+N/	ひん/h+i+N/	ふん/h+u+N/	へん/h+e+N/	ほん/h+o+N/
ま행	まん/m+a+N/	みん/m+i+N/	むん/m+u+N/	めん/m+e+N/	もん/m+o+N/
ら행	らん/r+a+N/	りん/r+i+N/	るん/r+u+N/	れん/r+e+N/	ろん/r+o+N/
が행	がん/g+a+N/	ぎん/g+i+N/	ぐん/g+u+N/	げん/g+e+N/	ごん/g+o+N/
ざ행	ざん/z+a+N/	じん/z+i+N/	ずん/z+u+N/	ぜん/z+e+N/	ぞん/z+o+N/
だ행	だん/d+a+N/	ぢん/d+i+N/	づん/d+u+N/	でん/d+e+N/	どん/d+o+N/
ば행	ばん/b+a+N/	びん/b+i+N/	ぶん/b+u+N/	べん/b+e+N/	ぼん/b+o+N/
ぱ행	ぱん/p+a+N/	ぴん/p+i+N/	ぷん/p+u+N/	ぺん/p+e+N/	ぽん/p+o+N/

⑧ CGVN - 자음음소 하나와 경과음(반모음)음소 하나, 그리고 모음음소가 결합되어 성립한 CGV에 발음ん이 결합된 것이다. か행의 경우, きゃんは キャンデー(캔디), キャンセル(캔슬), キャンパス(캠퍼스)와 같이 외래어에 자주 나타난다. きゅん과 きょん의 경우는 사전에 등록된 단어는 드물고, 아직 일본어 안에 정착되지 않은 신종의 외래어나 발음이 변형된 구어(口語), 혹은 의성어, 의태어에서는 사용된다. さ행의 경우, しゃんは シャンハイ(上海)에, しゅんは しゅんかん(瞬間:순간)에, しょんは しょんぼりと(힘없이, 풀이 죽어) 등에 나타난다. 이론적으로는 1박의

CGV의 모든 음절에 결합시킬 수 있지만 이들 중에는 실제 언어생활에서는 좀처럼 들어보기 어려운 것도 있다.

≪CGVN의 음소 연결≫

가나	/음소 연결/	가나	/음소 연결/	가나	/음소 연결/
き	きゃん /k+j+a+N/	きゅん /k+j+u+N/	きょん /k+j+o+N/
し	しゃん /s+j+a+N/	しゅん /s+j+u+N/	しょん /s+j+o+N/
ち	ちゃん /c+j+a+N/	ちゅん /c+j+u+N/	ちょん /c+j+o+N/
に	にゃん /n+j+a+N/	にゅん /n+j+u+N/	にょん /n+j+o+N/
ひ	ひゃん /h+j+a+N/	ひゅん /h+j+u+N/	ひょん /h+j+o+N/
み	みゃん /m+j+a+N/	みゅん /m+j+u+N/	みょん /m+j+o+N/
り	りゃん /r+j+a+N/	りゅん /r+j+u+N/	りょん /r+j+o+N/
ぎ	ぎゃん /g+j+a+N/	ぎゅん /g+j+u+N/	ぎょん /g+j+o+N/
じ	じゃん /z+j+a+N/	じゅん /z+j+u+N/	じょん /z+j+o+N/
ぢ	ぢゃん /d+j+a+N/	ぢゅん /d+j+u+N/	ぢょん /d+j+o+N/
び	びゃん /b+j+a+N/	びゅん /b+j+u+N/	びょん /b+j+o+N/
ぴ	ぴゃん /p+j+a+N/	ぴゅん /p+j+u+N/	ぴょん /p+j+o+N/

⑨ VQ - 모음음소 하나와 촉음っ이 결합된 음절이다. あっさり(깨끗이, 간단히), いっさい(一切:일체), うっとうしい(음침하다, 우울하다), エッセイ(에세이, 수필), おっと(夫:남편) 등의 단어 나타난다. 앞서 말한 바와 같이 촉음っ은 음소 표기상 /Q/로 나타낸다.

あっ /a+Q/, いっ /i+Q/, うっ /u+Q/, えっ /e+Q/, おっ /o+Q/

⑩ GVQ - 경과음(반모음)음소 하나와 모음음소 하나가 결합된 1박 음절에, 다시 촉음っ이 결합된 2박 음절이다. やっぱり(역시), ゆっくり(천천히), よっきゅう(欲求:욕구), わっと(와하고, 우르르) 등의 단어에 나타난다.

やっ /j+a+Q/, ゆっ /j+u+Q/, よっ /j+o+Q/, わっ /w+a+Q/

제3장_ 음절

⑪ CVQ - 자음음소 하나와 모음음소 하나, 그 위에 촉음っ이 결합된 음절이다.

≪CVQ의 음소 연결≫

	가나 /음소 연결/	가나 /음소 연결/	가나 /음소 연결/	가나 /음소 연결/	가나 /음소 연결/
か행	かっ/k+a+Q/	きっ/k+i+Q/	くっ/k+u+Q/	けっ/k+e+Q/	こっ/k+o+Q/
さ행	さっ/s+a+Q/	しっ/s+i+Q/	すっ/s+u+Q/	せっ/s+e+Q/	そっ/s+o+Q/
た행	たっ/t+a+Q/	ちっ/c+i+Q/	つっ/c+u+Q/	てっ/t+e+Q/	とっ/t+o+Q/
な행	なっ/n+a+Q/	にっ/n+i+Q/	ぬっ/n+u+Q/	ねっ/n+e+Q/	のっ/n+o+Q/
は행	はっ/h+a+Q/	ひっ/h+i+Q/	ふっ/h+u+Q/	へっ/h+e+Q/	ほっ/h+o+Q/
ま행	まっ/m+a+Q/	みっ/m+i+Q/	むっ/m+u+Q/	めっ/m+e+Q/	もっ/m+o+Q/
ら행	らっ/r+a+Q/	りっ/r+i+Q/	るっ/r+u+Q/	れっ/r+e+Q/	ろっ/r+o+Q/
が행	がっ/g+a+Q/	ぎっ/g+i+Q/	ぐっ/g+u+Q/	げっ/g+e+Q/	ごっ/g+o+Q/
ざ행	ざっ/z+a+Q/	じっ/z+i+Q/	ずっ/z+u+Q/	ぜっ/z+e+Q/	ぞっ/z+o+Q/
だ행	だっ/d+a+Q/	ぢっ/d+i+Q/	づっ/d+u+Q/	でっ/d+e+Q/	どっ/d+o+Q/
ば행	ばっ/b+a+Q/	びっ/b+i+Q/	ぶっ/b+u+Q/	べっ/b+e+Q/	ぼっ/b+o+Q/
ぱ행	ぱっ/p+a+Q/	ぴっ/p+i+Q/	ぷっ/p+u+Q/	ぺっ/p+e+Q/	ぽっ/p+o+Q/

≪CVQ의 실제 용례≫

	가나(의미)	/음소 표기/	가나(의미)	/음소 표기/
か행	かっき(活気:활기)	/kaQki/	クッション(쿠션)	/kuQsjoN/
さ행	さっそく(早速:즉시)	/saQsoku/	しっかり(제대로)	/siQkari/
た행	ちっとも(조금도)	/tiQtomo/	とっきょ(特許:특허)	/toQkjo/
な행	なっとく(納得:납득)	/naQtoku/	にっこり(방긋)	/niQkori/
は행	ヒット(히트)	/hiQto/	ほっと(안심하는 모양)	/hoQto/
ま행	まっか(真っ赤:새빨강)	/maQka/	みっか(三日:삼일)	/miQka/
ら행	りっぱ(立派:훌륭함)	/riQpa/	れっしゃ(列車:열차)	/reQsja/
が행	がっぺい(合併:합병)	/gaQpei/	ぎっしり(꽉)	/giQsiri/
ざ행	じっと(가만히)	/ziQto/	ぞっと(살짝)	/zoQto/
だ행	だっせん(脱線:탈선)	/daQseN/	デッサン(데생)	/deQsaN/
ば행	ばっきん(罰金:벌금)	/baQkiN/	ぶっそう(위험함)	/buQsoR/
ぱ행	ぱっと(갑자기, 확)	/paQto/	ポット(포트)	/poQto/

⑫ CGVQ - 자음음소 하나와 경과음음소 하나, 그리고 모음음소가 결합된 1박 음절에, 다시 촉음ㅇ이 결합된 음절이다.

≪CGVQ의 음소 연결≫

	가나 /음소 연결/	가나 /음소 연결/	가나 /음소 연결/
き	きゃっ /k+j+a+Q/	きゅっ /k+j+u+Q/	きょっ /k+j+o+Q/
し	しゃっ /s+j+a+Q/	しゅっ /s+j+u+Q/	しょっ /s+j+o+Q/
ち	ちゃっ /c+j+a+Q/	ちゅっ /c+j+u+Q/	ちょっ /c+j+o+Q/
に	にゃっ /n+j+a+Q/	にゅっ /n+j+u+Q/	にょっ /n+j+o+Q/
ひ	ひゃっ /h+j+a+Q/	ひゅっ /h+j+u+Q/	ひょっ /h+j+o+Q/
み	みゃっ /m+j+a+Q/	みゅっ /m+j+u+Q/	みょっ /m+j+o+Q/
り	りゃっ /r+j+a+Q/	りゅっ /r+j+u+Q/	りょっ /r+j+o+Q/
ぎ	ぎゃっ /g+j+a+Q/	ぎゅっ /g+j+u+Q/	ぎょっ /g+j+o+Q/
じ	じゃっ /z+j+a+Q/	じゅっ /z+j+u+Q/	じょっ /z+j+o+Q/
ぢ	ぢゃっ /d+j+a+Q/	ぢゅっ /d+j+u+Q/	ぢょっ /d+j+o+Q/
び	びゃっ /b+j+a+Q/	びゅっ /b+j+u+Q/	びょっ /b+j+o+Q/
ぴ	ぴゃっ /p+j+a+Q/	ぴゅっ /p+j+u+Q/	ぴょっ /p+j+o+Q/

이하 き와 ぎ, し와 じ의 경우만을 예로 들어 음소 연결을 나타내면 다음과 같다.

≪CGVQ의 실제 용례≫

	가나(의미)	/음소 표기/		가나(의미)	/음소 표기/
きゃっ	きゃっかん(客観:객관)	/kjaQkaN/	しゃっ	しゃっきん(借金:빌린 돈)	/sjaQkiN/
ぎゃっ	ぎゃっきょう(逆境:역경)	/gjaQkjoR/	じゃっ	じゃっこく(弱国:약소국)	/zjaQkoku/
きゅっ	きゅっと(꼭, 꽉)	/kjuQto/	しゅっ	しゅっぱつ(出発:출발)	/sjuQpacu/
ぎゅっ	ぎゅっと(꼭, 꽉)	/gjuQto/	じゅっ	じゅっさく(術策:술책)	/zjuQsaku/
きょっ	きょっかい(曲解:곡해)	/kjoQkai/	しょっ	しょっき(食器:식기)	/sjoQki/
ぎょっ	ぎょっこう(玉稿:옥고)	/gjoQkoR/	じょっ	ジョッキ(맥주잔)	/zjoQki/

위의 예에서 きゅっと와 ぎゅっと, 그리고 ジョッキ를 제외한 나머지 단어에 포함된 CGVQ 음절은 한자음임을 알 수 있다. 그런데 이들 한자음은 본래의 음이 아니고 뒤의 구성요소와 결합하기 위해 형태를 변화시키는 과정에서 촉음을 포함하게 된 것이다. 본래의 한자음과 변화된 이후의 모습을 정리하면 다음과 같다.

客 きゃく → きゃっ   逆 ぎゃく → ぎゃっ   曲 きょく → きょっ
玉 ぎょく → ぎょっ   借 しゃく → しゃっ   弱 じゃく → じゃっ
出 しゅつ → しゅっ   術 じゅつ → じゅっ   食 しょく → しょっ

2) 3박
3박 음절은 크게 두 가지로 나눌 수 있다.
하나는 장모음 음절에 발음ん이 결합된 것으로 (C)(G)VVN과 같이 나타낼 수 있다. 이것은 출현빈도가 높지 않으며 다음과 같은 외래어나, 혹은 의성어, 의태어 등에 나타난다.

≪(C)(G)VVN의 실제 용례와 음소 연결≫

음절 구조	가나(의미)	/음소 연결/	/음소 표기/
VVN(→VRN)	アーンドラン(earned run:자책점)	/a+a+N+d+o+r+a+N/	/aRNdoraN/
VVN(→VRN)	ううん(으음, 아니)	/u+u+N/	/uRN/
CVVN(→CVRN)	コーン(corn:옥수수)	/k+o+o+N/	/koRN/
CVVN(→CVRN)	シーン(scene:장면)	/s+i+i+N/	/siRN/
CVVN(→CVRN)	ジーンズ(청바지)	/z+i+i+N+z+u/	/ziRNzu/

또 하나는 장모음 음절에 촉음っ가 결합된 음절이다. (C)(S)VVQ로 나타낼 수 있는데, 이것 역시 출현빈도가 높지 않다. 다음 예 중 처음 두 예는 동사가 활용하는 과정에서 얻어진 것이고 가운데 두 예는 의

태어이다. 마지막 두 예는 음상징을 나타내는 말로써 입말에서 정도를 강조하는 과정에서 들을 수 있는 것이다. 이 밖에 이 음절은 방언에서 나타나는 일이 있다.

≪(C)(G)VVQ≫

음절 구조	가나(의미)	/음소 연결/	/음소 표기/
CVVQ(→CVRQ)	とおった(通った:지나갔다)	/t+o+o+Q+t+a/	/toRQta/
CVVQ(→CVRQ)	おおって(覆って:덮어서)	/o+o+o+Q+t+e/	/oRQte/
CVVQ(→CVRQ)	ぼうっと(멍한 모양)	/b+o+u+Q+t+o/	/boRQto/
CVVQ(→CVRQ)	ぽうっと(얼굴이 붉어지는 모양)	/p+o+u+Q+t+o/	/poRQto/
CVVQ(→CVRQ)	でーっかい(でかい:아주 크다)	/d+e+e+Q+k+a+i/	/deRQkai/
VVQ(→VRQ)	あーっつい(あつい:덥다, 뜨겁다)	/a+a+Q+c+u+i/	/aRQcui/

3.4.5. 「いろは歌」와 「五十音図」

「いろは歌」는 당시 일본에서 사용되던 가나를 반복하지 않고 한번씩만 사용하여 만든 7·5조 4구의 47문자로 이루어진 노래이다. 10세기말 이후에 성립한 것으로 보인다. 가사의 전문을 히라가나로 왼쪽에 싣고, 그 의미에 따라 한자를 붙이고 탁점(濁点)을 찍어서 오른편에 적어 나타내면 다음과 같다.

   いろはにほへと ちりぬるを   色は匂へど   散りぬるを
   わがよたれそ   つねならむ   我が世誰ぞ   常ならむ
   うゐのおくやま けふこえて   有爲の奥山   今日越えて
   あさきゆめみし ゑひもせす   浅き夢見じ   酔ひもせず

이 「いろは歌」가 등장하는 최고(最古)의 문헌은 『金光明最勝王経音

義(こんこうみょうさいしょうおうきょうおんぎ)』(1079년)로 만요가나(万葉仮名)로 적혀있다. 그리고 가나에는 성점이 찍혀 있고 악센트의 고저도 나타내고 있다. 「いろは歌」는 성립 당시에 존재한 가나가 모두 한 번씩 사용되고 있다는 점에서 당시의 일본어 음운 일람표의 성격을 지닌다. 또한 가사로서도 뛰어나며 이후 사전류에서는 배열기준으로서 いろは순을 사용하게 되었다.

「五十音図」는 일본어의 박(음절)의 체계표로 세로 5자, 가로 10자씩 배열하고 합계 50글자의 가나를 포함하는 다음과 같은 도표이다. 박의 구조에 따라서 자음에 공통하는 박을 세로로 나타내고, 모음에 공통하는 박을 가로로 배열하고, 세로를 행(行), 가로를 단(段)(열(列)이라고도 함)이라고 부른다.32)

```
ワ ラ ヤ マ ハ ナ タ サ カ ア
ヰ リ イ ミ ヒ ニ チ シ キ イ
ウ ル ユ ム フ ヌ ツ ス ク ウ
ヱ レ エ メ ヘ ネ テ セ ケ エ
ヲ ロ ヨ モ ホ ノ ト ソ コ オ
```

「いろは歌」가 모두 가나를 망라해서 7·5조의 훌륭한 노래형식으로 배열된 것인데 반해서 「五十音図」는 일찍이 「五音」, 「五音図」라고 불렸던 것에서도 알 수 있듯이 음운론적인 인식 위에서 가나를 조직적으로 배열한 박의 체계표 형태를 취하고 있고 가나의 종류도 모두 표현하고 있다. 「五十音図」는 행에 자음을 취하고 단에 모음을 취하였는데 이러한 자음·모음의 배열에 나타나는 구성원리는 극히 조직적이며 기억하는데 편리하고 일본어의 음운에 대한 인식이나 이해를 높이는데

---

32) 일본어 교육용 교재에서는 편의상 왼쪽에서 오른쪽으로 써나가는 형식을 취하고 있다. 그러나 세로쓰기의 경우 왼쪽에서 오른쪽으로 써나가는 것이 원칙이다. 여기서는 원래대로 왼쪽에서 오른쪽으로 적는다.

도움이 된다. 또한 음운변화나 동사의 활용, 어형의 교체 등 여러 가지 언어현상을 설명하는데 유효한 원리로서 널리 이용되어 왔다.

「五十音図」의 성립시기, 작자, 그리고 제작원리에 관해서는 명확하게 밝혀지지 않았다. 「いろは歌」와 거의 같은 시기에 성립된 것으로 추정된다. 현존 최고(最古)의 음도(音図)는 醍醐寺藏『孔雀経音義(くじゃくきょうおんぎ)』(1004-1028년경)으로 보이며, ア행과 ナ행이 빠져있고 각 행은 キコカケク의 순서로 되어 있다. 이렇게 초기의 음도는 현재의 것과 행이나 단의 순서가 일치하지 않고, オ와 ク의 위치가 바뀌기도 하였으나 에도(江戶)시대(1603~1868)에는 지금의 것과 같게 되었다. 「五十音図」의 명칭은 契沖(けいちゅう)의 『和字正濫抄(わじしょうらんしょう)』(1695년)에서 비롯되었다.

「五十音図」의 가나 종류는 「いろは歌」와 같은 47자이며, 음도에서는 3종의 가나가 두 군데에 중복해서 나타난다. 그 중 ア행과 ヤ행의 「イ」와, ア행과 ワ행의 「ウ」는 본래 일본어에서는 음운으로서 구별이 없기 때문에 동일한 가나 イ, ウ가 해당 부분에 중복해서 등장하고, 또 ア행의 [e]와 ヤ행의 [je]의 음운론적 대립도 음도가 성립했을 무렵에는 이미 없어졌었기 때문에 「エ」가 두 군데에 겹쳐서 나타난다. 또한 소위 탁음, 반탁음, 요음 및 촉음, 발음이 들어있지 않은 점, 음운변화에 따라 생기는 실제 체계와의 차이 등에서 볼 때 「五十音図」를 음운 체계로 간주하는 데는 불충분한 점이 많고 오히려 자모표(문자표)로 보는 것이 타당하다.

「五十音図」는 메이지(明治)시대(1868~1912)가 되며 초등학교(소학교) 국어교육의 학습교재로서 받아들여지고, 또 「いろは順」에 대신하여 「五十音順」혹은 「アイウエオ順」으로 불리워 널리 활용되고 있다. 현재 五十音図는 현대 일본어에서는 쓰이지 않는 문자는 공란으로 비워두고 발음(撥音)을 추가하여 다음과 같이 나타내는 것이 일반적이다.

ン ワ ラ ヤ マ ハ ナ タ サ カ ア
　　 リ 　 ミ ヒ ニ チ シ キ イ
　　 ル ユ ム フ ヌ ツ ス ク ウ
　　 レ 　 メ ヘ ネ テ セ ケ エ
　 ヲ ロ ヨ モ ホ ノ ト ソ コ オ

3.5. 한국어·영어·일본어의 음절 대비

3.5.1. 음절 구성의 보편성

발화 단위인 음절은 인간의 보편적인 조음 기관을 반영하고 있어서 보편적인 요소를 많이 가지고 있다. 한국어와 영어 및 일본어가 가지고 있는 보편성은 음절 구조 및 음절 내부의 위치에 따른 음소 변화에서 흔히 논의되는 사실들을 확인시켜 준다. 한두 가지 사실을 정리하면 다음과 같다.

첫째, 음절은 초성+중성+종성으로 이루어지는데, 중성은 필수적인 요소이고 초성과 종성은 임의적인 요소이다.

둘째, 자음은 종성보다 초성을 선호한다.

셋째, 음절에서 필요한 성분은 비워 있는 것보다 채워져 있는 것을 선호한다.

넷째, 초성의 위치에서 자음은 자음성을 강화하거나 변별력을 강화하는 쪽으로 변화하고, 종성의 위치에서는 모음성에 가까운 쪽으로 변화하거나 중화하는 방향으로 변화하는 경향을 가진다.

이러한 사실에서 세 언어가 가지고 있는 음절 구조의 보편성을 찾아볼 수 있다. 임의적인 요소를 제외하고 필수적인 요소만 있는 기초적인 구조는 V이므로 V만 가지고 있는 음절 구조는 보편성을 가진다. 중성은 경과음과 모음의 결합으로도 구성되므로 GV를 가지고 있는 구조는 보편성을 가진다. 자음은 종성보다 초성을 선호하므로 CV나 CGV구조가 VC구조나 GVC구조보다 우선적이다. 그래서 한국어와 영어 및 일본어에서 V, CV, GV, CGV 구조를 가지고 있는 음절은 보편적으로 나타난다.

음절 유형	한국어의 예	영어의 예	일본어의 예
V	아, 오, 이	a, obey	あ, い, う, え, お
GV	야, 유, 요, 와	you, yaw	や, ゆ, よ, わ
CV	가, 노, 치, 로	bee, key	か, の, ち, ろ
CGV	갸, 뇨, 류	purify, view	きゃ, しゅ, りょ

이러한 음절 구조 다음으로 보편성을 가지고 있는 것은 음절말에 자음을 가지고 있는 구조가 될 것이다. 그 구조는 위의 구조에 종성 C가 결합한 구조가 될 것이다.

음절 유형	한국어의 예	영어의 예	일본어의 예
VC	악, 옥	oak, on	あん, あつ
GVC	약, 윤	use, young	やん, やつ
CVC	감, 김	king, sing	かん, かつ
CGVC	겸, 편	fuel, tune	きゃん, しゅつ

위의 8가지 음절 유형은 한국어와 영어 그리고 일본어에 공통적인 음절 유형이다.

3.5.2. 음절 구성의 제약성

분절음이 음절을 구성하는 데는 제약이 존재한다. 음절 구성의 제약 역시 보편성과 개별성을 가지고 있다. 여기서는 한국어와 영어 및 일본어에 나타나는 제약(분포제약과 연결제약) 중 분포제약에 대해서만 간단히 대비해 보기로 한다.

분포제약은 음절의 위치에 따라 나타날 수 있는 분절음의 종류에 가해지는 제약이다.

[초성 제약]
한국어 음절의 초성에는 자음만이 올 수 있고, 단 하나의 자음만이 올 수 있다. 한국어의 자음 19개 중에서 음절초를 구성할 수 있는 자음은 'ㅇ'을 제외한 18개가 된다. 음절의 위치가 어두일 경우에는 'ㄹ'도 올 수 없는 것이 원칙이지만 현대 한국어에서는 외래어의 영향과 두음법칙이 없는 북한과의 교류에 의해 그 제약이 상당히 약화되고 있다.
영어 음절의 초성에도 자음만이 올 수 있는데, 둘 혹은 셋의 자음도 가능하다. 세 개의 자음이 자음군을 형성할 경우에는 첫째 자음과 둘째 자음 그리고 셋째 자음의 위치에 올 수 있는 자음의 종류가 정해져 있다. 두 개의 자음이 올 경우에도 동일하다.
일본어 음절 초성의 제약은 한국어와 비슷하다. 일본어에서도 자음만이 음절초에 올 수 있고, 또 단 하나의 자음만이 초성에 올 수 있다.

[중성 제약]
중성은 단모음의 연결 혹은 경과음과 단모음의 연결로 구성된다. 한국어에서는 기본적으로 하나의 음절은 하나의 단모음을 가진다. 경과음이 단모음과 결합할 경우에 전설성 경과음은 'ㅣ, ㅡ' 등과 결합할 수 없고, 원순성 경과음은 원순모음과 결합하지 못한다. 영어의 경우에는 이러한 제약이 훨씬 약화된다. 단모음 두 개가 결합하여 중성을 이루기도 하고, 전설성 경과음이 /i/ 모음과 결합하기도 하고, 원순성 경과음이 /o/와 결합하기도 하는 것이다. 그리고 /i/, /u/ 등이 중성의 말

음으로 이중 모음이나 삼중 모음을 구성하기도 하는 것이다. 일본어의 중성은 전설성 경과음은 비교적 자유스럽게 단모음과 결합하여 중성을 이루지만, 원순성 경과음은 상당한 제약이 따른다.

[종성 제약]

한국어의 종성에는 자음만이 올 수 있고 하나의 자음만이 올 수 있다. 그리고 한국어 발음 관습상의 특징 때문에 7개의 자음만이 올 수 있는 것이 기본적이다. 영어에는 자음군이 올 수 있고 자음군이 올 경우에는 그 배열에 순서상의 제약이 존재한다. 일본어는 기본적으로 개음절 구조이지만 비음과 촉음이 올 수 있다.

제4장
초분절 음소

4.1. 개념

자음과 모음과 같은 분절음의 연결인 음절과 독립적이면서 의존적으로 실현되는 고저, 장단, 강약 등과 같은 운율적 자질을 운소(prosodic feature)라고 한다. 이들이 발화상에서 의미를 분화하는 변별적인 기능을 수행할 때, 초분절 음소(suprasegmental phoneme) 혹은 자립분절 음운(autosegmental phoneme)이라고 한다. 운소는 분절음 위에 얹혀서 실현된다는 의미로 초분절 음소 혹은 상가 음소라 하였다. 그런데 1970년 대 이후 언어가 여러 층위를 가진다는 사실과 운소가 분절음의 층위와는 다른 층위에서 독자적으로 실현된다는 인식의 반영으로 운소를 자립분절 음운이라 부른다.

4.1.1. 높낮이; 고저

말의 높낮이에 의해 뜻이 분화될 때 그 언어를 성조 언어라 한다. 청각적인 말의 높낮이는 음향 물리학적으로 음파의 주파수[33])에 의해 결정된다. 즉 주파수가 많으면 높은 소리가 되고 주파수가 적으면 낮은 소리가 된다. 그런데 음향 물리학적으로 높낮이가 다른 동일한 음소

---

33) 1초 동안에 진동하는 파형의 주기 수.

예를 들어 '높은 ㅏ'와 '낮은 ㅏ'의 주파수 성분(제1형성소, 제2형성소, 제3형성소 등등)이 어떻게 달라지는가 하는 문제는 정확히 밝혀져 있지 않다.

현대 중국어와 일본어 등은 성조 언어에 속하고, 한국의 일부 방언도 성조를 가지고 있다. 성조 언어의 성조를 성조소(toneme)라 한다. 성조소는 그 성격에 따라 평판조 체계(register system)와 승강조 체계(contour system)로 나눈다. 평판조 체계란 성조의 시작과 끝이 수평적인 것으로 '높거나 낮은' 성조를 지칭하는 것이고, 승강조 체계란 성조의 시작과 끝에 오르내림이 있는 것으로 '올라가거나 내려가는' 성조를 말한다.

현대 중국어는 네 개의 성조에 의해 뜻이 분화된다. 대표적인 한 예를 옮기면 다음과 같다.

분절음	성조	문자(의미)
ma	상평	媽(어머니)
ma	하평	麻(삼)
ma	상성	馬(말)
ma	거성	罵(꾸짖다)

한국어도 훈민정음을 창제할 당시에는 성조를 가지고 있었던 것으로 나타난다. 즉 평판조인 평성(낮은 소리)과 거성(높은 소리) 그리고 평성으로 시작하여 거성으로 끝나는 상성이 그것이다.

4.1.2. 길이; 장단

청각적으로 길거나 짧게 들리는 현상이 의미 분화의 변별적 기능을 가질 때 그러한 언어를 음장 언어(chrone language)라 하고, 그러한 기능을 수행하는 음장을 음장소(chroneme)라 한다. 청각적인 장단 역시 음향 물리학적으로 분절음이 조음되는 지속시간에 관계되는데, 조음 기관이 길게 조음하면 물리적으로 음의 길이가 길어지고, 이것은 청각적으로도 길게 들리게 된다(그런데 이 관계가 정비례하는 것은 아니다).

한국어, 영어, 일본어 등 세 언어가 모두 장단으로 의미를 변별한다. 장단으로 의미를 변별한다고 해서 절대적인 음의 길이가 변별적인 기능을 수행하는 것은 아니다. 해당 언어의 상대적인 길이의 차이가 의미 분화의 기능을 수행할 때 이를 음장 언어라 하는 것이다. 예를 들어 한국어의 단음 '눈(眼)[nun]'과 장음 '눈(雪)[nu:n]'이 구별되기 때문에 한국어를 음장 언어라 하고, 영어에서 lead[li:d]와 lid[lid] 그리고 seat[si:t]와 sit[sit]이 음장으로 구분되기 때문에 영어를 음장 언어라 하는 것이다. 그런데 변별적인 음장은 대체로 절대적으로 길게 조음되는 것이 일반적이지만, 항상 그런 것만은 아니다. 예를 들어 한국어의 단음이 영어의 장음보다 절대적으로 짧은 것은 아니고, 영어의 단모음 [lid]가 장모음 [si:t]보다 절대적으로 짧다는 보장은 없다. 길고 짧은 것은 언어의 발음 관습에 따라 차이가 있을 수 있고, 한 언어 내에서도 발화자의 개인적인 발음 성향의 차이에 따라 그리고 음운론적인 환경, 특히 인접하는 자음이나 모음의 종류에 따라 영향을 받을 수 있기 때문이다.

이러한 문제를 해결하기 위해 도입한 개념이 모라(mora)이다. 조음되는 절대적인 길이와 관계없이 단모음은 하나의 모라를 가지고 있는 것으로, 그리고 장모음은 2개의 모라를 가지고 있는 것으로 해석하는 것이다. 이러한 개념으로 일본어를 설명한 것은 뒤를 참고하기 바란다.

4.1.3. 세기; 강세

　청각적으로 강하거나 세게 혹은 약하게 들리는 현상이 의미를 분화하는 기능을 수행할 때 강세 언어라 한다. 강세는 음향 물리학적으로 음파의 진폭이 크고 작음에 비례하는 성질을 가지고 있다.[34] 강세가 실리는 모음은 보통 높고 길게 발음되는 경향을 가지고 있다. 강세 언어의 대표적인 언어가 영어인데, 영어에서는 개개 단어에서 강세의 위치가 변별적인 기능을 수행할 뿐만 아니라, 단어의 품사를 결정할 경우에도 변별력을 발휘하고, 단어와 구를 구별할 경우에도 사용된다. 예를 들어 stress는 강세를 가지지 않지만, accent는 제1음절 위치에 강세 놓인다. export라는 단어는 '수출하다'라는 뜻의 동사로 사용될 경우에는 제2음절 위치에 강세가 놓이는 반면에, '수출, 수출의' 등의 명사나 형용사로 사용될 경우에는 제1음절 위치에 강세가 놓인다. White House가 하나의 단어로서 미국대통령의 관저를 지칭하는 명사로 사용될 경우에는 앞 단어에 강세가 놓이는 반면에, '흰 집'이라는 뜻의 구로 사용될 경우에는 두 번째의 단어에 강세가 놓이게 된다.

4.2. 한국어의 장단과 성조

　한국어에는 지역적인 차이가 있지만, 장단과 성조가 변별적인 기능을 수행한다. 대체로 동부 지방(경상도 지방과 함경도 지방)에서는 성조가 변별적인 기능을 수행하고, 서부지방(평안도 지방, 중부 지방, 전라도 지방)에서는 장단이 변별적인 기능을 수행한다.

---

34) 물리적인 크기가 청각적인 크기와 정비례하는 것은 아니다. 즉 소리의 크기가 두 배 된다고 해서 청각적인 인상의 크기가 두 배 되는 것은 아니다. 그러나 크기에 비례하는 것은 사실이다.

4.2.1. 한국어의 장단

가. 최소 대립쌍
한국어에는 장단으로 구분되는 최소 대립어가 있다.

장음 단음
말: (言) 말(馬)
눈: (雪) 눈(眼)
밤: (栗) 밤(夜)

이러한 예로써 한국어에는 장단이 변별적인 기능을 수행하는 음장 언어라고 할 수 있다. 장음과 단음 중 한국어에서 무표적인 것은 단음이고, 장음은 유표적인 것이라고 할 수 있다. 이 사실은 다음의 단모음화 현상과 장모음화 현상에서 확인할 수 있다.

나. 단모음화
현대 한국어에는 다양한 종류의 단모음화 현상이 특이한 제약 조건을 가지고 존재한다. 복합어 형성에서도 단모음화 현상을 볼 수 있고 용언의 파생이나 활용에서도 단모음화 현상은 존재한다.

[어근의 단모음화]
한국어에서 장단이 변별적인 기능을 수행하는 것은 제1음절 위치이기 때문에 장음을 가진 어근이 복합어를 형성하여 제2음절 이하의 위치가 되면 단모음으로 변화한다. 이 사실은 한국어에서 단음이 무표음이고 장음이 유표음이기 때문에 벌어지는 현상이다.

장음　　단음
밤:(栗)　-　군밤
말:(言)　-　참말
감:다　-　휘감다
밟:다　-　짓밟다

[용언 어간의 단모음화]
용언이 활용할 경우에도 단모음화 현상이 발생한다.

살:다　　살:고　　살아35)
담:다　　담:고　　담아　　담으니　　담음

　위 예에서 보듯이 용언 어간이 모음으로 시작되는 어미와 결합할 경우에 어간의 장모음이 단모음으로 실현되고, 자음으로 실현되는 어미가 올 경우에는 장모음이 그대로 실현된다.
　용언 어간의 단모음화 현상은 피사동 접미사 '이, 히, 기, 리' 등과 결합할 경우에도 발견된다.

베:다　　베이다
덥:다　　덥히다
웃:다　　웃기다
살:다　　살리다

[단모음화 현상의 제약]
　이러한 단모음화 현상은 용언 어간에 국한된 현상이다. 다음의 예에서 보듯이 체언이 곡용할 경우에는 발생하지 않는다.

---

35) '사:니'(살+으니)의 경우 장모음으로 실현되는데 이것은 장모음화 현상이 다시 발생했기 때문이다.

제4장_ 초분절 음소

감:(柿)   감:도   감:이   감:을
밤:(栗)   밤:도   밤:이   밤:을
눈:(雪)   눈:도   눈:이   눈:을

장모음을 가진 용언 어간이라고 해서 모두 단모음화 현상이 발생하는 것은 아니다. 아래 예에서 보듯이 항상 장모음으로 실현되는 어간도 존재한다.

작:다   작:고   작:아   작:으니
끌:다   끌:고   끌:어   (끄:니)

그러므로 현대 한국어의 단모음화 현상은 용언 어간이라는 형태론적 제약을 가지고, 용언 어간 중 특수한 어휘에 한정된 어휘론적 제약을 가지고 있는 현상이다.

다. 장모음화

국어에는 모음 충돌 기피 현상이 부분적으로 존재한다. 즉 모음 두 개가 연이어 조음될 때 상황에 따라 선행하는 모음이 탈락하기도 하고, 반모음으로 변화하기도 하고, 후행하는 모음이 탈락하기도 한다. 이 경우 음절수가 줄어들었기 때문에 남아 있는 모음이 장음으로 실현되는 경우가 있다.

[활음 형성에 수반하는 장모음화]
'ㅣ'로 끝난 어간이나 'ㅗ, ㅜ'로 끝난 어간에 어미 '아/어'가 결합하면 활음화 현상이 수의적으로 발생한다. 활음화 현상이 발생했을 경우에는 줄어든 음절의 길이를 보상하기 위해 장음화 현상이 발생한다.

기+어 → 기어/겨:(/기여)   기+었다 → 기었다/겼:다(/기였다)
두+어 → 두어/둬:(/두워)   두+었다 → 두었다/뒀:다(/두웠다)
보+아 → 보아/봐:(/보와)   보+았다 → 보았다/봤:다(/보왔다)

이러한 현상은 용언의 활용에 국한된 현상이다. 체언의 곡용에서는 활음화 현상이 발생하지 않기 때문에, 이 현상과 관련된 장모음화 현상은 없다.

비+에 → *볘
나무+에 → *나뭬
곰보+에게 → *곰붸게

또한 고유어의 형태소 내부에서도 발생하지 않는다.

기울다/*귤:다
미움/*뭄:

[모음탈락에 수반하는 장모음화]
'ㅡ'는 모음의 앞이나 뒤에서 탈락하는 경향이 있고, 어미의 두음 '아/어'도 선행하는 모음의 종류에 따라 탈락하는 경향이 있다. 이 경우 보상적으로 장음이 실현되는 경우가 있다.

세 + 어서 → 세어서/세여서/세:서
때 + 어서 → 때어서/때여서/때:서

수의적으로 탈락하는 현상에서 탈락할 경우 보상적으로 장음화가 일어나는 현상은 국어의 형태소 내부에서도 볼 수 있다.

마을~말: 다음~담:
가을~갈: 마음~맘:

그런데 보상적으로 일어나는 이러한 장음화는 임의적인 탈락에서만 발생하고, 필수적으로 탈락하는 현상에서는 장모음화가 발생하지 않는다.

가+으면 → 가면   쓰+으면 → 쓰면
서+으면 → 서면   주+으면 → 주면
오+으면 → 오면   새+으면 → 새면

부사형 어미 '아/어'가 결합할 경우에도 동일한 현상이 발생한다. 어간의 말모음이 '아'나 '어'인 경우 동일한 모음이 중복되기 때문에 하나가 필수적으로 탈락할 수밖에 없는 경우에는 장모음화 현상이 발생하지 않는 것이다.

가 + 아서 → 가서   서 + 어서 → 서서
켜 + 어서 → 켜서

국어의 보상적 장음화 현상은 탈락 현상이 수의적으로 발생하는 형태소 내부의 경우, 그리고 '에, 애'로 끝난 어간에 어미 '아/어'가 결합할 경우라고 할 수 있다.

이외에 'ㅣ'가 탈락하면서 보상적으로 장음화가 발생하는 경우나 'ㅜ'가 탈락하면서 그러한 현상이 발생하는 경우가 있다.

내일~낼:(來日)   기일~길:(期日)
싸움~쌈: 도움~돔:

이런 어휘들은 한자어라는 인식없이 고유어처럼 쓰이는 것인데, 아래의 예에서 보듯이 개별 어휘에 한정된 사항이다.

기일/*길:(忌日)
싸우다/*싸:다   배우다/*배:다

4.2.2. 한국어의 성조

가. 최소 대립쌍

한국어의 방언 중에는 성조에 의해 변별되는 어휘를 가진 방언이 있다.

저조   고조
말:(言)   말(馬)
눈:(雪)   눈(眼)
밤:(栗)   밤(夜)

이러한 예로써 이 방언은 성조가 변별적인 기능을 수행하는 성조 방언이라고 할 수 있다. 한국어의 방언 중에는 경상도 방언과 함경도 방언이 성조를 변별적인 요소로 가지고 있는 방언에 속한다.

[성조 구성 및 배열 규칙]

음소와 음소가 계기적으로 결합할 경우에 일정한 규칙이 있듯이, 성조소가 배열될 경우에도 일정한 규칙이 있다. L(low), H(high), R(rising) 등의 세 성조소를 가지고 있다고 기술되고 있는 경북 금릉방언의 경우, 다음과 같은 성조형을 가지고 있는 것으로 기술되고 있다.(배주채 (1996), 93쪽에서 재인용)

① L로 시작하는 성조형(L)형: L, LH LHL, LLHL, LLLHL
② H(H)로 시작하는 성조형(HH형) : H, HH, HHL, HHLL, HHLLL
③ H(L)로 시작하는 성조형(HL형) : H, HL, HLL, HLLL, HLLLLL
④ R로 시작하는 성조형(R형) : R, RH, RHL, RHLL, RHLLL,

위의 성조 구성 내지는 배열에서 보듯이 몇 가지 규칙을 쉽게 찾아 낼 수 있다. 그 중 몇 가지만 지적해 보면 다음과 같다.
첫째, 2음절 이상일 경우 유표적인 성조소인 H는 반드시 한 번 이상 포함된다.
둘째, 3음절 이상일 경우 마지막 성조는 항상 L이다.
셋째, 2음절 어간의 성조 유형은 두 가지이고, 3음절 이상이면 HL이란 성조 배열을 반드시 가진다.

[성조 변화 규칙]
성조도 음소와 마찬가지로 위치에 따른 분포 제약을 가지고, 다른 성조와 만나 변화하는 규칙을 가지고 있다.

가. 성조 중화
유표적인 고조는 특정한 위치에서 저조와 중화한다. 위에 예에서 보면 제3음절 이상일 경우 마지막 성조는 항상 L로 나타나는데 이것은 이 위치에서 L과 H가 중화한 결과이다.

나. 성조 조정
유표적인 성조를 계속 조음하는 것은 조음 기관으로서도 부담되는 것이고, 청각적으로도 불편한 일이 된다. 그래서 고조를 계속 조음하는 것을 회피하는 현상이 있다. 위의 성조 배열 표에서 제2음절 이하의 H 다음에는 반드시 L이 뒤따르게 되는데 이것은 고조 성조가 계속

되는 것을 방지하는 성조 조정의 결과이다.

4.3. 영어의 강세[36]

영어에서 명사, 동사, 형용사, 부사 등의 내용어는 적어도 하나의 강세를 받게 된다. 예를 들어, 'perceive'에서 두 번째 음절에 강세가 오며 첫 음절은 강세가 오지 않는다.

음성학적으로는, 강세 음절을 발음할 때 비강세 음절을 발음할 때보다 관련 조음 기관 근육의 에너지가 더 들게 된다. 조음시 에너지가 더 들므로 음향적인 결과로 더 큰 소리가 생성되고, 길이가 더 길어지며, 음의 높이에도 변화가 생기게 되는 등, 지각적으로 더 두드러지게 된다.

어떤 다음절어에서는 둘 이상의 음절이 강세를 받는 경우가 있다. 이러한 경우에는 한 음절이 다른 음절보다 더 강한 강세를 받게 된다. 가장 강한 강세를 받는 음절을 제 1강세, 다음으로 강한 강세를 받는 음절을 제 2강세를 받는다고 한다. 제 2강세는 제 1강세보다는 약하지만 비강세 음절보다는 강한 강세를 받는 음절에 주어진다. 예를 들어 'photógraphỳ'라는 낱말에서는 두 번째 음절에 제 1강세가, 마지막 음절에 제 2강세가 온다. 제 1강세를 받는 음절에는 액센트 표시(´)를, 제 2강세를 받는 음절에는 저액센트 표시(`)를 하여 구분한다. 아래 (1)에 제 1강세와 제 2강세가 표시된 낱말 예를 더 제시하였다.

(1) críticìsm, dòcuméntary, fùndaméntal, hallùcinátory, kàngaróo, pòlysyllábic, prèdictabílity, rèveréntial

낱말 내 어느 위치에 강세가 오는지를 전적으로 예측할 수 있는 언

---

[36] 본 절의 논의는 주로 Giegerich(1992)와 Hammond(1999)를 참조하였다.

어가 있다. 예를 들어, 체코어에서는 언제나 낱말의 첫 음절에 강세가 오고, 웰쉬어(Welsh)에서는 끝에서 두 번째 음절에, 불어에서는 구(phrase)의 마지막 음절에 강세가 온다. 그러나 영어의 경우에는, 낱말 강세를 예측할 수 있는 면이 있지만 예측할 수 없이 자의적으로 결정되는 면도 있다(아래의 논의와 <표 1> 참조).

영어에서 축소 모음 /ə/는 비강세 음절에서만 나타난다. 예를 들어, 'phot[ə]graph'에서는 첫 음절에 강세가 오고, 강세가 없는 두 번째 모음은 [ə]로 축약되었다. 한편 'phot[ɑ]graphy'에서는 두 번째 음절에 강세가 오므로 완전한 모음 [ɑ]로 발음된다. 비강세 음절의 모음이 축소 모음으로 발음되는 것은 강세 음절과 비강세 음절 간의 지각적인 차이를 더욱 뚜렷하게 해주는 결과를 가져온다. 예를 들어 'ballóon'과 'làmpóon'을 비교해 보면 두 낱말 모두 두 번째 음절에 제 1강세가 오지만, 'balloon'의 첫 음절은 비강세 음절인 반면 'lampoon'의 첫 음절은 제 2강세를 받는다. 따라서 비강세 음절인 'balloon'의 첫 음절은 축소 모음 [ə]로 실현되는 반면 제 2강세를 받는 'lampoon'의 첫 음절은 완전한 모음 [æ]으로 실현된다. 'balloon'의 경우, 두 모음 간의 모음 값의 차이, 길이의 차이, 소리 크기의 차이가 더욱 커서, 두 음절 간의 지각적 차이가 더욱 크게 느껴진다는 것을 알 수 있다.

영어에서 강세는 간혹 음소의 역할을 하기도 한다. 예를 들어 'próject'와 'projéct'의 두 낱말은 분절음 구성이 동일하지만 강세의 위치가 달라 낱말의 통사 범주가 달라진다. 첫 음절에 강세가 온 'próject'는 "기획, 연구 계획, 조사 과제" 등의 의미를 가진 명사로, 두 번째 음절에 강세가 온 'projéct'는 "기획하다, 연구하다" 등의 의미를 가진 동사로 해석된다. 다음의 각 낱말 쌍은 이처럼 강세 위치의 차이로 한 낱말은 명사로서, 다른 낱말은 동사로서의 의미를 가지는 것들이다.

(2) 명사-동사: ábstract-abstráct, cónvict-convíct, dígest-digést, éscòrt-escórt, pérvert-pervért, récord-recórd, súbject-subjéct, súrvèy-survéy, tórmènt-tormént

그러나 이처럼 강세로 인해 최소 구분되는 낱말 쌍이 형성되는 경우는 매우 제한적인 경우이므로, 영어에서 강세의 주요 기능이 낱말을 구분하는 것이라고 말하기는 어렵다. 영어에서 강세의 기능은 주로 발화의 리듬을 유지시켜주는 것이라고 보는 것이 타당하다. 예를 들어 'Thís is the hóuse that Jáck búilt'라는 발화를 해보면 강세가 비교적 일정한 간격으로 나타나고 있음을 알 수 있다('강약약강약강강'의 패턴). 강세의 규칙적인 발생 간격을 기술하는 음운 단위를 음보(metrical foot)라고 한다. 예를 들어 'Minnesota'라는 낱말은 [Mìnne][sóta]처럼 두 개의 음보로 구성되어 있고 각 음보에 강세가 하나씩 할당된 구조를 가진 낱말이다. 영어에서 음보는 강세 음절에서 시작해 다음 강세 음절의 바로 앞 음절까지에 걸친 구조이다. 위의 예, '[Thís is the] [hóuse that] [Jáck] [búilt]'에서는 각각 3음절, 2음절, 1음절, 1음절의 음보로 구성된 발화이고 각 음보의 첫 음절이 강세를 받는 음절로 구성됨을 알 수 있다. 이처럼 강세는 (대체로) 규칙적인 간격을 두고 발생하여 발화의 리듬을 유지시키는 역할을 한다. 그래서 영어는 강세 박자 언어(stress-timed language)라고 하기도 한다. 반면 한국어나 불어와 같은 언어는 시간의 규칙성을 나타내는 단위가 음절이어서 음절 박자 언어(syllable-timed language)라고 한다.

위의 3.3.2절에서 논의했듯이, 영어에서는 음절 구조와 강세 사이에 상관 관계가 있어, 강세를 받는 음절이 만족시켜야하는 구조적인 요건들이 있다. 우선 강세 음절은 반드시 중음절이어야 한다. 반면 비강세 음절은 경음절일 수 있다. 즉 강세 음절은 (1) 음절 핵이 긴장 모음 혹은 이중 모음이거나 (2) 음절 말음이 있어야 한다는 점이다. 음절핵이 이완 모음이고 말음이 없는 *[bɪ]와 같은 음절은 영어의 올바른 단음절 어가 될 수 없다. 반면, 'bit' [bɪt], 'bee' [bi], 'aroma' [ərómə] 등은 올바른 낱말인데, 이는 각 낱말의 강세 음절이 중음절로 구성되어 있기 때문이다. 강세를 받는 음절의 구조 요건 두 번째는, 하나의 자음이 두 개의 음절에 동시에 속하게 하는 양음절성(ambisyllabicity)과 관련이 있다. 예를 들어, /pɪ.tɪ/라는 낱말은 첫 음절에 강세가 오는데, 첫 음절이 이완 모음으로 구성된 경음절이라는 데 문제가 있다. 따라서 자음 /t/를 첫 음절과 두 번째 음절 모두에 속하게 함으로써, 강세 음절인 첫 음절을 중음절로 만들어주는 동시에 둘째 음절에 두음 역할을 유지하도록 해 준다.

마지막 음절에 강세가 오는 다음의 낱말들을 보자(Giegerich 1992).

(3) arcade, artiste, balloon, bamboo, bouquet, brigade, cadet, canal, canoe, catamaran, cavalcade, champagne, commandant, courtesan, degree, duress, ellipse, gazette, hotel, July, lament, lampoon, magazine, marquee, marzipan, ravine

위의 낱말들은 모두 마지막 음절이 (1) V:, (2) VC, (3) V:C, (4) VCC 중 한 음절 구조를 가지고 있으므로, 강세 음절은 중음절이어야 한다는 구조 요건을 만족시키고 있다. 첫 번째 음절에 제 2강세가 오는 경우에는 그 음절도 중음절로 실현되어 있음을 알 수 있다. 예를 들어 첫 음절에 제 2강세가 오는 'bamboo'와 'artiste'의 경우에 첫 음절은 '...VC'로 구성된 음절 운모를, 첫 음절이 비강세 음절인 'July'와 'balloon'은 첫 음절이 '...V'의 음절 운모로 구성되어 있음을 알 수 있다.

위 (3)에 제시된 목록을 보면, 영어에서 명사의 마지막 음절에 강세가 오는 패턴이 흔하게 나타나는 패턴이라는 인상을 준다. 그러나 영어에서 마지막 음절에 강세가 오는 명사는 그리 흔한 패턴이 아니다. 위에 제시된 예들은 대부분 차용어의 경우이다. 끝 음절 강세의 명사가 흔한 패턴이 아니라는 점은, 영어의 어떤 방언에서 이러한 낱말들이 첫 음절에 강세를 두는 변이형으로 존재한다는 사실에서 엿볼 수 있다. 즉 위의 예 중 'cómmandànt', 'márzipàn', 'árcàde', 'bóuquèt' 등으로, 끝 음절 대신, 첫 음절 강세로 발음하는 변이형이 있는 것이다. 이는 개별 화자가 보이는 특징인 경우도 있고 발화 상황에 따라 나타나는 경우도 있다. 그러나 이처럼 강세의 변이형이 가능한 경우는 첫 음절에 원래 제 2강세가 오는 경우에만 가능하다. 예를 들어, 'còmmandánt'였던 낱말은 'cómmandànt'의 변이형을 가질 수 있지만, 첫 음절이 원래 비강세 음절인 'degrée'는 *'dégrèe'의 변이형을 갖는 일이 없다.

단독으로 발화될 때 위와 같은 강세의 변이형을 갖지 않는 낱말의 경우에도, 음운 환경에 따라 '2강세-1강세'에서 '1강세-2강세'로 패턴을 바꾸는 경우가 있다. 예를 들어, 'hòtél'이나 'chàmpágne'은 끝 음절에 제 1강세가 오는 낱말인데, 바로 다음에 제 1강세를 받는 음절이 따라올 때 '1강세-2강세' 패턴으로 바뀌어 발화된다. 즉 'hótèl mánagement'나 'chámpàgne bréakfast'로 실현된다. 강세 이전 현상이 일어나지 않았으면 '약-강-강-...'의 패턴을 이루었을 것을, 강세 이전으로 인해 '강-약-강-...'의 보다 리드미컬한 구조를 실현하게 된 것이다. 그러나 이러한 강세 이전 역시, 본래 첫 음절이 제 2강세를 받는 낱말의 경우에만 일어난다. 'July'처럼 '무강세-1강세'의 패턴인 경우는, 바로 뒤에 제 1강세가 오는 낱말이 따라 오더라도, 강세의 변동 없이 'Julý wéather'로 실현된다.

이처럼 강세 패턴의 변이형 존재, 음운 환경에 따른 강세 이전 현상 등을 고려해 보았을 때, 영어에서 명사의 끝 음절에 주 강세가 오는 것은 다소 불안정한 강세 패턴이라고 할 수 있다. 영어에서 보다 일반적인 명사의 강세 패턴은, 다음 (4)의 낱말에서 볼 수 있듯이, 첫 음절에 주 강세가 오는 구조이다.

(4) aspect, bacon, balance, ballad, bottle, cabbage, coda, contact, convoy, costume, country, distance, empire, father, forest, husband, incest, influx, legend, mattress, motor, mustard, napkin, party, rabbi, sugar, syntax, textile, tiger, topic, triumph, valley, vessel, water, window

명사보다는, 동사나 형용사의 경우에 끝 음절 강세를 두는 예가 더 흔하다. 다음의 동사나 형용사의 예들에서 강세를 받는 음절은 끝 음절이다.

(5) accrue, achieve, agree, appeal, applaud, attract, divine, equip, intervene, neglect, obey, obscene, secure, serene, suggest, supersede, support, surpass

이는 낱말의 통사 범주가 무엇인가에 따라 강세의 패턴을 어느 정도 예측할 수 있음을 의미한다. 어떤 낱말이 명사이면 끝 음절이 아닌 음절에 강세가 오는 것이 일반적인 반면, 동사나 형용사의 경우 끝 음절에 강세가 오는 것이 일반적이라는 점이다. 영어의 강세 패턴에 비음운적인(즉 형태 통사적인) 정보가 규칙적으로 관여하고 있음을 알려주는 대목이다.

영어 명사의 강세와 관련된 규칙성을 좀 더 살펴보자. 아래 (6a)와 (6b)는 끝에서 두 번째 음절에 강세가 오는 낱말들이고, (6c)는 끝에서 세 번째 음절에 강세가 오는 낱말들이다.

(6) a. angína, aróma, horízon, marína, potáto, tomáto, salámi
    b. agénda, amálgam, Belínda, decáthlon, enígma, synópsis, uténsil
    c. América, ánagram, cámera, cápital, cínema, díscipline, vértebra

이들 자료를 통해, 끝에서 두 번째 음절이 중음절이면 그 음절에 강세가, 끝에서 두 번째 음절이 경음절이면 끝에서 세 번째 음절에 강세가 온다는 것을 알 수 있다. 예를 들어, /hə.raɪ.zən/ 'horizon'과 /ɪ.nɪg.mə/ 'enigma'는 끝에서 두 번째 음절이 중음절인 낱말들이므로 이 곳에 강세가 오고, /dɪ.sɪ.plɪn/ 'discipline'은 끝에서 두 번째 음절이 경음절이므로 끝에서 세 번째 음절에 강세가 오는 낱말이다. 더 나아가 'apple'이나 'metric'과 같은 낱말들은 끝에서 두 번째 음절이 경음절이므로 끝에서 세 번째 음절에 강세가 와야 하나, 두 음절짜리 낱말이므로 끝에서 두 번째 음절에 강세가 올 수 밖에 없다. 그러나 경음절에 강세가 올 수는 없으므로, 중간 자음 /p/나 /t/를 양음절화 시켜 중음절로 만들게 된다(양음절화에 관해 위 3.3.4절의 논의 참조).

그러나 이러한 규칙성이 영어의 모든 명사에 적용되는 것은 아니다. 규칙성을 따르지 않는 다음과 같은 명사들도 있다.

(7) a. bádminton, cálendar, cýlinder
    b. confétti, madónna, vanílla

(7a)의 낱말들은 끝에서 두 번째 음절이 중음절임에도 불구하고 이 곳에 강세가 오지 않고 끝에서 세 번째 음절에 강세가 온다. (7b)에서는 끝에서 두 번째 음절이 경음절이므로 끝에서 세 번째 음절에 강세가 와야 하나, 끝에서 두 번째 음절에 강세가 오는 등 위의 패턴을 따르지 않고 있다.

다음으로 강세 구조와 형태 구조의 상호 관련성에 관해 논의해 보자. 우선 낱말의 어근에 붙어 일정한 기능이나 의미를 첨가해주는 굴절 어미와 파생 어미가 있다. 굴절 어미는 낱말의 다른 '형태'를 만들어내는 어미를 말한다. 예를 들어 'camera'의 복수 형태를 만드는 '-s', 'develop'의 현재 분사 형태를 만드는 '-ing', 'comment'의 과거 형태를 만드는 '-ed' 등이 굴절 어미(inflectional suffixes)의 예들이다. 한편 파생 어미는 새로운 낱말을 만들어 일정한 의미를 첨가하는 어미이다. 예를 들어, '-less'라는 파생 어미는 명사 어근에 붙어 '-가(이) 없는'이라는 의미의 형용사를 만들고('penniless', 'driverless', 'luckless'), '-ly'는 형용사에 붙어 '-하게'라는 의미의 부사를 만들며('nicely', 'carefully'), '-ee'는 동사에 붙어 '-하는 사람'이라는 의미의 명사를 만들게 된다('employee', 'payee').

또한 강세 이전 혹은 부여 능력과 관련하여 어미를 강세 중립 어미와 강세 이전 어미로 나눌 수 있다. 어미가 붙은 후에도 어근의 강세를 그대로 유지시키는 어미가 강세 중립 어미이다. 굴절 어미는 모두 강세 중립 어미이며, 파생 어미 중 일부가 강세 중립 어미이다. 강세 중립 어미의 예로서, 굴절 어미인 삼인칭 단수 어미 '-s'를 들 수 있다. 동사 'tálly'에 '-s'가 붙어 끝 음절이 중음절이 되어도 동사의 강세는 그대로 'tállies'이다. 마찬가지로, 현재 분사 어미 '-ing'나 파생 어미 '-less'도 강세 중립 어미이어서, 'devéloping'이나 'pénniless'에서 볼 수 있듯이 각각의 어근 'devélop'와 'pénny'의 강세 위치를 그대로 유지하고 있음을 볼 수 있다. 강세를 이전하는 일이 없으니, 강세 중립 어미 자체에 강세가 오는 일도 없다. 어미가 중음절인 경우에도 강세가 오지 않는데, 이는 몇 개의 중음절 어미가 붙은 낱말 'pennilessness'의 경우에도 강세가 여전히 첫 음절에 오는 것을 보면 알 수 있다.

한편 강세 이동 어미는 어미가 붙어 어근의 강세 위치를 다른 음절로 이동시키는 어미이다. 파생 어미 중 일부가 강세 이동 어미에 속한다. 예를 들어 'átom'과 'atómic', 'Néwton'과 'Newtónian'에서 어미 '-ic'과 '-ian'이 붙어 각각 첫 음절에서 어미 바로 앞 음절로 강세를 옮긴 것을 볼 수 있다. 이러한 강세 이동 어미는, 강세 중립 어미와 달리, 어미 자체에도 강세가 오는 일이 있다. 'employée'의 경우가 한 예이고, 그 밖에도 '-étte'('usherétte', 'maisonétte', 'laundrétte'), '-ese'('Japanése',

'Cantonése', 'Chinése'), '-ésque'('picturésque', 'picarésque', 'arabésque') 등이 어미 자체로 강세를 이전하는 경우이다. 단, 강세를 받는 이러한 어미들은 중음절이어야 한다.

끝으로, 두 낱말이 복합어나 구를 형성할 때 두 낱말 중 어떤 낱말이 제 1강세를 유지하는지에 관한 일정한 패턴이 있다. 즉 두 낱말 중 하나의 주 강세는 제 1강세를 유지하지만 다른 낱말의 주 강세는 제 2강세로 축소된다. 영어에서 예를 들면, 형용사와 명사가 결합해 복합 명사가 될 때에는 형용사가 제 1강세를 유지하고, 명사구가 될 때에는 명사가 제 1강세를 유지하게 된다. 다음의 몇 가지 예를 보자(Fromkin & Rodman 1998).

(8) a. 'hot+dog' ⇒ 복합 명사 'hótdog' (핫도그), 명사구 'hot dóg' (열을 받은 개)
   b. 'white+house' ⇒ 복합 명사 'Whíte House' (백악관), 명사구 'white hóuse' (흰 페인트칠한 집)
   c. 'red+coat' ⇒ 복합 명사 'Rédcoat' (영국인 병사), 명사구 'red cóat' (붉은 색 코트)

이상에서 논의된 영어의 강세와 관련된 일반적인 사실을 정리해보면 다음과 같다. 첫째, 영어의 강세는 명사, 동사, 형용사, 부사와 같은 내용어에만 주어지며, 관사, 전치사, 대명사와 같은 기능어는 일반적으로 강세가 주어지지 않는다. 둘째, 강세를 예측하는 요소 중에 음절의 무게와 같은 음운론적인 요소가 있다. 강세를 받는 음절은 반드시 중음절이어야 하지만, 중음절이라고 해서 항상 강세를 받는 것은 아니다. 셋째, 강세를 예측하는 요소 중에 형태 통사 범주와 같은 비음운적인 요소도 있다. 예를 들어, 명사의 일반적인 강세 패턴과 동사나 형용사의 강세 패턴이 각기 다른 것을 들 수 있다. 우선, 동사나 형용사는 끝 음절에 강세가 오는 경우가 많고, 명사는 끝 음절에 강세가 오는 경

제4장_ 초분절 음소

우가 드물다. 넷째, 어근에 어미가 붙어 새로운 낱말을 만들 때, 어근의 강세가 다른 음절로 이동하는 경우가 있고 그렇지 않은 경우가 있다. 다섯째, 두 낱말이 복합어나 구를 형성할 때 두 낱말 중 어떤 낱말이 제 1강세를 유지하는지에 관한 일정한 패턴이 있다.

끝으로, 영어의 다양한 음절 패턴과 그 낱말 예들을 다음 <표 1>에 나타내었다.

<표 1> 영어의 강세 패턴. "1"은 제 1강세 음절, "2"는 제 2강세 음절, "x"는 무강세 음절을 나타냄.

강세 패턴	낱말 예
1x	alter, ample, anchor, bacon, balance, ballad, barter, bastion, batten, beckon, bias, blossom, bother, bottle, brazen, bulky, busy, butcher, bottom, cabbage, challenge, cherub, chortle, coda, contact, copy, country, distance, docile, extra, father, fickle, forest, fracas, frolic, furnish, gallant, gallop, gamut, garish, garland, garment, hallow, hammock, happy, harness, harvest, honest, husband, kitty, legend, lucky, mattress, meadow, meagre, motor, mustard, napkin, nectar, novel, olive, party, patent, perfect, picky, pity, plenty, ready, rescue, scavenge, second, sheriff, silent, spinach, sudden, sugar, tacky, tempest, tiger, topic, triumph, utter, valley, vessel, visit, warrant, water, window
x1	accrue, achieve, adroit, agree, appeal, applaud, astute, attract, berate, cadet, carafe, career, chagrin, enough, equip, exam, fillet, finesse, harass, neglect, parade, platoon, puree, ravine, salute, serene, suggest, support, surpass
12	acorn, alpine, aspect, cascade, centaur, costume, empire, hallmark, influx, macron, nocturne, patois, propane, quatrain, thyroid, wholesale, zigzag
21	cascade, crochet, eschew, frontier, hotel, motel, okay, pastel, pristine, racoon, risque, rotund, sardine, saute, shampoo, taboo, until, vamoose
1xx	abdomen, accurate, algebra, alien, animal, annual, archaism, arduous, asterisk, atrophy, broccoli, burgundy, cabinet, calendar, camera, carnival, carpenter, cavalry, character, chocolate, colander, colloquy, comedy, copious, courtesan, cylinder, discipline, faculty, gaiety, general, generous, genuine, halcyon, heroin, hyacinth, implement, infidel, interest, jettison, lavender, liberal, mandarin, mania, massacre, miracle, neckerchief, obelisk, opera, orient, paraffin, period, plethora, prodigy, provender, register, remedy, skeleton, sympathy, tragedy, vanity, various, vertebra, violet, vitamin

x1x	abundant, aroma, asylum, banana, convulsive, deliver, demolish, enigma, imagine, implicit, instructor, meander, pajama, pedantic, surrender, tomato, tomorrow, vanilla
12x	cucumber, networking, painstaking, primary, tricycle, trustworthy
1x2	absolute, ampersand, anecdote, arrogate, carnivore, glorify, hesitate, implicate, omnibus, ownership, superscript, surrogate, universe
21x	fantastic, idea, impromptu, intrepid, moreover
2x1	acquiesce, bayonet, circumvent, debonair, grandiose, guarantee, importune, kangaroo, picayune, referee, supersede, tangerine, violin
x12	apartheid, attribute, distribute, electron, peroxide
x21	alongside, appiontee, detainee
212	bidentate, misconduct
221	biunique, chimpanzee, inhumane
2x1x	anaerobic, animation, approbation, circumspection, dissipation, enigmatic, Minnesota, referendum, salutation, transformation, whatsoever
2xx1	aquamarine, catamaran, entrepreneur, nevertheless
x21x	electrician, electronic
x1xx	affinity, America, antipathy, asparagus, community, conventional, convivial, inquisitive, parochial, peremptory, philosophy
21xx	biannual, cantankerous, causality, dichotomous, precancerous
22x1	misunderstand
1xx2	animalize, automobile, cameraman, capitalize, characterize
x1x2	aristocrat, commemorate, disseminate, eliminate, exonerate, exhilarate, facilitate, habituate, incinerate, originate, predominate, substantiate
221x	confutation, elongation, exaltation, inauspicious, influenza

4.4. 일본어의 악센트

4.4.1. 일본어의 악센트

일본어에서는 「雨」와 「飴」는 「アメ」, 「アメ」와 같이 「높이」의 차이

제4장_ 초분절 음소

에 의해 의미가 구별된다. 「箸」와 「橋」도 마찬가지로 표기나 발음은 같으나 「ハシ」, 「ハシ」와 같이 높낮이의 차이에 따라 의미를 구별한다.

이렇게 「하나하나의 단어에 대해 사회적 습관으로서 정해져 있는 상대적인 높이나 강약의 배치」를 「악센트(accent)」라고 한다. 이 중 고저에 의한 악센트를 「고저 악센트(pitch accent)」라고 하고, 강약에 의한 것을 「강약 악센트(stress accent)」라고 한다. 일본어의 악센트는 단어(혹은 어절. 이하 단어라고만 쓴다) 내부에 고저 관계가 정해져 있는 고저 악센트로 고저의 차이에 따라 의미의 구별을 하기도 하고 단어가 하나의 단위임을 나타내기도 한다.

일본어는 위에 든「雨 : 飴」, 「箸 : 橋」와 같이 높낮이에 따라 그 의미가 달라진다. 이와 같이 일본어에서 악센트는 단어의 뜻을 구별하는 변별기능(辨別機能)을 지닌다. 또 악센트가 한 문장 안에서 단어와 단어 또는 어절과 어절의 경계를 구분하고 표시하는 기능을 문법기능(文法機能) 혹은 통사기능(統辭機能)이라고 한다.

4.4.2. 일본어 악센트의 유형

일본어 악센트는 두 가지 대표적인 특징이 있다. 첫째는 제1박이 높으면 제2박은 반드시 낮고, 제1박이 낮으면 제2박은 반드시 높다는 것이다. 즉 제1박과 제2박은 높이가 항상 다르다는 것이다. 둘째는 높은 데에서 낮은 데로 옮겨가는 부분, 즉「폭포(アクセントの瀧)」가 있는 것과 없는 것이 있다는 것이다. 있다고 해도 하나의 단어 안에 하나만 존재한다. 이「폭포」가 있는 것을「평판식(平板式)」이라고 하고, 없는 것을「기복식(起伏式)」이라고 한다. 또「기복식」은「폭포」가 어디에 있느냐에 따라 3종류로 나뉜다.「イノチ(命)」와 같이「폭포」가 어두박의 직후에 있는 것을「두고형(頭高型)」이라고 하고,「ココロ(心)」와 같이 어중에 있는 것을 「중고형(中高型)」이라고 한다. 또 「アタマ(頭)」와 같이 어미에 「폭포」가 있는 것을 「미고형(尾高型)」이 있다. 이와 같이 「폭포」가 있는 두고형, 중고형, 미고형에 「폭포」가 없는 「평판식」을 더하면 일본어 악센트의 유형은 네 가지가 된다.

4.4.3. 방언에 따른 일본어 악센트의 종류

개개의 단어에 주어진 악센트의 형이나, 동종의 단어에 정해져 있는 악센트의 형식은 일본 전국에서 동일하게 나타나는 것은 아니다. 예를 들면 「雨」라는 단어의 악센트형은 東京에서는 [고저]이지만, 京都에서는 [저고]이다. 또 「橋」는 東京에서는 [저고]인데 비해, 京都에서는 [고저]인 것이다.

이렇게 악센트의 형태는 각각의 방언에서 다르게 나타난다. 또 모든 단어가 각각 다른 악센트 형을 가지는 것은 아니고 단어들끼리 일정한 그룹을 이루는 경향이 있다. 예를 들면 「雨」는 「秋(あき)」, 「鯉(こい)」, 「猿(さる)」, 「春(はる)」, 「窓(まど)」와 같은 단어들과 하나의 그룹을 이루고 있어서 東京에서는 [고저]형을 나타낸다. 이에 비해, 京都에서는 [저고]형으로 나타난다. 마찬가지로 「橋」는 「歌(うた)」, 「川(かわ)」, 「胸(むね)」, 「石(いし)」, 「紙(かみ)」, 「夏(なつ)」, 「冬(ふゆ)」 등과 같은 그룹으로 東京에서는 [저고]형이고, 京都에서는 [고저]형이다.

일본의 방언을 악센트 체계에 따라 크게 나누어 보면 東京式 악센트, 京都·大阪를 중심으로 한 京阪式 악센트가 있다. 東京式 악센트는 東京에서 시작하여 동경 서쪽의 관동지방, 중부지방에도 분포하고 있고, 近畿지방을 사이에 두고 中國지방 서쪽 九州 북부에도 퍼져 있다. 또 東京式에 준하는 악센트를 보이는 지역은 동북지방의 일본해 쪽과 북부, 그리고 북해도 지역으로 상당히 넓은 지역에 분포하고 있다. 京阪式 악센트 지역은 京都·大阪·神戸 등을 포함하는 近畿지방

제4장_ 초분절 음소

을 중심으로 北陸지방, 四国 지방에 퍼져 있다.
　東京式과 京阪式 외에 一型式 악센트 지역이라고 불리는 곳이 있다. 仙台, 福岡, 山形, 水戶, 宮崎, 延岡 등이 포함된 지역으로, 이 지역의 대부분은 악센트의 구별이 없다.
　東京式 악센트와 京阪式 악센트의 체계를 표37)로 나타내면 다음과 같다.

≪東京 방언의 악센트 체계≫

박수	형	예
1박어	저, 저(고)	柄, 蚊, 血(1류), 名, 葉, 日(2류)
	고, 고(저)	絵, 木, 手, 菜, 火(3류)
2박어	저고, 저고(고)	飴, 牛, 鼻(1류), 振る, 卷く, 着る, する
	저고, 저고(저)	石, 音, 橋(2류), 犬, 花, 山(3류)
	고저, 고저(저)	糸, 笠, 箸(4류), 雨, 猿, 窓(5류), 降る, 蒔く, 見る, 来る ; 良い, 無い
3박어	저고고, 저고고(고)	筏, 田舎, 着物, 子牛, 舅(1류), 間, 桜, つるべ, とかげ(2류), 岬(3류), 油, 柱(5류), 兎, 狐, 雀, 背中, ねずみ, ひばり, みみず(6류), 後ろ, 鯨, 薬, たらい(7류), 当たる, 運ぶ, 明ける, 腫れる ; 赤い, 厚い
	저고고, 저고고(저)	小豆, 毛抜き, 二つ, 二人(2류), 力(3류), 頭, 男, 女, 刀, 鏡, 光, むしろ(4류)
	저고저, 저고저(저)	小麥(3류), 五つ(4류), 心(5류), 動く, 賴む, 起きる, 晴れる, 隱す ; 白い, 熱い
	고저저, 고저저(저)	えくぼ(2류), 鮑, さざえ(3류), 嵐, 紅葉(4류), 朝日, 命, 鰈, ざくろ, 姿, 涙, 枕(5류), 烏, 高さ(6류), 蚕, かぶと, 便り, 病(7류), 帰る, 入る

---

37) 中條修(1990: 109, 111), 『日本語の音韻とアクセント』, 勁草書房.

≪京都 방언의 악센트 체계≫

박수	형	예
1박어	*	
2박어	고고, 고고(고)	飴, 牛, 鼻(1류) (柄, 蚊, 子, 血(1류)), 振る, 着る, する
	고저, 고저(저)	石, 音, 橋(2류), 犬, 花, 山(3류), (名, 葉, 日, 藻(2류))
	저고, 저저(고)	息, 海, 箸(4류), (絵, 木, 手, 菜, 火(3류)), 降る, 見る, 来る ; 良い, 無い
	저고+저, 저고(저)	雨, 猿, 窓(5류)
3박어	고고고, 고고고(고)	筏, 田舎, 着物, 子牛(1류), 舅, 間, 桜(2류), 岬(3류), 当たる, 運ぶ, 明ける, 腫れる, 動く, 頼む, 帰る
	고고저, 고고저(저)	女(4류), 一人
	고저저, 고저저(저)	小豆, えくぼ(2류), 小麦, 力, 二十歳(3류), 頭, 男, 鏡, 刀, 宝, 光, 紅葉, わらび(4류), 朝日, 油, 命, 心, 姿, 涙, 柱, 枕, ざくろ(5류) ;赤い, 厚い, 白い, 高い
	저저고, 저저저고	さざえ(3류), 兎, 狐, 雀, 背中, ねずみ, ひばり, みみず(6류), 起きる, 晴れる, 隠す, 入る
	저고저, 저고저(저)	つるべ, とかげ, 二つ, 二人(2류), たぬき(6류), 後ろ, 蚕, 鯨, 薬, たらい(7류)
	저저고+저, 저저고(저)	出っ歯, のっぽ, マッチ

* 京都방언에서는 1박명사「柄(1류), 日(2류), 手(3류)」는 모음을 길게 끌어서 다음과 같이 2박으로 발음한다.

    柄　エー [고고], エーガ [고고(고)]
    日　ヒー [고저], ヒーガ [고저(저)]
    手　テー [저저], テーガ [저저(고)]

    모든 1박어는 위의 세 형태 중 한 형태에 속한다. 체계상으로는 이것을 2박어로 해석하고, 2박어에서 다룬다.

제5장
음운 현상

5.1. 개관

 발화 단위를 구성하는 음소는 독자적으로 조음되는 것이 아니고, 다른 음소와 발화의 시간적인 차이를 가지면서 연속적으로 조음되는 것이기 때문에 다른 음소에 영향을 주기도 하고 다른 음소의 영향을 받기도 한다. 다른 음소로부터 받은 영향이 언어 사용자에게 다른 음소로 인식될 경우 음소 변화가 발생하였다고 하는데, 통상적으로 이를 '음운 현상'이라 칭한다.

5.1.1. 원인

 음운 현상이 왜 발생하는가 하는 문제에 대한 근원적인 대답은 아직 할 수 없는 상황이지만, 변화가 발생하는 원인은 기본적으로 '언어공동체가 발음하기 어려운 음소의 연결이 존재'하기 때문이다. 그 원인의 발생에 대해 지금까지 밝혀진 것은 크게 두 종류로 분류할 수 있을 듯하다. 하나는 언어 사용자의 기억과 사용에 관련된 것이고, 다른 하나는 언어 내적인 문제와 관련된 것이다. 언어 사용자와 관련된 원인으로는 언어 사용자의 발음기관에서 조음하기 불편하다는 것과 머리 속에 저장하기 불편하다는 것의 두 가지로 구분할 수 있을 것이다.

가. 조음적인 불편

음운 변화가 발생하는 이유는 부자연스러운 조음의 연결이 존재하기 때문이다. 부자연스러운 조음의 연결은 조음 기관의 활동에 부담을 주게 되어 음운 현상이 발생하는 원인이 된다. 조음의 불편을 야기하는 현상을 몇 부류로 나누어 보면 다음과 같다.

[발음 관습의 변화]

존재하고 있는 모든 사물이나 현상이 변화하듯이, 인간의 발음 관습도 시간의 흐름 속에서 변화하게 마련이다. 그래서 특정한 시기에는 자연스러운 발음 관습이 세월이 흐른 후에는 부자연스러운 발음이 될 수도 있다. 이러한 발음 관습이 어떤 이유로 바뀌는지에 대해서는 알 수 없지만, 부자연스런 음소의 연결이 발생하면 이것은 새로운 음운 현상을 발생시키는 원인이 된다는 것은 의심의 여지가 없다.

[새로운 형태의 발생]

역사적으로 새로운 문법 형태소나 어휘 형태소가 만들어지면 새로운 음운론적 결합 관계가 만들어지게 된다. 이러한 관계 중 기존의 관계에 이미 존재하던 것은 불편 없이 그대로 수용되겠지만, 그렇지 못한 결합 관계가 발생하면 언어 사용자의 불편을 초래하게 된다. 수용되기 어려운 음운 결합의 발생은 음운 현상이 발생하는 원인이 된다.

[외부로부터의 차용]

다른 언어와의 접촉으로 인하여 새로운 형태나 구조를 가진 단어가 유입되어 기존의 음소 연결에서 수용할 수 없는 것이 발생하면, 이러한 관계는 기존의 언어 체계나 현상에서 수용할 수 없게 된다. 이러한 현상 역시 음운 현상이 발생하는 원인이 된다.

나. 기억(혹은 저장)의 불편

언어의 생명은 그 언어를 사용하는 사람이 있을 경우에 지속된다. 언어 사용자는 언어의 모습이 기억하기 편하고 사용하기 편해야 그 언어를 지속적으로 사용하게 된다. 언어 사용자가 기억하기 어렵거나 사용하기 불편할 경우 그것은 변화를 입기 십상이다. 언어 사용자의 차원에서 기억하기 불편한 사항은 다음의 경우로 나눌 수 있다.

[예외적인 현상의 발생]
인간은 언어를 규칙으로 습득하고 규칙으로 사용한다. 그런데 규칙에 어긋나는 존재일 경우 언어 사용자는 그것만을 따로 기억해야 하는 불편을 가진다. 이러한 존재는 언어 변화를 일으키는 요인이 된다.

[복수 형태의 발생]
하나의 형태소는 독립적으로 하나의 단어를 이루어 발화상 다른 요소의 간섭을 받지 않을 수도 있겠지만, 보통의 경우는 다른 형태소와 다양하게 결합하여 하나의 단어를 이루는 것이 일반적이다. 이때 다양한 종류의 음소들과 만나게 되고 이러한 연결 상황에서 다양한 음운 현상이 적용되어 하나의 형태소가 둘 이상의 형태로 존재하는 경우가 발생하게 된다. 이 경우 언어 사용자는 하나의 형태소에 대해 둘 이상의 형태를 기억해야 한다. 이것은 기억하기도 불편할 뿐더러 사용하기도 불편한 사항이 된다. 이럴 경우 언어의 변화를 초래하게 된다.

다. 구조적인 불균형

인간의 의식 구조는 균형적이고 대칭적이어서 반듯한 체계를 갖추는 것을 선호하는 경향이 있다. 전체적인 구조에서 불균형의 요소가 있을 경우 이것은 조음적으로나 인지적으로 부담스러운 존재가 된다. 더구나 경제적으로도 비효율적인 면을 발생하게 한다. 구조적으로 체계적으로 불균형의 요소가 있을 경우에는, 이것을 없애 균형을 이루거나, 대응되는 요소를 생성시켜 새로운 균형을 이루게 한다.

5.1.2. 유형

음운 변화에서 변화의 요인이 되는 것을 동화주라 하고 변화의 대상이 되는 것을 피동화주라고 하는데, 어떤 언어에서든지 자음이나 모음이 동화주나 피동화주가 될 수 있다. 즉 자음에 의해 자음이 변화하기도 하고 자음에 의해 모음이 변화하기도 한다. 또한 모음에 의해 모음이 변화하기도 하고 모음에 의해 자음이 변화하기도 하는 것이다.

이러한 변화의 유형은 보통 다음의 다섯 가지로 나누어 설명한다.

가. 교체

어떤 하나의 구성체가 변화하였다는 것은 그 구성체를 이루고 있는 구성요소가 변화했기 때문인데, 음운이 변화하는 것도 음운을 이루고 있는 구성요소인 자질이 변화하기 때문이다. 교체란 음소를 이루고 있는 자질의 일부가 다른 것으로 변화하는 것을 말한다. 예를 들어 '먹는→멍는'으로 변화하는 것은 'ㄱ'의 자질 중 일부인 [-nasal]이 [+nasal]로 변화했기 때문이며 이를 교체라 한다. 이 현상은 음소의 구성요소인 자질이 변화하는 것을 지칭하는 것이므로 자질변경이라고 하기도 한다.

나. 탈락

기저부 혹은 입력부의 형태소 구조에 존재하는 분절음이 표면적인 음절에서 실현되지 않을 때 이를 탈락 혹은 삭제라고 한다. '값+도→[갑또]'와 같은 현상에서 'ㅅ'이 실현되지 않은 것은 이것이 탈락했기 때문이다. 탈락 현상의 외연은 자질, 음소, 음절 등 여러 가지가 있겠

제5장_음운 현상

으나, 탈락 현상이 발생했다는 것은 분절음 차원에서 발생하여 음절 구조를 결정하거나 음절 수에 영향을 주는 현상을 지칭하는 것이 일반적이다. 예를 들어 '가+으면'이 '가면'이 되는 것은 모음이 탈락하여 기저의 CV+VCGV 구조가 표면적으로 CV$CGVC 구조인 두 음절이 된 것이고, 앞에서 예를 든 '값+도→[갑또]'는 기저의 CVCC+CV 구조가 자음의 탈락에 의해 CVC$CV 구조가 된 것이다. 기저형에 존재하는 자질이 표면적으로 실현되지 않을 경우에는 탈락이라고 하지 않는다. 예를 들어 축약과 같은 현상에서 두 음소가 하나의 음소로 실현될 때 자질이 실현되지 않을 경우가 있는데, 이런 현상은 탈락에 포함시키지 않는 것이 일반적이다. 그리고 어두 음절을 사용하여 단어나 구를 줄여서 사용하는 경우, 예를 들어 '이화여자대학교'를 줄여 '이대'라고 하는 것은 음운론적인 대상에서 제외되기 때문에 논외의 현상이다.

다. 삽입

기저 혹은 입력부의 형태소 구조에 존재하지 않던 분절음이 표면적인 음절에서 실현될 때 이를 삽입 또는 첨가라고 한다. 삽입 역시 분절음의 차원에서 논의되는 것이며, 새로운 자질의 삽입이란 표현은 사용하지 않는다. 그래서 삽입 현상 역시 발화 단위인 음절 구조에 영향을 주게 된다.

라. 축약

기저의 두 분절음이 합하여 표면적으로 하나의 분절음으로 실현될 때 이를 축약이라고 한다. 축약 현상이 발생하면 거의 필수적으로 실현되지 않는 자질이 발생하게 된다. 예를 들어 'ㄱ'과 'ㅎ'이 축약하여 'ㅋ'이 되면, 'ㅎ'의 자질 중 [+continuent]는 실현되지 않고 그냥 없어지게 된다. 이런 경우는 탈락이라고 하지 않는다.

마. 도치

도치는 분절음의 차원에서 그 배열 순서가 서로 바뀌는 것을 의미한다. 배열 순서가 바뀌지 않고 음절 구조상의 변화만 발생할 때는 도치라는 표현을 하지 않는다. 예를 들어 '덤붕'과 '둠벙'은 모음의 도치가 발생한 것이지만, 'ㅂ얌'이 '비암'이 되는 것은 음절 구조에 영향을 미쳤다 하더라도 발화 순서의 차이가 발생한 것이 아니므로 도치라고 하지 않는다.

5.1.3. 방향

가. 조음의 편이화

최소의 노력으로 최대의 효과를 거두고자 하는 것은 인간의 기본적인 욕구 중의 하나가 될 것이다. 언어로써 의사소통을 할 경우에도 최소의 노력을 들여 최대의 정보를 전달하고자 하는 것은 당연한 욕구일 것이다. 조음에 최소의 노력을 들인다는 것은 조음 기관의 편이화를 의미한다고 할 수 있고, 이것은 가능한 한 '조음 기관을 덜 움직이는 방향'과 '조음 기관을 편안하게 이동하는 방향'으로 작용하게 될 것이다. 후자에 대해서는 아직 별로 연구되지 못했으나, 언어의 변화 중 많은 비중을 차지하는 동화 현상들 예를 들어 구개음화, 비음화, 유성음화, 무성음화, 움라우트 등은 모두 동화 현상의 일종들이다. 이러한 현상은 조음의 간소화 내지는 경제화를 추구하여 최소의 노력으로 조음하고자 하는 과정이다.

나. 이형태의 최소화

하나의 형태소가 둘 이상의 형태로 존재하여 음운론적인 환경에 따라 달리 사용된다는 것은 언어 사용자에게 대단히 불편한 상황이다. 머리 속에 저장하여 기억하기도 불편할 뿐더러 실제적인 상황에서 오류가 발생할 수 있기 때문에 이러한 형태는 단일한 형태로 전환하고자 하는 방향으로 변화가 발생할 것이다. 이른바 유추작용 등에 의해 교체 계열을 단일화하는 것은 이형태를 최소화하여 언어 사용자의 불편을 덜게 하는 것이다.

다. 예외 현상의 규칙화

언어는 규칙으로 존재하고, 인간의 언어 학습 행위는 규칙의 학습행위라고 한다면, 모든 언어 현상은 일정한 규칙에 맞게 존재해야 언어 사용자는 기억하기 쉽고 사용하기도 편리할 것이다. 그런데 그러한 규칙에 위배되는 현상이 존재한다면 이 역시 언어 사용자를 대단히 불편하게 하는 것이다. 이러한 불편 사항들 예를 들어 규칙에 대한 예외적인 현상이나 주된 규칙에서 벗어나 지엽적인 규칙에 의존하는 현상들은 줄이거나 없애는 방향으로 작용하게 될 것이다. 이러한 현상 역시 언어 사용자의 불편을 최소화하기 위한 과정이다.

라. 구조적인 균형화

구조적으로 균형이 잡히지 못한 체계는 그러한 불균형의 요소를 없애기 위해 새로운 요소를 체계에 생성시키거나 기존의 불균형적인 요소를 제거하게 된다. 이러한 과정은 국어 모음 체계의 변화에서 한 단면을 볼 수 있다.

국어의 모음 체계는 훈민정음을 창제할 당시 7모음 체계였던 국어의 모음 체계는 근대국어에 이르러 다음과 같은 6모음 체계가 된다.

전설모음　　비전설모음
ㅣ　　　　ㅡ　ㅜ
　　　　　ㅓ　ㅗ
　　　　　　ㅏ

전설모음이 'ㅣ' 하나이고, 비전설모음이 5개인 이러한 모음 체계는 전설 대 비전설의 균형에서 극심한 불균형을 보이게 된다. 국어의 모음 체계는 이러한 불균형을 해소하기 위해 전설계 모음을 생성시키게 된다.

```
        전설모음        비전설모음
        ㅣ  ㅟ          ㅡ  ㅜ
        ㅔ  ㅚ          ㅓ  ㅗ
        ㅐ              ㅏ
```

그러자 위와 같이 전설 대 비전설의 대립 관계가 균형이 잡힌 모음 체계가 된다. 그런데 한 요소에 의한 균형을 잡기 위해 변화한 모음 체계는 다른 요소에 의한 불균형을 초래하게 된다. 그것은 원순성에 의한 대립 관계의 불균형과 개구도에 의한 대립 관계의 불균형이다. 이러한 불균형을 해소하기 위해 현대국어의 모음 체계는 기존의 음소를 없애는 방향으로 변화하고 있다. 즉 현대국어는 개구도가 2단계 혹은 3단계로 되어 있는 불균형을 해소하는 방향으로 변화가 발생하거나, 원순성에 의한 대립짝이 있기도 하고 없기도 하는 불균형을 해소하기 위해 원순모음을 비원순모음으로 변화하는 변화가 생기고 있는 것이다. 이러한 변화는 새로이 생긴 불균형을 다시 조정하기 위한 것이다.

5.2. 한국어의 음운 현상

5.2.1. 한국어의 자질 변경 현상

가. 비음화 현상

비음화 현상이란 비음 아닌 자음을 비음 앞에서 비음으로 바꾸는 현상이다. 동화주는 비음이고, 피동화주는 비음을 제외한 모든 자음이다.

제5장_ 음운 현상

이 현상은 'ㄹ'의 비음화 현상과 순수 자음의 비음화 현상을 구분할 필요가 있다. 여기는 후자에 대해 논의한다.

<활용>
  잡는[잠는], 돕는[돔는], 덮는[덤는]
  죽는[중는], 먹는[멍는], 닦는[당는]
  믿는[민는], 듣는[든는]
  웃는[운는], 잇는[인는], 있는[인는]
  꽂는[꼰는], 젖는[전는], 쫓는[쫀는]
  놓는[논는], 넣는[넌는]

<곡용>
  밥만[밤만], 입만[임만], 잎만[임만]
  죽만[중만], 국만[궁만], 부엌만[부엉만]
  밑만[{민, 밈}만], 끝만[{끈, 끔}만]
  옷만[{온, 옴}만], 벗만[{번, 범}만]
  젖만[{전, 점}만], 낯만[{난, 남}만], 꽃만[{꼰, 꼼}만]

<복합어>
  막론[망논]
  밥물[밤물]

<음운론적 단어 내부>
  무럭무럭[무렁무럭]
  밥먹는다[밤멍는다], 죽먹는다[중멍는다], 젖먹는다[전멍는다] 혹은 [점멍는다]
  무척 많다[무청만타]
  못 만나[몬만나] 혹은 [몸만나]
  옷매무새[온매무새] 혹은 [옴매무새]
  옷 입는다[온님는다]

위의 예에서 알 수 있듯이, 비음화는 폐쇄음이 비음으로 변화하는 것인데, 변화된 결과는 'ㅁ, ㄴ, ㅇ' 등이다. 얼핏 보아, 양순음 'ㅂ, ㅍ' 등은 'ㅁ'이나 'ㅇ'으로 변화하고, 혀뒷소리(연구개음) 'ㄱ, ㅋ, ㄲ'은 'ㅇ'으로 변화하고, 혀앞소리(치조음, 경구개음) 'ㄷ, ㅌ, ㅈ, ㅊ, ㅅ, ㅆ' 와 후음 'ㅎ' 등은 'ㄴ, ㅁ'으로 조음된다. 그러나 비음화 현상이란 'ㅂ, ㅍ' 등이 'ㅁ'으로 변화하는 것과 'ㄱ, ㅋ, ㄲ' 등이 'ㅇ'으로 변화하는 것, 그리고 'ㄷ, ㅌ, ㅈ, ㅊ, ㅅ, ㅆ, ㅎ' 등이 'ㄴ'으로 변화하는 것만을 지칭하는 것이다. 그리고 이것은 다시 'ㅂ'이 'ㅁ'으로 변화하는 것과 'ㄱ'등이 'ㅇ'으로 변화하는 것, 그리고 'ㄷ'이 'ㄴ'으로 변화하는 것만을 비음화로 지칭하는 것이다라고 줄일 수 있다. 'ㅍ; ㅋ, ㄲ; ㅌ, ㅈ, ㅊ, ㅅ, ㅆ, ㅎ' 등은 각각 'ㅂ, ㄱ, ㄷ' 등으로 미파화하는 현상이 먼저 발생하고 이 이후에 비음화 현상이 발생했다고 할 수 있기 때문이다.

그리고, 'ㄴ'이 'ㅁ'이나 'ㅇ'으로 변화하는 것이나, 'ㅁ'이 'ㅇ'으로 변화하는 것은 조음 위치의 동화이다.

비음화 현상은 복합어의 모음과 자음의 연결에서 발생한 사잇소리에서도 볼 수 있다. 사잇소리는 후행하는 형태소의 첫 음이 콧소리일 때는 콧소리로 변화하여 실현된다.

    계+날[곈날], 훗날[훈날], 제사+날[제산날], 퇴+마루[퇸마루] 혹은 [툄마루], 양치+물[양친물] 혹은 [양침물]

비음화 현상은 다음과 같이 결론 지을 수 있다.

국어의 비음 앞에 존재하는 모든 자음은 후행하는 비음성의 역행 동화를 받는다.('ㄹ'의 경우는 이와 사뭇 다른 양상을 보인다.)

그리고 이것은 다음과 같은 표면 음성제약 때문에 발생한다고 할 수 있다.
→ 국어의 자질 연결에서 '비비음성+비음성'은 불가능하다.

나. 구개음화

구개음화란 구개성을 가지지 않은 자음이나 모음이 구개성을 가지고 있는 자음이나 모음으로 변화하는 동화 현상의 하나인데, 현대국어에서 구개음화를 일으키는 동화주는 전설 비원순 고모음 '이[i]'와 전설성 활음 [j] 등 두 가지이다. 피동화주는 'ㄷ, ㅌ' 등이고, 형태론적인 범주의 제약을 강하게 받는다.

우선 구개음화와 관련된 예를 보기로 한다.

(1) 밭+이, 이랑// 에, 을→[바치], [바치랑]// [바테], [바틀]
    겉+이, 이랑// 에, 을→[거치], [거치랑]// [거테], [거틀]
    솥+이, 이랑// 에, 을→[소치], [소치랑]// [소테], [소틀]
    끝+이, 이랑// 에, 을→[끄치], [끄치랑]// [끄테], [끄틀]
    밑+이, 이랑// 에, 을→[미치], [미치랑]// [미테], [미틀]

(2) 굳+이// + 아/어, 았/었다 → [구지]// [구더], [구덛따]
    같+이// + 아/어, 았/었다 → [가지]// [가타], [가탇따]

    샅샅+이 → [삳사치]   낱낱+이 → [난나치]
    미닫+이 → [미다지]/// 닫+아/어 → [다다]
    벼훑+이 → [벼훌치]/// 훑+아/어 → [훌터]

    돋+히다// + 아/어, 았/었다 → [도치다]// [도다], [도닫따]
    닫+히다// + 아/어, 았/었다 → [다치다]// [다다], [다닫따]
    묻+히다// + 아/어, 았/었다 → [무치다]// [무더], [무덛따]
    굳+히다// + 아/어, 았/었다 → [구치다]// [구더], [구덛따]

(1)의 예들은 체언 어간이 곡용하는 예로, 체언 어간이 격조사 '이, 이랑'과 결합하는 경우와 '에, 을'과 결합하는 예이고, (2)의 예들은 용언 어간에 명사나 부사를 파생시키는 접미사 '이' 등이 결합하거나 피·사동 접미사 '-이/-히'와 결합하는 경우와 활용 어미 '-아/어, -았/었다'가 결합하는 경우를 대비한 것이다.

위의 예에서 보듯이 현대국어의 구개음화는 'ㄷ, ㅌ' 등이 '이'와 결합하여, 'ㄷ, ㅌ' 등을 'ㅈ, ㅊ' 등으로 변화시키는 현상이라고 할 수 있다. 그런데 이러한 단정이 섣부른 것임을 다음의 예로써 알 수 있다.

(3) 어디[어디]   마디[마디]   부디[부디]   드디어[드디{어, 여}]
    디디다[디디다]   견디다[견디다]   버티다[버티다]
    느티나무[느티나무] 티[티]   티눈[티눈]   티끌[티끌]
    띠[띠]

(4) 홑+이불 → [혼니불], 짓+이기다 → [진니기다]
    밭+이랑 → [반니랑], 웃+니 → [운니]

(3)은 한 형태소 내부에서 'ㄷ, ㅌ, ㄸ' 등이 '이'와 연결된 것이고, (4)는 복합어 형성과 파생어 형성에서 'ㄷ, ㅌ'과 '이'가 연결된 것이다. 이런 예에서 보듯이 형태소의 내부에서나, 복합어 형성에서나 접두사와 결합한 파생어 형성에서는 구개음화 현상을 볼 수 없는 것이다.

그러므로, 현대국어에서의 구개음화는 형태론적 제약을 심하게 받는 현상으로, 용언이나 체언의 어간말 'ㄷ, ㅌ' 등이 명사나 부사로 파생시키는 접미사 '-이'와 결합할 때, 말음이 'ㄷ'인 용언 어간이 피동접미사 '-히-'와 결합할 때, 말음이 'ㅌ'인 체언이 주격조사 '이'나 공동격조사 '이랑'과 결합할 때에 나타나는 현상이라고 할 수 있다.

구개음화 현상이 이러한 형태론적인 제약을 가지게 되는 이유는 쉽

제5장_ 음운 현상

게 규명할 수 있다. 구개음화가 적용되지 않는 예들은 현대국어 이전의 어느 시기(구개음화 규칙이 발생하기 이전의 시기)에는 형태소 내부에 'ㄷ, ㅌ, ㄸ' 등이 '이' 모음과 연결되는 구조를 가지고 있지 않았기 때문에, 구개음화라는 규칙이 적용될 수 없었던 것이다.

어디 < 어듸(노걸대언해, 상:9)
마디 < 마듸(만언사), 마듸(아학편, 하:12)
부디 < 부듸(계축일기, 35), 부듸(청구영언)
드디어 < 드듸여(계축일기, 11), 드듸여(경민편, 23)
디디- < 드듸-(여범, 3), 드듸-(유합, 하:37)
견디- < 견듸-(한청문감, 6:33), 견듸-(중간 두시언해, 10:2)
버티- < 버튀오-(동문유해, 상:50), 버튀우-(역어유해, 하:47), 버틔오-(한청문감, 10:22)
느티나무 < 느틔(송강가사), 느틔나모(역어유해, 하:42)
티 < 틔(동문유해, 하:56), 틔(한청문감, 11:52)
티눈 < 틔눈(청장관전서, 2:17)
티끌 < 틧글(한청문감, 1:17), 듣글(훈몽자회, 하:18)
띠 < 쯰(아학편, 상:12)

위의 예에서 보듯이 이들은 하나같이 '듸, 듸'나 '틔, 띄'의 형태로 사용되던 것이다. 이와 관련하여 다음의 예들을 보면,

댜ᄅ-(短)(사미인곡)   > 짧-
댱가(娶)(유합, 하:40)   > 장가
댱만ᄒ-(삼역총해, 7:16)   > 장만하-
도댱(道場)(가례언해, 5:22) > 도장
뎐디(天地)(가례언해, 4:1) > 천지
부텨(佛體)(유합, 하:24)   > 부처
뎔(寺)(유합, 상:18)   > 절

뎌긔(박통사언해, 상:9)   > 저기
됴뎡(朝廷)(여범, 1)   > 조정
둏-(好)(도산별곡)   > 좋-
됴희(紙)(오륜행실도, 2:32) > 종이
삽됴(훈민정음 언해)   > 삽듀 > 삽주
듀야(晝夜)(월인석보, 7:58) > 주야
듁슌(竹筍)(유합, 상:11)   > 죽순
가듁(樗)(물보)   > 가죽(나무)
디내-(청산별곡)   > 지내-
앉디(월인천강지곡, 상:9)   > 앉지-
티-(擊)(유합, 하:33)   > 치-
뎨티-(煠)(역어유해, 하:12) > 데치-
고티-(유합, 하:46)   > 고치-
기티-(유합, 하:31)   > 끼치-

형태소 내부에서 구개음화 규칙의 적용을 받아 현대국어에 이르렀음을 알 수 있다. 이로써 다음과 같은 사실을 추론할 수 있다.

구개음화가 발생할 당시에 이 규칙은 형태론적인 제약과 무관하게 적용될 수 있는 음운론적인 환경에는 모두 적용되었다. 구개음화가 적용된 후 새로이 만들어진 형태소 내부의 '디, 티, 띠'의 음소 연결에는 구개음화가 적용되지 않는다.

지금까지 논의한 구개음화는 흔히 'ㄷ' 구개음화라고 일컫는 것인데, 이와 다른 종류의 구개음화가 국어에 발생하여 방언을 분화하는 요인이 되었다. 'ㅎ' 구개음화와 'ㄱ' 구개음화가 그것이다. 이 현상은 남부 방언에서 발생한 것으로 몇 예를 제시하기로 한다.

향(香) > 상
혀 > 쎄   형님 > 성님
효자(孝子) > 소자   효험(效驗) > 소험(> [솜:])

제5장_ 음운 현상

흉 > 슝	흉악 > 슝악
김 > 짐	길(路) > 질
길-(長) > 질-	
견디- > 전디-	학교(學敎) > [학조] 혹은 [핵조]

키(箕) > 쳉이
끼-(揷) > 찌-

 이들은 'ㄱ, ㅋ, ㄲ' 등이 'ㅈ, ㅊ, ㅉ' 등으로, 'ㅎ'이 'ㅅ'으로 바뀐 예들인데, 고유어에서는 제1음절 위치라는 음절 위치의 제약을 가진다.
 'ㄷ' 구개음화와 'ㄱ' 구개음화가 동시에 관련된 것으로 다음의 예들은 흥미로운 것이다.

중부 방언	남부 방언	이전 형태
깆	짖	짖
길쌈	질쌈	질쌈
김치	짐치	딤치

 이들은 본래 'ㅈ'이거나 'ㄷ' 구개음화에 의하여 'ㅈ'이 된 것을 중부 방언에서 'ㄱ' 구개음화에 의한 것으로 오인하여 과잉 교정한 것으로 이해할 수 있다.

다. 원순모음화
 형태소 내부의 자음과 모음의 연결에서 현대국어에서는 원순 자음 아래에서 비원순모음 'ㅡ'가 원순성의 대립짝인 'ㅜ'로 변화하는 원순모음화 현상을 볼 수 있다. 이 현상의 동화주는 순자음이고 피동화주는 '으'이며, 형태론적 제약을 강하게 받는다.
　역사적으로 '믈, 블, 플' 등이 '물, 불, 풀' 등으로 된 것은 순음 아래에서 비원순모음인 '으'가 선행하는 입술소리에 의해 원순성을 가지게 된 것인데, 이는 '으'와 '우'가 원순성에 의한 대립짝이었음을 보여주는 것이고, 동시에 입술에서 조음되는 초성과 비원순모음 중 일부가 연결되지 못하는 분절음 연결제약이 발생하였다는 것을 의미한다.38) 현대국어의 중부 방언에서 이전 시기의 '믈, 쌔ᄅ-, 폴' 등이 '말, 빠르-, 팔' 등으로 조음되고 있는데 반해, 남부 방언에서는 이들이 '몰, 뽀리-, 폴' 등으로 바뀐 것도 원순모음화 현상 때문이다. 형태소 내부에 발생한 원순모음화의 예로 다음의 예들도 포함된다.

　　<형태소 내부>
　　　바쁘다[바뿌다], 기쁘다[기뿌다], 고프다[고푸다]

　그런데 이 현상은 형태소 내부에서는 '우'로 형태소의 재구조화가 완성되었다고 할 수 있다. 반면 아래의 예에서 보듯이

　　<용언의 활용>
　　　잡+으니, 으면 → [{자브니, 자부니}], [{자브면, 자부면}]
　　　접+으니, 으면 → [{저브니, 저부니}], [{저브면, 저부면}]
　　　남+으니, 으면 → [{나므니, 나무니}], [{나므면, 나무면}]
　　　삼+으니, 으면 → [{사므니, 사무니}], [{사므면, 사무면}]
　　　읊+으니, 으면 → [{을프니, 을푸니}], [{을프면, 을푸면}]

　　<체언의 곡용>
　　　밥은[바븐],　　밥으로[바브로]

---

38) 원순모음화 현상은 방언에 따라 달리 나타나고, 음소 연결의 종류에 따라 달리 나타난다. 중부 방언에서는 '으'의 원순모음화 현상만 나타나고, 남부지역에서는 '으, ᄋ̆'의 원순모음화 현상이 나타난다.

밤은[바믄],   밤으로[바므로]
앞은[아픈],   앞으로[아프로]
잎은[이픈],   잎으로[이프로]

용언의 활용이라는 형태소의 연결에서는 원순모음으로 변화하지 않은 '으'와 원순모음화한 '우'가 공존하고 있는데, 체언의 곡용에서는 이 현상이 더 약화된다.

이 제약에는 부수적인 조건이 있다. '바람, 마당, 파란, 비듬, 미리, 피'에서처럼 순자음이 비원순모음과 결합하는 양상을 얼마든지 볼 수 있기 때문이다. 비원순모음의 대립짝인 원순모음이 존재하지 않을 때 이 분절음 연결제약은 무시되는 것이다.

라. 혀뒷소리화; 연구개음화

연구개음화란 연구개음이 아닌 자음이 연구개음에 선행할 때, 그것을 연구개음으로 바꾸는 동화 현상의 일종인데, 동화주는 연구개음이고 피동화주는 'ㄹ'을 제외한 모든 자음이다. 이 현상은 수의적으로 발생하는데, 형태론적인 범주의 제약을 받지 않고 모든 음운론적인 단위에서 작용한다. 우선 용언이 활용하는 경우를 보면 다음과 같다.

(1) <용언의 활용 – 용언 어간 + 고, 게>
   잡고[잡꼬] 혹은 [작꼬] 혹은 [자꼬], 잡게[잡께] 혹은 [작께] 혹은 [자께]
   깊고[깁꼬] 혹은 [긱꼬] 혹은 [기꼬], 깊게[깁께] 혹은 [긱께] 혹은 [기께]
   듣고[듣꼬] 혹은 [득꼬] 혹은 [드꼬], 듣게[듣께] 혹은 [득께] 혹은 [드께]
   짖고[짇꼬] 혹은 [직꼬] 혹은 [지꼬], 짖게[짇께] 혹은 [직께] 혹은 [지께]
   쫓고[쫃꼬] 혹은 [쪽꼬] 혹은 [쪼꼬], 쫓게[쫃께] 혹은 [쪽께] 혹은 [쪼께]
   안고[안꼬] 혹은 [앙꼬], 안게[안께] 혹은 [앙께]
   삼고[삼꼬] 혹은 [상꼬], 삼게[삼께] 혹은 [상께]
   없고[업꼬] 혹은 [억꼬]

앉고[안꼬] 혹은 [앙꼬], 앉게[안께] 혹은 [앙께]
젊고[점꼬] 혹은 [정꼬], 젊게[점께] 혹은 [정께]

위의 예에서 보듯 'ㄱ'으로 시작되는 어미 앞에서 선행하는 어간의 말음 'ㅂ, ㄷ, ㄴ, ㅁ' 등이 각각 'ㄱ, ㄱ, ㅇ, ㅇ' 등으로 변화한 것을 알 수 있다. 이 현상은 체언의 곡용에서도 동일하다.

(2) <체언의 곡용 - 체언 어간 + 까지>
밥까지[{밥까지, 박까지}]
앞까지[{압까지, 악까지}]
솥까지[{솓까지, 속까지}]
옷까지[{옫까지, 옥까지}]
젖까지[{젇까지, 적까지}]
꽃까지[{꼳까지, 꼭까지}]

안까지[{안까지, 앙까지}]
삼까지[{삼까지, 상까지}]

체언의 곡용에서도 수의적이긴 하지만, 'ㄱ' 류의 자음 앞에서 'ㄱ' 혹은 'ㅇ'으로 변화하는 현상을 확인할 수 있다. 이 현상은

(3) <접미 파생어 형성>
듣기다[듣끼다] 혹은 [득끼다] 혹은 [드끼다]
웃기다[욷끼다] 혹은 [욱끼다] 혹은 [우끼다]
안기다[안기다] 혹은 [앙기다]

(4) <복합어 형성>
밥그릇[박끄른] 혹은 [바끄른] 혹은 [밥끄른]
옷걸이[옥꺼리] 혹은 [오꺼리] 혹은 [옫꺼리]

젖가슴[적까슴] 혹은 [저까슴] 혹은 [젇까슴]
짖거리[직꺼리] 혹은 [지꺼리] 혹은 [짇꺼리]
옷고름[옥꼬름] 혹은 [오꼬름] 혹은 [옫꼬름]

코+기름[콛끼름] 혹은 [코끼름] 혹은 [콕끼름]

(3)이나 (4)와 같은 파생어 형성이나 복합어 형성에서도 찾아볼 수 있다. 그리고,

(5) <음운론적 단어>
한 개[항개] 혹은 [한개]
(참고) 함께

(5)와 같은 구조 즉 문법적으로는 구 구조이지만 하나의 음운론적인 단위로 작용하는 언어 단위에서도 찾아볼 수 있는 것이다.
그러므로 이 현상은 형태론적인 범주의 제약을 전혀 받지 않는 현상이라 할 수 있고, 위의 예에서 보듯이 선행하는 거의 모든 자음을 연구개음으로 바꾸는데, 아래의 예에서 보듯이

(6) 살고[살고]   울고[울고]   달고[달고]
    살까지[살까지]   물까지[물까지]   술까지[술까지]
    술기운[술끼운]   물고기[물꼬기]   불고기[불고기]
    열 개[열깨]

'ㄱ' 앞에 'ㄹ'이 올 경우에는 이 현상이 적용되지 않는다.

마. 양순음화

양순음화란 양순음이 아닌 자음이 양순음 앞에 놓일 때 그것을 양순

음으로 바꾸는 동화 현상의 일종인데, 동화주는 순음이고 피동화주는 [+설정성]을 가지고 있는 자음이다. 이 현상은 조음 위치의 이동을 발생시키는데, 다른 조음 위치의 변화와 유사하게 수의적으로 발생한다. 용언의 활용에서는 'ㅂ'으로 시작하는 어미가 없기 때문에 존재하지 않고, 체언의 곡용이나 복합어 형성에서 볼 수 있는 현상이다.

(1) <체언의 곡용>
옷부터[{온, 옵, 오}뿌터], 굿보다[{군, 굽, 구}뽀다]
젖부터[{전, 접, 저}뿌터], 낮보다[{난, 납, 나}뽀다]
낯부터[{난, 납, 나}뿌터], 꽃보다[{꼰, 꼽, 꼬}뽀다]
겉부터[{건, 겁, 거}뿌터], 끝보다[{끈, 끕, 끄}뽀다]
신부터[{신, 심}부터], 산보다[{산, 삼}보다]

옷만[{온, 옴}만], 굿만[{군, 굼}만]
젖만[{전, 점}만], 낮만[{난, 남}만]
낯만[{난, 남}만], 꽃만[{꼰, 꼼}만]
겉만[{건, 검}만], 끝만[{끈, 끔}만]
신만[{신, 심}만], 산만[{산, 삼}만]

(2) <복합어 형성>
돋보기[{돋, 돕, 도}뽀기]
덧바지[{덛, 덥, 더}빠지]
(참고) 기쁘다, 이쁘다
내+물[{낸, 냄}믈, 코+물→{콘, 콤}]물

위의 예에서 보듯이 양순음화는 [+coronal] 자질을 가지고 있는 'ㄷ, ㅈ, ㅅ, ㄴ' 등이, 후행하는 'ㅂ'이나 'ㅁ'의 영향을 받아 'ㅂ'이나 'ㅁ'으로 변화하는 현상이다. 이 현상을 얼핏 보면, 'ㅂ' 앞에서 'ㄷ, ㅈ, ㅅ' 등이 'ㅂ'으로 수의적으로 변화하고, 'ㄴ'이 'ㅁ'으로 수의적으로

제5장_ 음운 현상

변화하는 반면, 'ㅁ' 앞에서는 'ㄷ, ㅈ, ㅅ' 등이 'ㅁ'으로 수의적으로 변화하고, 'ㄴ'이 'ㅁ'으로 수의적으로 변화하는 것으로 나타난다. 그리하여 이 현상이 어떤 공통성도 가지고 있지 않은 것처럼 보이는데, 사실은 그렇지 않다. 양순음화란 'ㅁ'이나 'ㅂ' 앞에서 'ㄷ, ㅈ, ㅅ' 등이 'ㅂ'으로 변화하고, 'ㄴ'이 'ㅁ'으로 변화하는 것을 지칭하는 것이다. 'ㅁ' 앞에서 'ㄷ, ㅈ, ㅅ' 등이 'ㅁ'으로 실현되는 것은 이들이 'ㅂ'으로 변화한 후 다시 비음동화를 경험한 것이다.

'내+물'이 [{낸, 냄}물]로 조음되는 것이나, '코+물'이 [{콘, 콤}물]로 조음되는 것은 사잇소리가 후행하는 양순음에 동화한 것이다.

바. 혀앞소리화; 설단음화

설단음화란 흔히 말하는 [+coronal] 자질을 가지고 있는 자음끼리의 완전동화를 말한다. 현대국어에서 'ㄷ, ㅅ, ㅈ' 등이 서로 앞뒤로 연결될 때, 앞에 오는 자음은 뒤에 오는 자음의 조음 위치와 조음 방식에 완전 동화하는 현상이 발생한다. 물론 이 현상은 필수적인 규칙이 아니고 수의적인 것이다. 이 현상은 체언의 곡용과 용언의 활용에 차이 나는 것이 아니므로 관련되는 예를 구분없이 보기로 한다.

       옷소[옫쏘] 혹은 [옷쏘] 혹은 [우쏘]
       젖소[젇쏘] 혹은 [젓쏘] 혹은 [저쏘]
       듣소[듣쏘] 혹은 [듯쏘] 혹은 [드쏘]

       옷도[옫또] 혹은 [오또]
       젖도[젇또] 혹은 [저또]
       (듣도[듣또] 혹은 [드또])

       옷지[옫찌] 혹은 [옷찌] 혹은 [우찌]
       젖지[젇찌] 혹은 [젖찌] 혹은 [저찌]

듣지[듣찌] 혹은 [듯찌] 혹은 [드찌]

위의 예에서 보듯이 자음의 연결에서 후행하는 어미의 초성이 'ㅅ'이고, 선행하는 어간의 종성이 'ㅅ, ㅈ, ㄷ' 등일 때에는 그 자음의 종류에 관계없이 조음이 동일하고, 후행하는 어미의 초성이 'ㄷ'이고, 선행하는 어간의 종성이 'ㅅ, ㅈ, ㄷ' 등일 때에도 그 자음의 종류에 관계없이 조음이 동일하다. 마찬가지로, 후행하는 어미의 초성이 'ㅈ'이고, 선행하는 어간의 종성이 'ㅅ, ㅈ, ㄷ' 등일 때에도 동일한 현상이 발생한다. 조심스런 발화에서는 어간말 'ㅅ, ㅈ, ㄷ' 등이 음절말 위치에서 'ㄷ'으로 조음되지만, 자연스런 발화에서는 후행하는 자음과 동일한 자음이 실현되기 때문이다.

사. 전설고모음화

전설고모음화란 다른 모음이 전설 고모음 '이'로 바뀌는 현상을 말하는데, 동화주는 마찰성을 가지고 있는 'ㅅ, ㅆ, ㅈ, ㅊ, ㅉ' 등이고, 피동화주는 'ㅡ' 모음이다. 적용범위는 형태소의 내부에 한정된다.

(1) <형태소 내부>
즐겁다[{질겁따, 즐겁따}], 쓸[{씰, 쓸}] (데 없다), 슬프다[{실푸다, 슬푸다}]
층계[{칭계, 층계}]
즉시[{직시, 즉시}], 슬슬[{실실, 슬슬}], 쓱쓱[{씩씩, 쓱쓱}]

(2) 굵다[극따], 크다[크다], 끄다[끄다]
들다[들다], 트다[트다], 뜨다[뜨다]

위의 예에서 보듯이 이 현상의 동화주는 'ㅅ, ㅈ, ㅊ, ㅆ(ㅉ)'에 한정된다. 그런데 일부 방언(특히 동남 방언)에서는 이 현상의 동화주에

제5장_ 음운 현상

'ㄹ'도 합류하여 형태소 내부에서 '르'의 음소 연결은 존재하지 않는다.

(3) 다르다→[다리다], 오르다→[오리다], 누르다→[누리다]
    푸르다→[푸리다]

그런데 이 현상은 형태소 내부에 한정되고, 용언의 활용이나 체언의 곡용 등 형태소의 연결에서는 볼 수 없는 현상이다.

(4) <용언의 활용>
    웃으니[우스니], 찾으니[차즈니], 짖으니[지즈니], 쫓으니[쪼츠니]

(5) <체언의 곡용>
    옷은[오슨], 짓은[지슨], 꽃은[꼬츤], 젖은[저즌], 물은[무른]

아. 활음화

활음화란 구개성을 가진 모음이나 원순성을 가지고 있는 모음이 각각 구개성 활음이나 원순성 활음으로 변화하는 현상을 말하는데, 국어에서는 '이'가 구개성(전설성) 활음 [j]으로 바뀌거나 '오, 우'가 원순성 활음 [w]로 바뀐다. 선행 자음의 유무에 따라 조금씩 차이가 있기도 하는데 이 현상은 필수적인 것이 아니다. 이 현상 자체가 발생하지 않을 수도 있고, 이 현상이 발생하지 않게 하는 다른 현상, 예를 들어 활음 첨가에 의해 발생하지 않을 수도 있다. 다시 말해 이 현상은 다른 현상에 의해 대체될 수 있는 것이다.

(1) • 오+아/어, 아/어도, 아/어라, 았/었다 → [와], [와도], [와라], [왇따]
    • 배우+아/어, 아/어도, 아/어라, 았/었다 → [배워], [배워도], [배워라],
                                              [배웓따]

(2) • 보+아/어, 아/어도, 아/어라, 았/었다 → [{봐, 보아, 보와}], [{봐도, 보아도, 보와도}], [{봐라, 보아라, 보와라}], [{봤따, 보았따, 보왔따}]
• 꼬+아/어, 아/어도, 아/어라, 았/었다 → [{꽈, 꼬아, 꼬와}], [{꽈도, 꼬아도, 꼬와도}], [{꽈라, 꼬아라, 꼬와라}], [{꽜따, 꼬았따, 꼬왔따}]
• 비꼬+아/어, 아/어도, 아/어라, 았/었다 → [{비꽈, 비꼬아, 비꼬와}], [{비꽈도, 비꼬아도, 비꼬와도}], [{비꽈라, 비꼬아라, 비꼬와라}], [{비꽜따, 비꼬았따, 비꼬왔따}]

(3) • 주+아/어, 아/어도, 아/어라, 았/었다 → [{줘, 주어, 주워}], [{줘도, 주어도, 주워도}], [{줘라, 주어라, 주워라}], [{줬따, 주얻따, 주웠따}]
• 가두+아/어, 아/어도, 아/어라, 았/었다 → [{가둬, 가두어, 가두워}], [{가둬도, 가두어도, 가두워도}], [{가둬라, 가두어라, 가두워라}], [{가뒀따, 가두얻따, 가두웠따}]
• 바꾸+아/어, 아/어도, 아/어라, 았/었다 → [{바꿔, 바꾸어, 바꾸워}], [{바꿔도, 바꾸어도, 바꾸워도}], [{바꿔라, 바꾸어라, 바꾸워라}], [{바꿨따, 바꾸얻따, 바꾸웠따}]
• 부수+아/어, 아/어도, 아/어라, 았/었다 → [{부숴, 부수어, 부수워}], [{부숴도, 부수어도, 부수워도}], [{부숴라, 부수어라, 부수워라}], [{부숷따, 부수얻따, 부수웠따}]
• 낮추+아/어, 아/어도, 아/어라, 았/었다 → [{낮춰, 낮추어, 낮추워}], [{낮춰도, 낮추어도, 낮추워도}], [{낮춰라, 낮추어라, 낮추워라}], [{낮췄따, 낮추얻따, 낮추웠따}]
• 나누+아/어, 아/어도, 아/어라, 았/었다 → [{나눠, 나누어, 나누워}], [{나눠도, 나누어도, 나누워도}], [{나눠라, 나누어라, 나누워라}], [{나눴따, 나누얻따, 나누웠따}]
• 겨누+아/어, 아/어라, 아/러라, 았/었다 → [{겨눠, 겨누어, 겨누워}], [{겨눠도, 겨누어도, 겨누워도}], [{겨눠라, 겨누어라, 겨누워라}], [{겨눴따, 겨누얻따, 겨누웠따}]

위 (1)의 예에서 보듯이 선행하는 자음이 없을 경우에는 '오/우'의 활음화가 필수적이다. 반면에 (2)와 (3)의 예에서 보듯이 선행하는 자음이 있을 경우에는 활음화가 발생할 수도 있고, 원순성 활음 w가 첨가되기도 하고, 이 두 현상이 모두 일어나지 않기도 한다. 그리고 (3)의 예에서 보듯이 어간 음절수나 '우'에 선행하는 자음의 종류에 관계없이 이 현상은 동일하게 발생한다.

어간말의 '이'나 파생접미사의 말음 '이'가 모음으로 시작하는 어미와 결합할 경우에는 전설성 활음 [j]가 형성된다.

(1) • 이+아/어, 아/어도, 아/어라, 았/었다 → [{여, 이어, 이여}], [{여도, 이어도, 이여도}], [{여라, 이어라, 이여라}], [{엳따, 이얻따, 이엳따}]
 • 비+아/어, 아/어도, 아/어라, 았/었다 → [{벼, 비어, 비여}], [{벼도, 비어도, 비여도}], [{벼라, 비어라, 비여라}], [{볃따, 비얻따, 비엳따}]
 • 피+아/어, 아/어도, 아/어라, 았/었다 → [{펴, 피어, 피여}], [{펴도, 피어도, 피여도}], [{펴라, 피어라, 피여라}], [{편따, 피얻따, 피엳따}]
 • 기+아/어, 아/어도, 아/어라, 았/었다 → [{겨, 기어, 기여}], [{겨도, 기어도, 기여도}], [{겨라, 기어라, 기여라}], [{겯따, 기얻따, 기엳따}]
 • 끼+아/어, 아/어도, 아/어라, 았/었다 → [{껴, 끼어, 끼여}], [{껴도, 끼어도, 끼여도}], [{껴라, 끼어라, 끼여라}], [{껻따, 끼얻따, 끼엳따}]
 • 시+아/어, 아/어도, 아/어라, 았/었다 → [{셔, 시어, 시여}], [{셔도, 시어도, 시여도}], [{셔라, 시어라, 시여라}], [{셛따, 시얻따, 시엳따}]

(2) • 비비+아/어, 아/어도, 아/어라, 았/었다 → [{비벼, 비비어, 비비여}], [{비벼도, 비비어도 비비여도}], [{비벼라, 비비어라, 비비여라)}], [{비볃따, 비비얻따, 비비엳따}]
 • 견디+아/어, 아/어도, 아/어라, 았/었다 → [{견뎌, 견디어, 견디여}], [{견뎌도, 견디어도, 견디여도}], [{견뎌라, 견디어라, 견디여라}], [{견뎓따, 견디얻따, 견디엳따}]
 • 버티+아/어, 아/어도, 아/어라, 았/었다 → [{버텨, 버티어, 버티여}], [{버텨도, 버티어도, 버티여도}], [{버텨라, 버티어라, 버티여라}],

[{버툗따, 버티얻따, 버티엳따}]
- 비키+아/어, 아/어도, 아/어라, 았/었다 → [{비켜, 비키어, 비키여}], [{비켜도, 비키어도, 비키여도}], [{비켜라, 비키어라, 비키여라}], [{비켣따, 비키얻따, 비키엳따}]
- 다니+아/어, 아/어도, 아/어라, 았/었다 → [{다녀, 다니어, 다니여}], [{다녀도, 다니어도, 다니여도}], [{다녀라, 다니어라, 다니여라}], [{다녇따, 다니얻따, 다니엳따}]

(3) • 지+어/어, 어/어도, 어/어라, 았/었다 → [저], [저도], [저라], [젇따]
- 치+어/어, 어/어도, 어/어라, 았/었다 → [처], [처도], [처라], [첟따]
- 가지+아/어, 아/어도, 아/어라, 았/었다 → [가저], [{가져도, 가지어도, 가지여도}], [{가져라, 가지어라, 가지여라}], [{가겯따, 가지얻따, 가지엳따}]
- 고치+아/어, 아/어도, 아/어라, 았/었다 → [{고처, 고치어, 고치여}], [{고쳐도, 고치어도, 고치여도}], [{고처라, 고치어라, 고치여라}], [{고쳗따, 고치얻따, 고치엳따}]

위의 예에서 보듯이, 전설성 활음화는 원순성 활음화와는 달리 선행 자음의 종류와 어간의 음절수에 상당한 영향을 받는다. (1)의 예처럼 어간의 음절수가 하나일 때에는 어간 형태의 변화 없이 사용되기도 하고, 활음이 형성되어 사용되기도 한다. 반면에, (2)의 예처럼 어간의 음절수가 둘 이상일 경우에는 활음 형성이 훨씬 자연스럽게 자주 사용된다. 전설성 활음의 형성은 (1), (2)의 예와 (3)의 예를 비교하면 알 수 있듯이 선행하는 자음의 종류에 강한 영향을 받는다. (3)처럼 선행하는 자음이 'ㅈ, ㅊ' 등일 때에는 거의 예외없이 활음이 형성되고, 형성된 활음은 탈락하게 되는 것이다.

위와 같은 활음 형성은 파생접미사의 말음 '이'의 경우에도 동일하게 적용된다.

(4) • 막히+아/어, 아/어도, 아/어라, 았/었다 → [{막혀, 막히어, 막히여}], [{막혀도, 막히어도, 막히여도}], [{막혀라, 막히어라, 막히여라}], [{막혔따, 막히얻따, 막히엳따}]
• 먹이+아/어, 아/어도, 아/어라, 았/었다 → [{먹여, 먹이어, 먹이여}], [{먹여도, 먹이어도, 먹이여도}], [{먹여라, 먹이어라, 먹이여라}], [{먹엳따, 먹이얻따, 먹이엳따}]
• 말리+아/어, 아/어도, 아/어라, 았/었다 → [{말려, 말리어, 말리여}], [{말려도, 말리어도, 말리여도}], [{말려라, 말리어라, 말리여라}], [{말렫따, 말리얻따, 말리엳따}]
• 웃기+아/어, 아/어도, 아/어라, 았/었다 → [{욷겨, 욷기어, 욷기여}], [{욷겨도, 욷기어도, 욷기여도}], [{욷겨라, 욷기어라, 욷기여라}], [{욷겯따, 욷기얻따, 욷기엳따}]

피·사동 접미사가 결합할 경우에는 기본적으로 어간의 음절수가 둘 이상이 되어, 2음절 이상의 예인 (2)의 예들과 동일한 현상을 보이는 것이다.

반면에, 아래의 예에서 보듯이 체언의 곡용에서는 활음이 형성되지 않는다.

첫째, 비원순모음으로 끝나는 체언 어간에 처격 조사 '에, 에게/에서'와 호격조사 '아'가 결합하는 예는 다음과 같다.

<체언의 곡용 – 체언 어간 + 에게, -아>
　　나 + 에게, 아 → [{나에게, 나예게}], [나야]
　　너 + 에게, 아 → [{너에게, 너예게}], [너야]
　　개 + 에게, 아 → [{개에게, 개:게, 개예게}], [개야]
　　가제 + 에게, 아 → [{가제에게, 가제:게, 가제예게}], [가제야]
　　사위 + 에게, 아 → [{사위에게, 사위예게}], [사위야]

체언 어간말 모음이 비원순모음이고, '이' 모음이 아닐 경우에는 처격과 결합할 경우 처격 조사가 변화 없이 사용되거나, 모음 충돌을 피하기 위하여 전설성 활음을 첨가하게 된다. 호격 조사가 결합할 경우에는 예외 없이 전설성 활음을 첨가하게 된다.

둘째, 원순모음으로 끝난 체언 어간에 위의 조사들이 결합한 예는 다음과 같다.

   소 + 에게, 아 → [{소에게, 소예게, 소웨게}], [소야]
   아우 + 에게, 아 → [{아우에게, 아우예게, 아우웨게}], [아우야]

위의 예에서 보듯이 체언 어간말 모음 '오, 우' 등이 후행하는 어미의 첫 모음과 결합할 경우에도 활음화 현상은 발생하지 않는다. 이 경우에는 전설성 활음이 첨가되거나 원순성 활음이 첨가되거나 한다. 호격 조사와 결합할 경우에는 전설성 반모음이 첨가된다.

셋째, 'ㅣ'모음으로 끝나는 체언 어간에 위의 조사들이 결합한 예는 다음과 같다.

   비 + 에, 아 → [{비에, 비예}], [비야]
   오디 + (에게) 아 → ([{오디에게, 오디예게}]), [오디야]
   고기 + 에게, 아 → [{고기에게, 고기예게}], [고기야]
   가시 + 에서, 아 → [{가시에서, 가시예서}], [가시야]
   가지 + 에서, 아 → [{가지에서, 가지예서}], [가지야]
   눈치 + 에, 아 → [{눈치에, 눈치예}], [눈치야]

체언 어간말 모음 '이'가 후행하는 어미의 첫 모음과 결합할 경우에도 활음화 현상은 발생하지 않는다. 이 경우에는 전설성 활음이 첨가된다. 호격 조사와 결합할 경우에는 전설성 반모음이 첨가된다.

넷째, 체언의 곡용에서 위와 조금 다른 양상을 보이는 어휘가 있다. 그 예는 다음과 같다.

여기 + 에, 에서, 아 → [{여기에, 여기예, 여게}], [{여기에서, 여기예서, 여게서}], [여기야]
저기 + 에, 에서, 아 → [{저기에, 저기예, 저게}], [{저기에서, 저기예서, 저게서}], [저기야]

위의 예에서 보듯이 장소를 나타내는 대명사 등이 처격과 결합할 경우에는 체언과 동일한 양상을 보이는 것 외에, 체언 어간말 '이' 모음이 탈락한 양상도 보이는 것이다.

5.2.2. 한국어의 탈락 현상

가. 후음 탈락

후음 탈락이란 기저에 존재하는 후음이 일정한 음운론적 환경에서 표면적으로 실현되지 않는 것을 말하는데, 후음과 자음의 연결에서 후음이 탈락하는 것은 비음이나 유음과 연결될 때이다. 현대국어에서 이러한 환경에서의 후음 탈락은 다음의 두 가지 유형이다.

(1) 가야 하겠다 → [가야겐따]   피해야 하겠다 → [피해야겐따]
    공부해야 하겠다 → [공부해야겐따]   숨어야 하겠다 → [수머야겐따]
    가야 할 (사람이) → [가얄]   피해야 할 → [피해얄]
    공부해야 할 → [공부해얄]   숨어야 할 → [수머얄]

(2-1)
    끊어[끄너]   끊은[끄는]   끊으니[끄느니]
    많아[마나]   많은[마는]   많으니[마느니]
    않아[아나]   않은[아는]   않으니[아느니]
    끓어[끄러]   끓은[끄른]   끓으니[끄르니]
    싫어[시러]   싫은[시른]   싫으니[시르니]

(2-2)
　선형[서녕], 삼형[사명], 선희[서니], 삼 회[사뫼]

(2-3)
　높은 하늘[노프나늘]
　올해[오래], 가을하늘[가으라늘]
　거무스름하다[거무스르마다], 푸르스름하다[푸르스르마다]
　제안하다[제아나다], 해결하다[해겨라다], (그럴)만하다[마나다]
　말하다[마라다], 말안하다[마라나다]

　(1)은 보조 용언 '하-'의 어간 자체가 탈락해 버린 것처럼 보이는 것인데, 의미론적으로는 '하-'의 변별기능이 문제되겠지만, 음운론적으로 음운론적인 단어 내부에 존재하는 'ㅎ'의 탈락과 모음의 탈락이 연쇄적으로 발생한 것이다. 즉 모음과 모음 사이에 존재하는 'ㅎ'이 탈락하고, 이를 입력부로 발생한 동일한 모음의 연결에서 하나가 탈락한 것이다.

　(2-1)의 유형은 어간말 자음군이 모음으로 시작하는 어미와 결합하여, 각각 음절말과 음절초로 배당되어, 끊어[끈허], 많아[만하], 않아[안하], 끓어[끌허], 싫어[실허], 끊어[끈허] 등으로 된 후, 뒷음절의 초성으로 배당된 후음은 제 위치를 확보하지 못하고 앞 음절에 존재하는 비음이나 유음이 넘어 오는 것을 막지 못하여 탈락한 것이다. 이 현상은 (2-2)와 (2-3)에서도 동일하다.
　이러한 환경 이외에 후음이 탈락하는 것은 다음의 경우이다.

　(3) 끊니[끈니], 많니[만니], 않니[안니]
　　　끓니[끌리], 싫니[실리]

　(3)는 모음과 모음 사이에서 세 자음이 존재하기 때문에 하나의 자음을 탈락시킨 것이다. 즉 자음군 간소화로 하나의 자음이 탈락한 것이다.

나. 유음 탈락

　유음 탈락이란 기저형에 존재하는 유음이 어떤 음운론적인 조건에 따라 표면적으로 실현되지 못하는 것을 말한다. 유음의 탈락은 크게 두 가지 유형으로 나누어 볼 수 있다. 하나는 음소 연결의 제약 때문에 발생하는 것이고, 다른 하나는 음절 구조의 제약 때문에 발생하는 것이다. 여기서는 전자에 대해서 주로 논의하기로 한다.

　'ㄹ' 탈락은 활용에서만 볼 수 있는 현상이다. 'ㄹ'로 끝나는 어간이 관형형 어미나 종결형 어미와 결합할 때를 보면 다음과 같다.

<활용>
　　살＋는, 니, 느냐 → [사는], [사니], [사느냐]
　　살＋소 → [사소]
　　살＋오 → [사오]

　　만들＋는, 니, 느냐 → [만드는], [만드니], [만드느냐]
　　만들＋소 → [만드소]
　　만들＋오 → [만드오]

　　살＋게, 다, 지 → [살게], [살다], [살지]
　　만들＋게, 다, 지 → [만들게], [만들다], [만들지]

　이에 의하면 'ㄴ, ㅅ, 오' 앞에서 'ㄹ'이 탈락했다고 할 수 있다. 이 상황은 선어말 어미나 연결형 어미와의 결합에서도 비슷하게 나타난다.

　　살＋(으)니, (으)니까, (으)시니 → [사니], [사니까], [사시니]
　　만들＋(으)니, (으)니까, (으)시니 → [만드니], [만드니까], [만드시니]

　　살＋(으)면, 지, 고, 게, 도록→[살면], [살지], [살고], [살게], [살도록]

만들+(으)면, 지, 고, 게, 도록→[만들면], [만들지], [만들고], [만들게],
[만들도록]

살+아/어→[사라]

만들+아/어→[만드러]

지금까지 본 예에 의하면 현대국어에서 'ㄹ' 탈락은 'ㄴ'과 'ㅅ' 앞에서 발생한다고 할 수 있을 것이다. 그리고 '오' 앞에서 탈락하는 것은 (모음 앞에서 자음이 탈락한다는 것은 일반적으로 생길 수 있는 현상이 아니므로 이전 체계의 흔적으로) 현대국어의 특이한 현상이라고 할 수 있을 것이다.

복합어에서의 'ㄹ' 탈락은 이와 다른 특이한 양상을 보여 준다.

<합성어에서 탈락하는 예>
  소나무(<솔+나무) 따님(<딸+님) 나날이(<날+날+이)
  하느님(<하늘+님)
  여닫이(<열+닫+이) 미닫이(<밀+닫+이) 다달이(<달+달+이)
  싸전(<쌀+전) 바느질(<바늘+질) 부적당(<불+적당)
  부삽(<불+삽) 화살(<활+살) 마소(<말+소)
  부손(<불+손)

<파생어에서 탈락하는 예>
  가느다랗다(<가늘+다랗다).
  가느스름하다(<가늘+스름하다)
  둥그스름하다(<둥글+스름하다)

이들 복합어의 예에서는 'ㄷ, ㅈ, ㅅ, ㄴ' 등 이른바 [+coronal]인 자음들 앞에서 'ㄹ'이 탈락한 것을 알 수 있다. 그런데 여기에는 이와 다른 양상을 보이는 많은 다른 예를 볼 수 있다.

제5장_ 음운 현상

<합성어에서 탈락하지 않는 예>
　　별+님 → [별림], 떡갈+나무 → [떡갈라무], 불+나비 → [불라비],
　　달+나라 → [달라라], 설+날→[설랄]
　　술+독 → [술똑], 말+동무 → [말똥무], 달+동네 → [달똥네], 말+다툼 →
　　[말다툼]
　　말+타기 → [말타기], 물+타기 → [물타기], 물+총 → [물총]
　　불+장난 → [불장난], 물+장난 → [물장난], 굴+젓 → [굴젓], 저울+질 →
　　[저울질]
　　물+소 → [물소], 불+소 → [불소], 불+성실 → [술성실], 털+실 →
　　[털실], 활+시위 → [활시위]

<파생어에서 탈락하지 않는 예>
　　길+다랗다→[길다라타]
　　살+지다→[살지다]

　　이런 예들에 의하면 합성어에서 'ㄴ'이 후행할 경우 'ㄹ'이 탈락하는 것이 아니라 후행하는 'ㄴ'을 유음으로 변화시키고, 그 외의 자음들이 후행할 경우에도 탈락하는 현상이 발생하지 않는다. 이러한 현상은 파생어에서도 동일하게 발생하는 것을 관찰할 수 있다. 그러므로, 현대국어의 복합어에서 'ㄹ'이 탈락한 것처럼 보이는 복합어는 현대국어의 공시적인 현상에 의한 것이 아니라, 과거에 존재했던 규칙의 흔적이라고 할 수 있을 것이다. 결국 과거에 존재했던 'ㄹ' 탈락 규칙의 양상과 현재에 존재하고 있는 'ㄹ' 탈락 규칙의 양상이 다르다는 것이다. 다시 말해, 과거에는 'ㄹ' 탈락이 형태론적인 범주에 관련 없이 'ㄷ, ㅅ, ㅈ, ㄴ' 등 [+coronal]인 자음들 앞에서 탈락했는데, 그 규칙이 축소되어 현대국어에서는 '용언의 활용'이라는 형태론적 범주로 축소되고, 음운론적인 요인으로는 'ㄴ과 ㅅ' 앞에서만 탈락하는 것으로 축소되어 그 명맥을 유지하고 있다고 할 수 있는 것이다.

'ㄹ' 탈락 규칙의 약화는 그 도가 더해져 'ㄴ'과 'ㅅ' 앞에서도 다음과 같은 규칙형이 나타나 'ㄹ' 탈락형과 공존하고 있다. 즉 아래와 같은 불규칙형이 일반적인 현상이지만,

    살+는, 니, 느냐, 소, 오 → [사는], [사니], [사느냐], [사소], [사오]
    만들+는, 니, 느냐, 소, 오 → [만드는], [만드니], [만드느냐], [만드소],
          [만드오]

'ㄹ' 탈락에 의한 이형태의 존재를 거부하고, 다음과 같은 규칙형이 새로이 일반 언중에게서 자주 등장하고 있다.

    살+(으)니 → [사니], [사르니]
    살+(으)니까 → [사니까], [사르니까]
    살+(으)시니 → [사시니], [사르시니]

    만들+(으)니 → [만드니], [만드르니]
    만들+(으)니까 → [만드니까], [만드르니까]
    만들+(으)시니 → [만드시니], [만드르시니]

다. 모음의 생략(1) - '으' 탈락

'으' 탈락이란 기저형에 존재하는 '으'가 표면적으로 실현되지 못하는 것을 말하는데, 현대국어에서 '으' 탈락을 일으키는 요인은 모음이고, 탈락되는 것은 '으'이며, 그 환경은 모음의 앞이나 뒤이다. 우선 형태소 내부의 예를 보면 다음과 같다.

    <형태소 내부>
    가을[가을] 혹은 [갈], 마음[마음] 혹은 [맘], 가을[가을] 혹은 [갈]

형태소 내부에서 모음과 모음이 연결될 경우에는 수의적이지만 모음 하나가 탈락한다. 탈락하는 모음은 탈락하지 않는 모음보다 개구도가 상대적으로 작다.

모음탈락 현상은 용언의 활용으로 그 적용 영역이 확대된다.

<용언의 활용>
가+으니, 으면, 은→[가니], [가면], [간]; 타+으니, 으면, 은→[타니], [타면], [탄]
서+으니, 으면, 은→[서니], [서면], [선]; 켜+으니 으면, 은→[켜니], [켜면], [켠]
세+으니, 으면, 은→[세니], [세면], [센]; 베+으니, 으면, 은→[베니], [베면], [벤]
내+으니, 으면, 은→[내니], [내면], [낸]; 새+으니 으면, 은→[새니], [새면], [샌]

크+으니, 으면, 은→[크니], [크면], [큰], 끄+으니 으면, 은→[끄니], [끄면], [끈]
뜨+으니, 으면, 은→[뜨니], [뜨면], [뜬]; 쓰+으니 으면, 은→[쓰니], [쓰면], [쓴]
담그+으니, 으면, 은→[담그니], [담그면], [담근]; 잠그+으니 으면, 은→[잠그니], [잠그면], [잠근]
본뜨+으니, 으면, 은→[본뜨니], [본뜨면], [본뜬]; 힘쓰+으니 으면, 은→[힘쓰니], [힘쓰면], [힘쓴]

크+어서, 어도→[커서], [커도]; 끄+어서, 어도→[꺼서], [꺼도]
뜨+어서, 어도→[떠서], [떠도]; 쓰+어서, 어도→[써서], [써도]
담그+어서, 어도→[담거서], [담거도]; 잠그+어서, 어도→[잠거서], [잠거도]
본뜨+어서, 어도→[본떠서], [본떠도]; 힘쓰+어서, 어도→[힘써서], [힘써도]

위의 예에서 보는 것처럼 '으'로 시작되는 어미가 모음으로 끝나는 어간과 결합하면 어미의 '으'가 표면적으로 실현되지 않는다. 뿐만 아니라 '으'로 끝난 어간은 모음으로 시작되는 어미와 결합할 경우에는 어간말의 '으'가 표면적으로 실현되지 않는다. '으' 모음은 다른 모음의 앞이나 뒤에서 탈락한다고 할 수 있다.

'으' 탈락은 체언의 곡용이나 용언의 활용에서 특이한 현상을 보이기도 한다.
첫째, 조사 '-으로'의 경우는 다음과 같다.

물+으로[물로]   개+으로[개로]   밥+으로[밥으로]

이 현상은 '으로'에 한정된 현상이다.

둘째, 어미의 일부분 '으'의 경우 'ㄹ' 뒤에서 탈락한다.

달+은→닮→단   물+은→묾→문

이 현상은 형태소 내부나 체언의 곡용에서는 나타나지 않는다.
[체언의 곡용]
달+은→[다른], 물+은→[무른]
[형태소 내부]
다르다, 오르다, 기르다

라. 모음의 탈락(2) - 어미 '아/어' 탈락

어미 '아/어' 탈락이란 '으' 이외의 모음으로 끝난 어간에 '아/어' 혹은 '아/어'로 시작하는 어미가 결합할 경우 '아/어'가 탈락하는 현상을 말한다.

(1) 가+아/어, 아/어도, 았/었다 → [가ː], [가도], [갇따]
    타+아/어, 아/어도, 았/었다 → [타ː], [타도], [탇따]
    서+아/어, 아/어도, 았/었다 → [서ː], [서도], [섣따]
    켜+아/어, 아/어도, 았/었다 → [켜ː], [켜도], [켣따]

제5장_ 음운 현상

(1)의 예에서 보는 것처럼 선행하는 어간의 말음이 '아, 어' 등일 경우에는 거의 필수적으로 탈락한다. 반면에

(2) 세+아/어, 아/어도, 았/었다 → [세:] 혹은 [세{어,여}], [세:도] 혹은 [세어도] 혹은 [세여도], [센:따] 혹은 [세얻따] 혹은 [세엳따]
베+아/어, 아/어도, 았/었다 → [베:] 혹은 [베{어,여}], [베:도] 혹은 [베어도] 혹은 [베여도], [벤:따] 혹은 [베얻따] 혹은 [베엳따]
내+아/어, 아/어도, 았/었다 → [내:] 혹은 [내{어,여}], [내:도] 혹은 [내어도] 혹은 [내여도], [낸:따] 혹은 [내얻따] 혹은 [내엳따]
새+아/어, 아/어도, 았/었다 → [새:] 혹은 [새{어,여}], [새:도] 혹은 [새어도] 혹은 [새여도], [샌:따] 혹은 [새얻따] 혹은 [새엳따]
뛰+아/어, 아/어도, 았/었다 → [뛰:] 혹은 [뛰{어,여}], [뛰:도] 혹은 [뛰어도] 혹은 [뛰여도], [뛴:따] 혹은 [뛰얻따] 혹은 [뛰엳따]
쥐+아/어, 아/어도, 았/었다 → [쥐:] 혹은 [쥐{어,여}], [쥐:도] 혹은 [쥐어도] 혹은 [쥐여도], [쥔:따] 혹은 [쥐얻따] 혹은 [쥐엳따]
되+아/어, 아/어도, 았/었다 → [되:] 혹은 [되{어,여}], [되:도] 혹은 [되어도] 혹은 [되여도], [된:따] 혹은 [되얻따] 혹은 [되엳따]
쇠+아/어, 아/어도, 았/었다 → [쇠:] 혹은 [쇠{어,여}], [쇠:도] 혹은 [쇠어도] 혹은 [쇠여도], [쇤:따] 혹은 [쇠얻따] 혹은 [쇠엳따]

(2)의 예들 즉 선행하는 어간의 말음이 '에, 애, 위, 외' 등일 때에는 말하는 상황에 따라 '아/어'가 탈락하거나, 그대로 실현되기도 하고, 혹은 전설성 반모음 [j]가 첨가되기도 한다. '아/어'가 탈락한 경우에는 대체로 장모음으로 실현된다.
한편, 다음의 예에서 보듯이 선행하는 모음이 '이, 오, 우' 등일 때에는 이들이 대부분 활음으로 변화하고, '으'일 경우에는 이 모음이 탈락하기 때문에 '아/어'는 음절핵 모음으로 조음된다(좀 더 구체적인 예는 활음 형성을 참고할 것).

기+아/어 → [겨:] 혹은 [기여] 혹은 [기어]
보+아/어 → [봐:]
주+아/어 → [줘:]
쓰+아/어 → [써:]

마. 모음의 탈락(3) - '이' 탈락

'이' 탈락이란 계사의 어간 '이'가 모음으로 끝난 어간과 결합할 때 탈락하거나, 한자어에서 앞 형태소의 말음이 모음일 때 후행하는 형태소의 첫 음 '이'가 수의적으로 탈락하는 현상을 말한다.

<음운론적 단어> 이다, 이나, 이고, 이니, 입니다, 입니까
　　나+이다, 입니다 → [나다], [납니다]
　　산타+이다, 입니다 → [산타다], [산탐니다]
　　먼저+이다, 입니다 → [먼저다], [먼점니다]
　　수저+이다, 입니다 → [수저다], [수점니다]
　　물개+이다, 입니다 → [물깨다], [물깸니다]
　　참새+이다, 입니다 → [참새다], [샘니다]
　　지게+이다, 입니다 → [지게다], [지겜니다]
　　삼베+이다, 입니다 → [삼베다], [삼벰니다]
　　담요+이다, 입니다 → [담뇨다], [담뇸니다]
　　대야+이다, 입니다 → [대야다], [대얌니다]
　　황소+이다, 입니다 → [황소다], [황솜니다]
　　양초+이다, 입니다 → [양초다], [양촘니다]
　　아우+이다, 입니다 → [아우다], [아움니다]
　　새우+이다, 입니다 → [새우다], [새움니다]
　　무쇠+이다, 입니다 → [무쇠다], [무쇰니다]
　　번뇌+이다, 입니다 → [번뇌다], [번놈니다]
　　바위+이다, 입니다 → [바위다], [바윔니다]
　　사위+이다, 입니다 → [사위다], [사윔니다]

사나이+이다, 입니다 → [사나이다], [사나임니다]
박씨+이다, 입니다 → [박씨다], [박씸니다]

위의 예에서 보듯이 계사(지정사, 존재사, 서술격 어미)의 어간 '이'는 모음으로 끝나는 체언 어간과 결합하여 예외 없이 탈락하는 현상을 보인다.

이 현상은 한자어의 단어 내부에서는 발생하지 않고,

이일(二日)   사일(四日)   오일(五日)
요일(曜日)

음운론적인 단어가 됨직한 구의 구조일 때에도 발생하지 않는다.

이 일   저 일
내 일   네 일

반면, 한자어 중 다음의 단어에서는 '이' 모음이 탈락한 형태가 흔히 사용된다.

<합성어>
　　내일[내일] 혹은 [낼]

5.2.3. 한국어의 첨가 현상

가. 'ㄴ' 첨가 현상

'ㄴ' 첨가란 일정한 음운론적 환경에서 기저형에 존재하지 않는 'ㄴ'이 표면적으로 실현되는 현상이다. 이 현상은 한자어와 고유어의 복합어에서 발생하는 것인데, 'ㄴ'이 첨가되는 환경은 '이'와 전설성 활음 앞이다.

이 현상은 연음 현상이나 구개음화 현상과 밀접한 관련이 있다. 즉 연음 현상이나 구개음화가 발생할 수 있는 동일한 음운론적 환경에서, 형태론적인 제약을 받아 상호 출혈적으로 발생하는 현상이 'ㄴ'첨가 현상인 것이다.

(1) 솜+이불 → [솜니불]
 맨+입 → [맨닙]
 마당+일 → [마당닐] 혹은 [마당일]
 집+일 → [짐닐]
 밭+이랑 → [반니랑]
 막일[망닐], 떡잎[떵닙], 삯일[상닐]
 솔잎(→솔닙→)[솔립], 바늘잎[바늘립]

(2) 한여름[한녀름] 혹은 [한여름]
 물+엿 → [물렫] 혹은 [물열], 호박+엿 → [호방녇] 혹은 [호방열]

'ㄴ' 첨가 현상은 (1)의 예에서 보듯이 복합어 구성에서 후행하는 형태소가 '이' 모음으로 시작할 경우에는 예외 없이 발생한다. 이 결과로 선행하는 형태소의 말음으로 자음이 있을 때 그 자음의 종류에 관계없이 연음 현상이 저지된다. 첨가된 'ㄴ'은 선행하는 자음이 폐쇄음일 경우에는 동일한 조음 위치의 비음으로 조음하게 한다. 즉 비음동화의 동화주 구실은 한다. 이 현상은 (2)의 예에서 보듯이 후행하는 형태소가 전설성 활음 [j]로 시작하는 이중 모음일 시작될 경우에도 발생한다.

복합어 외에 접두 파생어가 결합한 경우에도 (3)의 예처럼 'ㄴ'의 첨가 현상이 발생하기도 하고, 연음 현상이 일어나기도 한다.

(3) 짓+이기다 → ([진니기다] 혹은) [지디기다]
    못+이기다 → ([몬니기다] 혹은) [모디기다]
    맛있는 → ([만닌는] 혹은) [마딘는]

이 경우에는 (3)의 예에서 보듯이 미파화된 음이 그대로 연음되기도 한다. 그리고,

(4) 찬 이슬[찬니슬]   눈 여겨보다[눈녀겨보다]
    마른 잎[마른닙]   넓은 잎[널븐닙]

(4)의 예처럼 음운론적인 단어의 내부에서도 동일한 음운 환경만 만들어지면 'ㄴ' 첨가 현상이 발생한다. 반면에 후행하는 형태소가 의존명사일 경우에는 다음의 예처럼 첨가 현상이 발생하지 않고 선행하는 형태소의 말음이 그대로 연음된다.[39]

늙은이[늘그니], 젊은이[절므니]

이 현상은 X+자립 형태소의 구조에서 그리고 자립형태소는 [i], [j]로 시작되어야 발생하는 현상이라고 할 수 있다. 이와 유사한 음운론적인 구조를 형성하는, 의존형태소인 '조사'나 계사가 결합할 경우에도 'ㄴ'첨가가 발생하지 않는다.

밭이랑[바치랑] 옷이랑[오시랑]
밭입니다[바침니다] 옷입니다[오심니다]

한편, 다음과 같은 구조에서는 'ㄴ' 첨가와 사잇소리의 첨가가 동시에 일어난다.

---

[39] 접미 파생어가 결합할 경우나 곡용 등에서도 'ㄴ' 첨가 현상은 발생하지 않는다.
먹이다, 죽이다.
값이, 넋이, 죽이, 밥이, 옷이, 꽃이, 산이

(5) 더+이→[던니] 대+잎→[댄닙] 뒤+일→[뒨닐]

(5)의 예처럼 사잇소리가 발생하는 경우 그것을 'ㄴ'으로 동화시켜 'ㄴㄴ' 소리가 덧나는 것처럼 보이게 한다.

나. '이' 첨가

'이' 첨가란 자음으로 끝난 체언 어간 뒤에 '이' 모음을 첨가하는 현상을 말한다. 현대국어에서는 자음으로 끝난 인명의 곡용에서 주로 볼 수 있다. 격조사 '-을/를, -이/가, -의, -에게' 등이 인명에 결합하는 양상과 특수조사 '-도, -만, -까지, -는, -부터' 등이 결합하는 양상을 보면 다음과 같다.

    영숙이를/이가/이의/이에게
    순용이를/이가/이의/이에게
    영실이를/이가/이의/이에게
    영경이를/이가/이의/이에게
    영심이를/이가/이의/이에게

    영숙이/이도/이만/이까지/이는/부터
    순용이/이도/이만/이까지/이는/부터
    영실이/이도/이만/이까지/이는/부터
    영경이/이도/이만/이까지/이는/부터
    영심이/이도/이만/이까지/이는/부터

위 예에서 보듯이, 자음으로 끝나는 인명의 경우 자음으로 시작하는 어미이든 모음으로 시작하는 어미이든 격조사와 특수조사를 가리지 않고(아래의 예에서 보듯 호격조사 '-아'와 결합한 경우를 제외한) 모든 곡용 어미(혹은 조사)와의 결합에서 '이' 모음이 삽입되어 음절 구조를 CVCV 구조로 만들어 준다.

호격조사가 결합할 경우에는 특이한 양상을 보여준다.

　　　영숙아[영수가]　　//영숙이[영수기]
　　　순용아[수농아]　　//순용이[순용이]
　　　영실아[영시라]　　//영실이[영시리]
　　　영경아[영경아]　　//영순이[영수니]
　　　영심아[영시마]　　//영심이[영시미]

　　　영수야
　　　순요야
　　　영시야
　　　영겨야

　자음으로 끝난 인명 등에서는 '-아'가 바로 붙거나, 조금 부드러운 표현을 위해 '이'를 붙이고, 모음으로 끝났을 경우에는 (반모음이 삽입된) '-아'가 결합하는 것이다. 이러한 차이가 나는 것은 음절 구조 내지는 선행하는 음절의 말음 때문에 생기는 현상이라고 할 수 있을 것이다.
　이러한 현상은 역사적으로 명사화 접미사 '-이'가 붙어서 CVC 음절 구조를 CV 음절 구조로 바꾸어 준 아래의 예들과 음운론적으로는 무관하지 않을 것인데 아직 그 정체가 정확하게 밝혀지지는 않는다.

　　　꿀꿀대는 꿀꿀이
　　　멍멍대는 멍멍이
　　　살살거리는 살살이

다. 활음 첨가

활음 첨가란 기저형에 존재하지 않는 활음이 표면적으로 실현되는 것을 말하는데, 앞에서 논의했던 활음 형성과 상호 출혈적으로 나타난다. 이 현상은 모음과 모음의 연결 흔히 말하는 모음충돌(hiatus)을 막기 위한 것인데, 현대국어에서 심한 형태론적인 제약을 가지고, 나타나는 양상도 사뭇 복잡하다.

용언의 활용에서 활음이 첨가되는 일반적인 형태는 다음과 같다.

배+어 → [배여], 패어 → [패여], 개어 → [개여], 깨어 → [깨여], 재어 → [재여], 채어 → [채여]
기대+어 → [기대여], 포개+어 → [포개여]
데+어 → [데여], 베+어 → [베여], 세+어 → [세여]
쬐+어 → [쬐여]
뛰+어 → [뛰여], 쥐+어 → [쥐여], 쉬+어 → [쉬여]
피+어 → [피여], 기+어 → [기여]

선행하는 용언 어간말 모음이 '애, 에, 이, 외, 위' 등일 때에는 전설성 활음 [j]가 첨가되는 현상이 수의적으로 발생한다. 앞에서 예를 든 대로 '피어'를 예로 하면 [펴:]와 [피어] 그리고 [피여] 등이 공존하고 있는 것이다. 반면에 용언 어간이 '이'로 끝나고, 선행하는 자음이 구개성 자음인 'ㅈ, ㅊ' 등일 경우에는 아래와 같이

지+어 → [저], 만지+어 → [만저], 가지+어 → [가저], 던지+어 → [던저]
치+어 → [처], 고치+어 → [고처], 무치+어 → [무처], 다치+어 → [다처]

활음 첨가가 발생하지 않고, 어간말 모음이 활음으로 변화한 후 탈락하는 현상이 발생한다.

제5장_ 음운 현상

용언의 활용에서는 어간의 끝 모음이 '오, 우'일 경우에는 선행하는 자음이 있을 경우에 한하여, 활음 형성과 선택적으로 원순성 활음 [w]가 첨가되기도 한다(앞에서 든 예를 부분적으로 반복하기로 한다).

- 보+아/어, 아/어도, 아/어라, 았/었다 → [{보와, 봐, 보아}], [{보와도, 봐도, 보아도}], [{보와라, 봐라, 보아라}], [{보왇따, 봗따, 보앋따}]
- 비꼬+아/어, 아/어도, 아/어라, 았/었다 → [{비꼬와, 비꽈, 비꼬아}], [{비꼬와도, 비꽈도, 비꼬아도}], [{비꼬와라, 비꽈라, 비꼬아라}], [{비꼬왇따, 비꽏따, 비꼬앋따}]
- 주+아/어, 아/어도, 아/어라, 았/었다 → [{주워, 줘, 주어}], [{주워도, 줘도, 주어도}], [{주워라, 줘라, 주어라}], [{주웓따, 줟따, 주얻따}]
- 가두+아/어, 아/어도, 아/어라, 았/었다 → [{가두워, 가둬, 가두어}], [{가두워도, 가둬도, 가두어도}], [{가두워라, 가둬라, 가두어라}], [{가두웓따, 가둳따, 가두얻따}]
- 나누+아/어, 아/어도, 아/어라, 았/었다 → [{나누워, 나눠, 나누어}], [{나누워도, 나눠도, 나누어도}], [{나누워라, 나눠라, 나누어라}], [{나누웓따, 나눋따, 나누얻따}]

활음의 첨가는 용언의 활용보다 체언의 곡용에서 좀더 필수적으로 발생한다(앞에서 든 예를 유형별로 하나씩만 옮기되 구체적인 논의는 앞에서 한 것으로 대신한다).

나+에게, 야 → [{나에게, 나예게}], [나야]
개+에게, 야 → [{개에게, 개:게, 개예게}], [개야]
사위+에게, 야 → [{사위에게, 사위예게}], [사위야]

소+에게, 야 → [{소에게, 소예게, 소웨게}], [소야]

비+에, 야 → [{비에, 비예}], [비야]

가지+에서, 아 → [{가지에서, 가지예서}], [가지야]
눈치+에, 아 → [{눈치에, 눈치예}], [눈치야]

여기+에, 에서, 아 → [{여기에, 여기예, 여계}], [{여기에서, 여기예서, 여계서}], [여기야]

라. 사잇소리의 첨가

　독립적으로 사용되던 단어가 결합하여 하나의 단어(합성명사)가 될 때 본래의 두 단어 사이에 없던 소리가 발생하는 경우가 있다. 이른바 사잇소리가 첨가되는 현상이 발생하는 것이다.
　단일어일 경우에는 사잇소리가 발생하지 않고, 합성명사일 경우에 한해서 발생한다는 사실은 같은 소리의 연결이면서 사잇소리가 발생하기도 하고 발생하지 않기도 하는 다음의 예에서 확인할 수 있다.

단일어 : 잠자리[잠자리] <곤충 이름>
복합어 : 잠+자리[잠짜리] <잠을 자는 자리>

　사잇소리는 독립적으로 사용될 수 있는 두 단어가 결합하여 복합어를 형성할 경우에만 발생하고, 체언이 곡용할 경우나 용언이 활용하는 경우 그리고 파생어를 형성하는 경우에는 사잇소리는 발생하지 않는다. 체언의 곡용 중 평음으로 시작하는 '도, 조차, 부터'가 결합한 예를 들면 다음과 같다.

예) 아기+도→[아기도], 아기+부터→[아기부터], 아기+조차→[아기조차]
　　무+도→[무도], 무+부터→[무부터], 무+조차→[무조차]
　　살+도→[살도], 살+부터→[살부터], 살+조차→[살조차]
　　감+도→[감도], 감+부터→[감부터], 감+조차→[감조차]
　　안+도→[안도], 안+부터→[안부터], 안+조차→[안조차]

활용에서도 사잇소리는 발생하지 않는다. 평음으로 시작하는 선어말 어미 '-겠-'이나 어말어미 '-고, -다, -지'를 예로 들면 다음과 같다.

(예) 가+고→[가고]　　가+다→[가다]　　가+지→[가지]
　　 주+고→[주고]　　주+다→[주다]　　주+지→[주지]
　　 살+고→[살고]　　살+다→[살다]　　살+지→[살지]

활용에서 예외적으로 보이는 것이 'ㄴ, ㅁ' 등으로 끝난 용언 어간들이다.

(예) 삼+고→[삼꼬]　　삼+다→[삼따]　　삼+지→[삼찌]
　　 안+고→[안꼬]　　안+다→[안따]　　안+지→[안찌]

이들은 활용할 때 후행하는 평음을 된소리로 조음하게 하는데, 이들 외에 '감-, 숨-' 등이나 '신-' 등 'ㄴ'이나 'ㅁ'으로 끝난 용언 어간은 예외없이 동일한 현상을 보인다. 이것을 음운론적으로 어떻게 처리할 것인가 하는 문제는 이 방면의 전문적인 논의로 미루어두고 그 현상만 지적하기로 한다.

피동접미사 '-기-', 명사파생접미사 '-기', '-보' 등이 결합할 경우에에도 사잇소리는 발생하지 않는다.

(예) (-기-) 안+기+다 → [안기다]　　감+기+다 → [감기다]
　　 (-기)　울+기 → [울기]　　　　살+기 → [살기]
　　　　　하+기 → [하기]　　　　사+기 → [사기]
　　 (-보)　울+보 → [울보]　　　　잠+보 → [잠보]

'ㄴ'이나 'ㅁ'으로 끝난 용언 어간에 '-기'가 결합하여 명사형이 될 때 된소리 현상이 발생하는 것은 용언이 활용하는 경우와 동일하다.

(예) 안+기→[안끼]   삼+기→[삼끼]

모음이나 'ㄹ'로 끝난 용언 어간에 명사형 '-기'가 결합할 경우에 된소리 현상이 발생하지 않는 것은 용언이 활용하는 경우와 동일하다.

(예) 살+기→[살기]   울+기→[울기]
     오+기→[오기]   가+기→[가기]

지금까지 사잇소리의 발생은 합성명사일 경우에 한한다는 것을 논의하기 위해 합성명사가 아닌 경우를 살펴보았다. 그런데, 합성명사라고 하여 사잇소리가 항상 발생하는 것은 아니라는 사실은, 즉 단어의 관계에 따라 사잇소리가 발생하기도 하고, 발생하지 않기도 한다는 사실은 다음의 예에서 확인할 수 있다.

불+고기 → 불고기[불고기] <불로 구운 고기>
물+고기 → 물고기[물꼬기] <물에 사는 고기>

[관형적 속격 구성에서만 발생]
독립된 두 단어가 연결되어 한 단어가 될 때 두 단어의 관계가 내부적으로 동일한 것은 아니다. '손'과 '발'이 결합되어 '손발'이 되는 경우와 '손'과 '등'이 결합되어 '손등'이 되는 경우, 두 단어의 관계는 동일하지 않은 것이다. '손발'의 경우는 두 단어가 대등한 위치에서 결합(병렬 구성)한 반면, '손등'의 경우는 앞의 단어가 뒤의 단어를 수식해 주는 관계(관형 구성)가 되는 것이다. 이처럼 두 단어가 대등한 위치로 결합할 경우에는 사잇소리가 발생하지 않는다(이에 대한 구체적인 예는 뒤에서 설명함).
사잇소리가 발생하는 경우는 앞의 것이 뒤의 것을 수식해 주는 관형적 구성일 때만 발생하는데, 이 경우는 대략 다음의 세 가지로 분류할 수 있다.

[소유주나 기원일 때 발생]
[모음 뒤]   내+가 → [낻까]   나무+가지 → [나묻까지]   손+등 → [손뜽]
['ㄹ' 뒤]   길+가 → [길까]   솔+방울 → [솔빵울]   밀+가루 → [밀까루]
['ㅁ' 뒤]   담+벼락 → [담뼈락]
['ㄴ' 뒤]   손+등 → [손뜽]   손+바닥 → [손빠닥]
['ㅇ' 뒤]   땅+값 → [땅깝]   강+바닥 → [강빠닥]   강+기슭 → [강끼슥]

이러한 예들은 현대국어에서 속격 조사 '-의'를 붙여 구로 만들어 볼 수 있는 것들이다. 즉 '내의 가', '길의 가', '담의 벼락', '손의 등', '강의 바닥'처럼 속격 조사 '-의'가 결합할 수 있는 구조인 것이다.

이러한 속격 관계는 이에 한정되지 않는다. 선행하는 단어가 시간이나 장소를 나타낼 때 혹은 목적이나 용도를 나타낼 때에도 기원적으로 속격 관계였다.

[시간이나 장소를 나타내는 경우에 발생]
선행하는 단어가 뒤에 오는 단어의 시간이나 장소를 나타낼 때에는 사잇소리가 발생하여 뒤에 오는 초성은 된소리로 조음된다.

[모음 뒤]
  (시간) 어제+밤 → [어젣빰] 오후+반 → [오훈빤]
  (공간) 뒤+집 → [뒫찝]

['ㄹ' 뒤]
  (시간) 오늘+밤 → [오늘빰] 겨울+잠 → [겨울짬]
  (공간) 물+개 → [물깨]   들+개 → [들깨]

['ㅁ' 뒤]
    (시간)   밤+잠 → [밤짬]   점심+밥 → [점심빱]
                 봄+비 → [봄삐]   그믐+달 → [그믐딸]

['ㄴ' 뒤]
    (시간)   오전+반 → [오전빤]
    (공간)   안+방 → [안빵]   산+돼지 → [산뙈지]   산+바람 → [산빠람]

['ㅇ' 뒤]
    (시간)   초승+달 → [초승딸]
    (공간)   땅+값 → [땅깝]

이런 예들과는 다른 현상을 보이는 것들도 있다. '점심 국수, 점심 비빔밥, 가을 단풍, 내일 숙제, 고대 국어, 중세 국어' 등이 그것이다. 이들도 복합어로 볼 수 있는 소지는 있지만 아직 한국인의 언어 인식에 이들이 복합어로 인식되지 않기 때문일 것이다.

[용도나 목표일 때 발생]
선행하는 단어가 뒤에 오는 단어의 용도나 목표 혹은 결과 등을 나타낼 때에는 사잇소리가 발생하여 뒤에 오는 초성은 된소리로 조음된다.

[모음 뒤]   고기+배 → [고긷빼]   공부+방 → [공붇빵]
               세수+비누 → [세숟삐누]
['ㄹ' 뒤]   술+잔 → [술짠]   술+병 → [술뼝]
['ㅁ' 뒤]   잠+자리 → [잠짜리]   숨+구멍 → [숨꾸멍]
['ㅇ' 뒤]   구경+감 → [구경깜]

용도나 목표를 나타내는 것이라 하더라도 항상 사잇소리가 발생하는 것은 아니다. '사과접시, 과일접시, 화장비누, 노래방' 등에서는 앞의 형태소가 뒤에 오는 형태소의 용도이거나 목표를 나타내는 것이지만 사잇소리가 발생하지 않는다. 이것은 이러한 단어에 대한 언중들의 인식이 기존의 복합어와 동일하게 인식되지 않거나,40) 기존의 용도와는 다르게 인식되기41) 때문일 것이다.

마. 'ㅂ, ㅎ'의 첨가

현대국어에는 복합어 형성에 한정하여 앞 형태소와 뒤 형태소 사이에 'ㅂ'이나 'ㅎ'이 덧나서 첨가되는 것처럼 보이는 현상이 있다.

(1) 메+쌀 → [멥쌀], 이+쌀 → [입쌀], 조+쌀 → [좁쌀]
대+싸리 → [댑싸리]
벼+씨 → [볍씨]
이+때 → [입때], 저+때 → [접때]

(2) 머리+가락 → [머리카락]
살+고기 → [살코기]
암+개 → [암캐], 암+것 → [암컷], 암+닭 → [암탉]
수+개 → [수캐], 수+것 → [수컷], 수+닭 → [수탉]
안+밖 → [안팎]

위의 예 중 (1)은 'ㅂ'이 덧나는 것처럼 보이는 것이고, (2)는 'ㅎ'이 덧나는 것처럼 보이는 것인데, 현대국어에서 공시적으로 '몇몇 어휘에

---

40) '고깃배'와 '사과접시'는 둘 다 앞의 형태소가 용도를 나타내는 것이지만, 그 관계는 사뭇 다르다. 이에 관한 언중들의 인식이 사잇소리의 발생에 영향을 끼쳤을 것이다.
41) '세숫비누'와 '화장비누'의 경우 그 용도가 동일하지만 '비누'에 대한 인식의 차이가 발화에 영향을 끼쳤을 것이다. 그리고 '공부방'과 '노래방'은 그 방의 개념이나 구조가 다르고, 단어의 관계가 일치하는 것이 아니다. 이러한 인식이 언중들의 발화에 영향을 끼쳤을 수가 있다.

한정하여 'ㅂ'이나 'ㅎ'이 덧나는 것으로 처리'하든가, 아니면 '몇몇 어휘에 남아 있는 화석으로 처리'하든가 해야 할 것이다. 이러한 현상이 생기는 이유는 이들 어휘가 복합어를 이룰 당시에 (1)의 예들은 후행하는 형태소의 첫 음에 'ㅂ'이 있었고, (2)의 예들은 선행하는 형태소가 말음으로 'ㅎ'을 가지고 있었기 때문이다. 현대국어에서는 어두에 자음군을 허용하지 않고, 체언 어간말은 'ㅎ'이 탈락된 형태로 단일화가 이루어져서 공시적인 복합어 형성으로는 설명할 수 없게 되어 마치 이들이 덧나는 것처럼 보이는 것이다.

그런데, 이 현상이 (1)과 (2)에 나타나는 현상의 원인이 되는 어휘와 결합한다고 하여 반드시 이 현상이 발생하는 것은 아니다.

(3) 오이+씨 → [오이씨],
  그+때 → [그때], 끼니+때 → [끼니때]

(4) 머리+박 → [머리빡], 머리+기름 → [머리끼름]
  살+진(고기) → [살찐]
  안+다리 → [안따리]

위의 예들 (3)은 'ㅂ'이 덧나지 않고 사용되고 있고, (4)는 사잇소리가 덧나 후행하는 초성이 거센소리가 아닌 된소리로 조음되고 있는 것이다. 뿐만 아니라 (대+싸리→) [댑싸리], (벼+씨→) [볍씨], (이+때→) [입때], (저+때→) [접때] 등은 [대싸리], [벼씨], [이때], [저때]로 많이 사용되고 있고, (머리+가락→) [머리카락], (살+고기→) [살코기], (암+개→) [암캐], (암+것→) [암컷], (암+닭→) [암탁], (수+개→) [수캐], (수+것→) [수컷], (수+닭→) [수탁], (안+밖→) [안팍] 등은 빈도수의 차이는 있지만, 사잇소리가 덧나는 현상에 유추되어 [머리까락], [살꼬기], [암깨], [암껏], [암딱], [수깨], [수껏], [수딱], [안빡] 등과 공존하고 있는 상황이다.

5.2.4. 한국어의 융합 현상

가. 거센소리화

거센소리되기 현상은 두 개의 음소나 운소가 하나의 음소나 운소로 바뀌는 융합 현상의 일종으로, 'ㅎ'이 폐쇄성을 가지고 있는 자음 'ㅂ, ㄷ, ㅈ, ㄱ'과 합해져서 거센소리로 바뀌는 현상을 말한다.

현대국어 용언의 활용에서는 선행하는 어간말 'ㅎ'과 후행하는 어미의 초성 'ㄷ, ㅈ, ㄱ'이 결합하여 'ㅌ, ㅊ, ㅋ'으로 되는 현상을 찾아 볼 수 있다.42)

(1) 용언의 활용
  좋+다, 지, 고 → [조타], [조치], [조코]
  넣+다, 지, 고 → [너타], [너치], [너코]
  많+다, 지, 고 → [만타], [만치], [만코]
  싫+다, 지, 고 → [실타], [실치], [실코]

체언의 곡용에서는 특이한 곡용의 양상을 보여 주는 공동격 조사 '-하고'의 결합에서 그 예를 볼 수 있다.

(2) 체언의 곡용
(2-1) 밥+하고 → [바파고]; 집+하고 → [지파고]
    떡+하고 → [떠카고]; 죽+하고 → [주카고]

(2-2) 옷+하고 → [오타고]; 갓+하고 → [가타고]
    낮+하고 → [나타고]; 젖+하고 → [저타고]
(2-3) 잎+하고 → [이파고]; 짚+하고 → [지파고]

---

42) 'ㅎ'이 'ㅅ'과 결합할 경우에는 거센소리가 되지 않고 된소리가 된다. 좋+소 → [조쏘] 혹은 [존쏘] 넣+소 → [너쏘] 혹은 [넌쏘] 등.

밑+하고 → [미타고]; 끝+하고 → [끄타고]
꽃+하고 → [꼬타고]; 숯+하고 → [수타고]
부엌+하고 → [부어카고]

위의 예 (2-1)에서 'ㅂ, ㄱ' 등이 'ㅎ'과 결합하여 유기음 'ㅍ, ㅋ' 등으로 바뀐다는 것을 확인할 수 있다. (2-2)에서는 'ㅅ, ㅈ' 등이 'ㄷ'으로 미파화한 후 'ㅎ'과 결합하여 'ㅌ'으로 바뀐다는 것을 확인할 수 있다. 이러한 것을 감안하면 (2-3)의 예들 역시 'ㅍ; ㅌ, ㅊ; ㅋ' 등이 각각 'ㅂ, ㄷ, ㄱ' 등으로 미파화한 후 후행하는 'ㅎ'과의 축약으로 거센소리가 된 것을 알 수 있다.

이 현상은 한자어에서도 필수적으로 발생하고, 음운론적인 단어 내부에서도 발생한다.

(3) 국화[구콰], 목화[모콰]
    육학년[유캉년]
    꽃한송이[꼬탄송이], 밭한마지기[바탄마지기]
    굿한다[구탄다], 못한다[모탄다]
    밥해라[바패라], 떡해라[떠캐라]

그런데 삼 음절 이상의 한자어 등 'ㅎ'이 독립적인 단어가 될 수 있는 어휘의 어두일 경우, 선행하는 폐쇄음과 융합 현상을 보이지 않기도 한다.

(4) 육학년[유강년] 혹은 [유캉년]
    꽃한송이[꼬단송이] 혹은 [꼬탄송이]
    밭한마지기[바단마지기] 혹은 [바탄마지기]
    굿한다[구단다] 혹은 [구탄다]
    못한다[모단다] 혹은 [모탄다]

밥해라[바배라] 혹은 [바패라]
떡해라[떠개라] 혹은 [떠캐라]

5.3. 영어의 음운 현상

한 언어에서 의미 대조의 단위인 음소만으로 구성된 표지를 음소 표지 혹은 기저 표시라고 한다. 즉 음소 표지는 낱말을 구분하기 위해 필요한 최소한의 자질로만 구성되며, 음운 환경에 따라 예측할 수 있는 자질은 모두 음운 규칙으로 표현된다. 음운 규칙은 음소가 어떤 환경에서 어떤 음성 형태로 변화하는지 지시해 주며, 이는 모국어 화자가 머리 속에 저장하고 있는 음운 지식의 일부라고 할 수 있다. 음소 목록과 음운 규칙을 합한 내용이 한 언어의 음운 체계를 구성한다. 음소 표지에 음운 규칙을 적용하면 보다 구체적인 음성 표지가 도출된다. 본 절에서는 영어에 존재하는 음운 규칙에 어떤 것들이 있는지 알아보기로 한다.

5.3.1. 기식음화

영어의 무성폐쇄음은 일정한 환경에서 다음 분절음의 유성이 폐쇄음의 파열과 동시에 즉각 시작하지 않고 약간의 지체 후에 시작하는 특징이 있다. 기식(aspiration)이라고 하는 이러한 현상은 'pit'과 'bit'을 비교하여 발음할 때 'pit'의 /p/에서만 일어나는 바람이 나오는 소리로 인식할 수 있다. 영어에서 기식은 무성폐쇄음이 음절을 시작하는 두음 위치에 나타날 때 일어나며, 아래 (1a)에서처럼 강세 음절의 음절 두음 위치에 속할 때 가장 강하게 일어난다.

(1) a. [pʰ]it   b. s[p]it   c. [b]it
    [tʰ]ie   s[t]y   [d]ie
    [kʰ]ome   s[k]um   [g]um

(1)에서처럼 무성폐쇄음이 음절 두음에서 /s/ 다음에 나타나는 경우에는 기식이 일어나지 않는다. 또한 (1c)에서 볼 수 있듯이, 영어에서 유성폐쇄음은 기식음화하지 않는다.

음절 두음에서, 무성폐쇄음 다음에 공명 자음이 오는 경우에도 공명음의 유성이 폐쇄음의 파열과 동시에 바로 시작하지 않아 약간의 무성음 기간이 있게 된다. 이것도 역시 일종의 기식음화 현상이라고 할 수 있다. 다음의 예에서 무성음화되는 공명 자음은 진하게 표시하였다 (Giegerich 1992).

(2) a. clue, crew, play, pray, try, twig
    b. screw, split, spring, splendid, street
    c. citrate, matron, proclaim
    d. across, applaud, apraxia
    e. atlas, butler, Whitney
    f. blue, brew, drew, glance, grace

(2a)와 (2d)의 낱말들에서만 공명 자음의 무성음화가 일어난다. (2a)에서는 무성폐쇄음이 공명 자음과 함께 강세 음절의 두음에 속하여 공명 자음의 무성음화 환경을 형성하고 있다(예를 들어, 'pray' /.preɪ./). (2b)에서는 음절이 /s/로 시작하므로, (2c)에서는 /pr/, /tr/ 등이 강세 음절에 속하지 않아 각각 공명 자음의 무성음화 환경을 형성하지 않는다. (2d)에서는 /pr/, /pl/, /kr/ 등이 두 번째 음절의 음절 두음으로 분석된다. 이들 분절음들이 영어에서 가능한 음절 두음이기 때문이다. 무성폐쇄음이 음절 첫 분절음이고 강세 음절에 속하므로 /l/과 /r/의 무성

제5장_ 음운 현상

음화를 야기하게 된다(예를 들어, 'applaud' /.ə.plɔd./). 반면 (2e)에서 /tl/이나 /tn/은 영어의 가능한 음절 두음 자음군이 아니므로, 두 자음 사이에 음절 경계가 나뉘고, 무성폐쇄음에 의한 공명음의 무성음화는 일어나지 않는다(예를 들어, 'atlas' /.æt.ləs./). (2f)의 유성폐쇄음은 다음 공명 자음의 무성음화를 야기하지 않는다.

방언이나 개인에 따라서 낱말 끝 위치에서도 기식음으로 발음될 수 있다. 예를 들어, 리버풀(Liverpool) 방언에서는 'hop'의 폐쇄음이 강한 기식음으로 발음된다. 한편 폐쇄음의 기식-비기식성이 애매한 문장을 분명하게 구분시켜주는 신호가 되기도 한다. 'peace talks'와 'pea stalks'는 둘 다 음소 표기로는 /pi:stɔ:ks/인데, 낱말 중간 /t/가 기식음 [tʰ] ('peace talks'의 경우) 혹은 비기식음 [t]('pea stalks'의 경우)로 조음되는지에 따라 어떤 의미를 전달하는지 명확히 할 수 있다(Davenport & Hannahs 1998).

5.3.2. 무성폐쇄음의 성문음화

위에 논의된 무성폐쇄음의 기식음화가 음절 두음에 일어나는 현상이라면, 무성폐쇄음의 성문음화는 음절 말음에 일어나는 현상이다. 음절 말음에 나타나는 무성폐쇄음의 양순, 치경, 연구개 폐쇄 직전에 성문(vocal cords)의 폐쇄가 잠시 일어나는 것을 무성폐쇄음의 성문음화라고 한다. 다음의 예를 보자(Giegerich 1992).

(3) a. cup, heap, bit, beat, buck, oak, felt
　　b. cub, grebe, bid, bead, bug, vogue, felled

(3a)처럼 무성폐쇄음으로 끝나는 낱말의 경우에, 무성음 발화 직전에 성대에서 폐쇄가 일어난다(예를 들어, 'cup' [kʰʌʔp]). 성문의 폐쇄는

[ʔ]로 표기한다.
　이러한 무성폐쇄음의 성문음화는 정도의 차이로 일어나는(gradient) 현상이다. 발화 상황이나 화자 개인에 따라 수량적인 차이를 보여, 성문 폐쇄 정도가 많이 나타나는 경우도 있고, 상대적으로 적게 나타나는 경우도 있다는 점이다. 한편, 같은 음절 말음 위치라 하여도, 폐쇄음 앞에 단모음이 오는 경우에(예를 들어, 'cup', 'bit') 성문 폐쇄가 가장 잘 인식되고, 폐쇄음이 다른 자음 뒤에 나타날 때는(예를 들어, 'felt') 성문 폐쇄가 보다 약하게 인식된다.
　다음의 예를 관찰해보자(Giegerich 1992).

　　(4) a. applaud, attribute, across
　　　　b. petrol, metric
　　　　c. atlas, Butlin, cutlass

(4a)에서 무성폐쇄음 /p/와 /t/와 /k/는 음절 두음에 위치하고 강세 음절에 속하므로, 강하게 기식음화되는 환경이다. (4c)에서는 /tl/이 음절 두음을 이룰 수 없으므로, /t/는 첫 음절의 말음으로, /l/은 둘째 음절의 두음으로 분석된다. 따라서 무성폐쇄음 /t/는 음절 말음 위치가 되어 성문음화하게 된다(예를 들어, 'atlas' [.æʔt.ləs.]). (4b)의 'petrol'에서는 무성폐쇄음 /t/가 양음절에 속한다. /tr/이 가능한 음절 두음 자음군이므로 두 번째 음절의 두음으로 분석됨과 동시에, 첫 번째 음절이 강세 음절이므로 이를 중음절로 만들기 위해 음절 말음의 역할도 해야 한다. 이러한 양음절성에 기인하여, 무성폐쇄음 /t/는 성문음화하는 동시에 기식음화하게 된다([pʰɛʔtʰrɔl]).
　런던 코크니 방언(Cockney)이나 스코틀랜드 비표준 영어(nonstandard Scottish English)를 포함한 몇몇 방언에서는, 성문음이 폐쇄음 앞에 잠시 삽입되는 것에 그치지 않고, 아예 그 폐쇄음을 대체하는 경우도 있다. 다음의 예들을 보자(Giegerich 1992).

(5) a. pit, belt
  b. atlas, lightning
  c. pity, bottom
  d. Peter, mighty, divinity
  e. pill, till, kill
  f. mat, map, mack

이러한 방언에서 [ʔ]는 강세 음절의 두음 위치를 제외한 모든 환경에서 /t/의 대체 이음 역할을 한다. 따라서 (5e)의 경우를 제외하고 (5a, b, c, d)에서 /t/가 [ʔ]로 실현될 수 있다(예를 들어, 'pit'가 [pɪt] 혹은 [pɪʔ]로). 특히 낱말 끝 위치에서는 /t/ 뿐 아니라 /p/와 /k/의 이음으로 [ʔ]가 조음되기도 하여, (5f)의 예에서처럼 폐쇄음의 세 조음 위치가 모두 [maʔ]로 실현되어 낱말 간에 구분이 불가능해지는 문제가 발생하기도 한다.

5.3.3. 유성장애음의 무성음화

영어의 유성장애음, 즉 유성폐쇄음, 유성파찰음, 유성마찰음은 어떤 일정한 환경에서 부분적으로 혹은 전적으로 무성음화된다. 다음의 예를 보자(Giegerich 1992).

(6) a. rib, rid, rig
  b. buy, die, guy
  c. obtain, bodkin, wagtail
  d. ebbing, riding, regal
  e. rise, drive, writhe

f. zoo, veal, they
g. whizzkid, dovetail
h. resist, arrival, writhing

　유성 장애음은 앞뒤로 유성음의 환경에 둘러싸여 있는 (6d)나 (6h)의 경우에만 완전히 유성음으로 실현되고, 그 외의 모든 다른 환경에서 적어도 부분적으로 무성음화하게 된다. (6b, f)의 낱말 처음이나 (6a, e)의 낱말 끝 위치의 장애음은, 발화의 시작이나 끝에서 혹은 발화 내부에서 잠시 발화가 중지될 때 무성음화된다. 예를 들어 'rise'는 'the rise is…'처럼 발화 중간에서 완전한 유성음으로 발음되지만, 단독으로 'rise'만 발화될 때는 낱말 끝 /z/가 어느 정도 무성음화한다. (6c)나 (6g)에서처럼 유성 장애음의 한 쪽 환경이 무성음일 때 역시, 그 유성음은 어느 정도 무성음화하게 된다.
　이러한 유성 장애음의 무성음화는 불완전하게 일어나는 경우가 많다. 무성음화된 경우라 하더라도 기저에서 무성음인 장애음과 음성적으로 완전히 구별 불가능하게까지 되는 경우는 흔하지 않다는 것이다. 즉 'zip'의 /z/가 어느 정도 무성음화되지만, 'sip'과 'zip' 사이의 구별이 불가능해질 정도까지는 아니라는 점이다. 또한 무성음화의 정도는 개별 화자 간에 혹은 방언 간에 크고 작은 차이를 보인다. 인접한 음성 환경에 따라서도 무성음화의 정도에 차이가 일어나서, 예를 들어 낱말 끝 무성음화가 낱말 초 무성음화보다 더 강하게 일어나는 것이 일반적인 현상이다. 따라서 'bib'에서 낱말 끝 /b/가 낱말 초 /b/보다 더 많이 무성음화된다.
　따라서 유성 장애음의 유성 자질은 유성음 환경에 나타날 때에만 그 유성 장애음의 인식에 충분한 신호 역할을 하게 된다. 예를 들어, 낱말 초 위치에서 /p/-/b/는 (/b/의 무성음화로 인해) 유무성에 의해서가 아니라 기식 여부에 따라 구분되며, 낱말 끝 위치에서 역시 유무성에 의해서가 아니라 해당 폐쇄음의 성문음화 여부에 따라 구별된다. 기식음화나 성문음화가 일어나지 않는 마찰음의 경우에는 폐쇄음의 경우보다 낱말 초나 낱말 끝의 유무성 구별이 어려워, 'fat'과 'vat' 사이에 구분하기가 보다 어려운 점이 있다. 낱말 초 위치보다 무성음화가 더 많이 일어나는 것으로 알려진 낱말 끝 위치의 마찰음을 포함한 'duff-dove'와 같은 예는 더더욱 그 유무성간 구별이 어려워진다. 마찰음 간의 유무성 구별이 어려운 대신 이러한 낱말 쌍에서는 다른 부수적인 신호가 이들 간의 구분을 돕게 된다. 그것은 선행 모음 길이의 차이인데, 무성 마찰음 앞에서보다 유성마찰음 앞에서 모음이 길어진다. 따라서 'dove'의 모음이 'duff'의 모음보다 길게 발음되어 이들 낱말 간에 구분을 돕는 것이다. 마찰음 뿐 아니라 폐쇄음과 파찰음의 경우에도 유무성 차이에 따른 선행 모음의 길이 차이가 일관적으로 나타난다. 이러한 유성 장애음 앞 모음의 장음화는 다음 절에서 자세히 논의된다.

5.3.4. 유성 장애음 앞 장모음화

앞 절에서 논의했듯이, 영어에서는 장애음의 유무성에 따라 선행 모음의 길이에 차이가 난다. 즉 'cap'의 모음보다 'cab'의 모음이, 'pat'의 모음보다 'pad'의 모음이, 'back'의 모음보다 'bag'의 모음이 현저히 길게 발음된다. Peterson & Lehiste(1960)에 따르면, 영어에서 유성 장애음 앞 모음이 무성 장애음 앞 모음보다 약 1.5배 정도 길게 발음된다고 한다. 그리고 영어의 청자에게 낱말 끝 장애음의 유무성을 올바르게 인식할 수 있게 하는 주요한 신호 중 하나가 선행 모음의 길이 차이이다(Denes 1955). 다음의 예에서 제시된 낱말 끝 마찰음의 유무성도 선행 모음의 길이에 따라 구별되는 면을 보여준다.

(7) duff-dove, leaf-leave, face-phase, rice-rise, loose-lose, loath-loathe

한편 영어의 이완 모음이 유성 장애음 앞에 나타날 때 장모음화되어 혹시 긴장 모음의 길이와 구별이 불가능해질 정도가 되는 것은 아닐까 하는 의문이 들게 된다. 다음의 표는 전형적인 RP 화자가 여러 다른 분절음 앞에 발음한 /i/와 /ɪ/의 평균 길이를 나타낸 것이다(Giegerich 1992).

<표 1> 여러 환경에서 /i/와 /ɪ/의 평균 길이(in centiseconds)

환경음	유성마찰음	유성폐쇄음	침묵	비 자음	무성마찰음	무성폐쇄음
/i/	36.0	28.5	28.0	19.5	13.0	12.3
/ɪ/	18.6	14.7	–	11.0	8.3	7.3

환경음이 무엇이든, 긴장 모음과 이완 모음 간의 대조가 일관적으로 유지되고 있음을 볼 수 있다. 예상했던 바와 마찬가지로, 유성 장애음 앞에서 모음이 가장 길고, 그 다음으로 침묵(pause)이나 비 자음 앞에서, 그리고 무성 장애음 앞에서 가장 짧게 나타나고 있다. 그러나 긴장 모음 /i/의 짧은 이음들(무성폐쇄음 앞 12.3, 무성마찰음 앞 13.0)이 이완 모음 /ɪ/의 긴 이음들(유성마찰음 앞 18.6, 유성폐쇄음 앞 14.7)보다 짧다는 것은 흥미로운 결과이다.

5.3.5. 설단폐쇄음의 탄설음화

미국 영어의 여러 방언과 아일랜드 얼스터(Ulster) 지방의 영어에서는, 치경폐쇄음 /t/와 /d/가 공명음 사이에 나타날 때 유성 치경 탄설음 [ɾ]로 되는 현상이 있다. 탄설음은 혀끝을 치경 위치에 빠르게 탁 치면서 매우 짧은 폐쇄음을 만드는 소리이다. 다음의 예들을 보자 (Giegerich 1992).

(8) a. ability, atom, battle, better, bottom, comforter, divinity, latter, matter, party, pattern, petal, repetitive, sanity, Saturday, settle, startle, stutter, waiter, writer, writing

b. Adam, additive, coddle, badly, body, daddy, huddle, ladder, madam, order, padding, pudding, puddle, riddle, riding, pardon, pedal, wader, wordy

c. atlas, attain, tip, wait

(8a)의 예들은 음소 /t/가, (8b)는 /d/가, 각각 탄설음화 되는 경우이다. (8c)의 'tip'과 'wait'의 /t/는 공명음 사이에 위치해야하는 환경을 만족시키지 못해서 탄설음화 되지 않는다. 공명음 사이에 위치해 있더라도 /t/와 /d/가 속한 음절이 강세 음절이면 탄설음화가 일어나지 않아, (8c)에서 'attain'의 /t/는 탄설음화 되지 않고 기식음화 한다. (8c)에서 'atlas'의 /t/는 음절 말음에 위치하여 탄설음화 되지 않는다. 요약하면 다음과 같은 환경에서 /t/와 /d/가 탄설음화 된다고 할 수 있다.

(9) /t/와 /d/는 무강세 음절의 두음으로 나타나고 바로 앞 분절음이 공명음 일 때 탄설음으로 실현된다.

이러한 현상은 낱말 경계를 사이에 두고도 일어나서 'ge[ɾ] away', 'hi[ɾ] it'이 되는 것을 볼 수 있다(Davenport & Hannahs 1998). 이러한 구에서 /t/는 음절 두음으로 재분석되고 무강세 음절에 나타나므로 탄설음화의 조건을 만족시킨다고 할 수 있다.

탄설음화의 결과로 /t/와 /d/의 유무성 구분이 불가능해져 (소리는 같으나 의미는 다른) 동음이의어를 만드는 경우가 있다. 예를 들어, 모음과 무강세 모음 사이에 나타나는 치경폐쇄음 /t/와 /d/를 포함하고 있는 'writer' /ɾáɪtər/와 'rider' /ɾáɪdər/는 모두 탄설음화 과정을 겪어 [ɾáɪɾər]라는 동일한 음성 형태로 실현된다. 이외에도 'latter'와 'ladder', 'atom'과 'Adam' 등의 낱말 쌍이 미국 영어에서 거의 동음이의어로 실현된다. 이처럼 특정한 음성 환경에서 두 음소 간의 대조가 사라지는 것을 중화라고 한다.

이들 낱말 쌍들 간에 구분이 가능하다면, 그 차이가 해당 자음의 유무성에 있는 것이 아니라 선행 모음의 길이에 있게 된다. 예를 들어, 기저에서 유성폐쇄음인 /d/를 포함한 'ladder'의 모음 /æ/가 기저에서 무성폐쇄음인 /t/를 포함한 'latter'의 모음 /æ/보다 더 길게 발음된다는 점이다. 따라서 자음보다는 선행 모음의 길이 차이가 두 낱말을 구분하는 주요한 신호로 기능하게 된다.

5.3.6. 밝은 [l]과 어두운 [ɫ]

영어의 여러 방언에서 /l/은 밝은 [l]이나 어두운 [ɫ]로 실현된다. 두 변이형 모두 치경 위치에서 접촉을 이루지만, 밝은 [l]의 경우에 혀의 뒷부분이 내려와 있는 반면, 어두운 [ɫ]은 혀의 뒷부분이 연구개 쪽으로 올라가거나 더 뒤쪽으로 당겨 발음한다. 다음의 낱말 예들을 보자 (Giegerich 1992).

(10) a. 밝은 [l]: lull, lip, low, blind, splice, yellow, foolish
b. 어두운 [ɫ]: lull, hill, pool, help, solve, elbow, little

밝은 [l]과 어두운 [ɫ]의 분포는 음절 내부에서 /l/의 위치에 의해 결정된다. (10a)에서처럼 /l/이 음절 두음에 나타날 때에는 밝은 [l]로, (10b)에서처럼 음절 운모에 나타날 때에는 어두운 [ɫ]로 실현된다. 예를 들어, 'foolish' [.fu.lɪʃ.]에서 /l/은 두 번째 음절의 두음에 나타나므로 밝은 [l]로 실현된다. 'little' [.lɪ.tɫ.]에서 /l/은 두 번째 음절의 핵 역할을 하고 있으므로 음절 운모의 일원으로서 어두운 [ɫ]로 실현된다.

제5장_ 음운 현상

'yellow'에서 /l/은 양 음절 모두에 속하는 경우인데, 이러한 경우 밝은 [l]로 실현된다. 'yellow'의 경우를 통해 /l/의 분포를 다음과 같이 설명할 수 있다.

(11) /l/은 음절 두음에 나타날 때 [l]로 실현된다. 그 이외의 모든 위치에서 [ɫ]로 실현된다.

그 반대로, /l/이 음절 운모에 나타날 때 [ɫ]로 실현되고, 그 이외의 위치에서 [l]로 실현된다고 설명하는 것은 옳지 못한 결과를 가져온다. 'yellow'에서처럼 /l/이 음절 두음과 말음에 동시에 속한 경우 어두운 [ɫ]로 잘못 실현될 것이기 때문이다.

5.3.7. 비모음화

영어 낱말 'ban'은 모음 /æ/를 조음할 때부터 이미 콧소리가 나기 시작한다. 즉 비자음 /n/ 앞에서 모음 /æ/가 비음으로 실현되는 것이다. 비음화는 /n/과 /æ/에만 국한되어 일어나는 것이 아니라 보다 광범위하게 일어나는 현상이다. /æ/는 /n/ 앞에서 뿐 아니라, 비자음 /m/과 /ŋ/ 앞에서도 비음화한다. 예를 들어, 'ram', 'camp', 'sang', 'tank'의 /æ/는 /m/과 /ŋ/ 앞에서 모두 비모음이 된다. 또한 비자음 앞에서 비음화하는 것은 모음 /æ/ 뿐 아니라, 다른 모음도 비자음 앞에서는 모두 비음화한다. 예를 들어, 'palm', 'song', 'lawn' 등의 모음들은 모두 비음 앞에서 비모음으로 발음된다.

비자음은 구강에서는 폐쇄로 인해 공기 흐름이 차단되지만 연구개가 내려와 비강으로 공기가 통과하면서 형성되는 소리이다. 비자음의 이러한 연구개 하강을 선행 모음을 발음할 때 미리 시작하여 모음의 조음 동안 이미 비강을 통해 공기가 흐르게 되어 비음이 생산되기 시작하는 것이다. 비자음을 조음하기 시작하면서 비로소 연구개를 내리기보다는 모음 조음 때부터 미리 연구개를 내리기 시작하면 비자음의 조음이 보다 용이하게 되는 효과를 얻게 될 것이다.

이러한 비모음화는 여러 언어에서 발견되는 매우 일반적인 현상이지만, 모든 언어에서 예외 없이 나타나는 현상은 아니다. 예를 들어 불어에서는, 구강 모음과 비강 모음이 개별적인 음소이어서, 'laid-lin'과 'lot-long' 등이 모음의 구강성-비강성에 의해 최소 대립 쌍을 구성하게 된다. 이러한 언어에서는 비자음 앞에서도 구강 모음이 비음화하지 않는다. 예를 들어, 'bonne'라는 낱말은 [bɔn]이고, *[bɔ̃n]으로 실현되지 않는 것이다. 이는 비자음 앞에서도 구강 모음과 비강 모음 간에 구별을 명확히 해야 할 언어 특정적인 필요가 있기 때문이라고 해석할 수 있다.

언어마다 비음화의 정도에 차이가 있다. 언어 간 비음화 차이에 관한 Clumeck(1976)의 실험 결과에 따르면, 미국 영어와 브라질 포르투갈어에서 비음화가 더 빨리 시작하고, 힌두어나 불어, 스웨덴어에서 더 늦게 시작했다고 보고하고 있다.

5.3.8. 폐쇄음의 비파열

폐쇄음은 폐쇄 준비, 폐쇄, 파열의 과정을 거쳐 만들어지는 소리라고 하였다. 그러나 특정한 음성 환경에서 폐쇄음은 파열하지 않을 수도 있다. 다음 (12)에서처럼 낱말 끝에 위치한 폐쇄음이 발화의 마지막에 나타날 때, 잠시 파열하지 않는 비파열음을 형성할 수 있다.

(12) cap, hat, black, cab, good, rug

이러한 폐쇄음의 비파열은 선택적으로 나타나는 현상이어서 발화 상황에 따라 일어날 수도, 일어나지 않을 수도 있다. 이는 대체적으로 비언어적인 요소에 의해 결정되는데, 주로 느리고 형식적인 발화에서 파열되는 경향이, 빠르고 비형식적인 발화에서 비파열되는 경향이 있다. 개별 화자의 습관에 따라 좀 더 자주 비파열폐쇄음을 사용하는 경우가 있다.

5.3.9. 조음 위치 동화

동화는 한 음소가 인접한 음소에 영향을 미쳐 두 음소가 보다 유사하게 되는 과정을 말한다. 인접한 음소가 서로 유사하게 됨으로써 조음 기관의 움직임이 보다 용이하게 되는 결과를 가져오게 된다. 앞서 논의한 영어의 비모음화도 이러한 동화 현상의 하나이다.

한 음소가 다음 음소의 조음 위치를 예측하여 위치를 어느 정도 이동하는 것은 거의 모든 언어에서 일어나는 보편적인 현상이다. 영어의 경우에는 특히 뒤 분절음에서 앞 분절음의 방향으로 영향 관계가 이루어지는 역행 동화가 주로 일어난다. 다음에 치경 비음 /n/의 조음 위치 동화의 예를 보자(Davenport & Hannahs 1998).

(13) i[nɛ]dible, i[n ɛ]dinburgh, i[m p]ossible, i[m p]reston, i[ŋk]onceivable, i[ŋ k]ardiff, u[mp]roductive, i[nd]eed, i[ŋk]lude

치경비음 다음의 분절음이 모음일 때는 위치의 변화가 없지만, 다음 분절음이 자음일 때 그 자음의 위치에 완전히 동화하여 발음된다. 즉 치경비음이 다음 자음이 양순음일 때 양순음으로, 연구개음일 때 연구개음으로, 위치를 완전히 바꾸는 것을 확인할 수 있다.

이외에도 'tenth'에서 치경 비음 /n/이 치마찰음 /θ/ 앞에서 치음으로 위치를 변경하는 것이나, 'key'에서 전설모음 /i/ 앞에서 연구개폐쇄음

/k/가 약간 앞 쪽(경구개 쪽)에서 발음되는 것 등 역시 영어 위치 동화의 예이다. 영어의 조음 위치 동화의 예를 아래 표에 정리해 보자.

<표 2> 영어의 조음 위치 동화(Giegerich 1992)

조음 위치 동화	낱말 예
/m/이 순치음 앞에서 순치음으로	comfort, emphasis, come forward
/n/이 치음 앞에서 치음으로	anthology, enthusiasm, month, tenth, in theory, one thing
/k, g/가 전설모음 앞에서 경구개 쪽으로	key, keg, keep, geese, get
/k, t, s/가 순음 앞에서 순음으로	queen, quick, cool, twin, swear

동화가 일어나는 정도는 개별 화자의 습관이나 발화 상황적인 요소에 따라 상당히 유동적으로 나타난다. 일반적으로 빠르고 비형식적인 발화에서 동화 현상이 더욱 광범위하게 나타나고, 형식적인 발화에서는 동화가 매우 제한적으로 나타난다. '밝은 /l/' 규칙의 경우를 제외하고는 영어의 많은 음운 규칙들이 이처럼 정도의 차이로 나타나는 (gradient) 현상이다.

5.3.10. 이화

이화는 비슷했던 인접음들이 서로 다르게 되는 음운 과정을 말한다. 동화 현상이 화자의 입장에서 조음의 용이성을 추구한 결과로 일어난 현상이라면, 이화 현상은 청자의 입장에서 그 발생 동기를 찾을 수 있다. 인접한 음끼리 너무 비슷하게 들리면 그 차이를 인식하기가 어려우므로 두 소리 간의 대조를 보다 분명히 해 주기 위해 일어나는 현상이다. 예를 들어 비음 이화는 비음 둘이 인접하여 일어날 때 한 비음이 유음으로 바뀌는 현상이다. 이러한 과정에 의해 인접한 두 개의 비자음을 포함한 /tʃɪmni/ 'chimney'가 [tʃɪmli]로 발음될 수 있다(Davenport & Hannahs 1998).

5.3.11. 분절음 삭제

삭제는 분절음 자체를 없애는 과정을 말한다. 자음군에 속해 있는 낱말 끝 치경폐쇄음 /t, d/가 완전히 삭제되는 방언이 있다. 즉 /hænd/가 [hæn]으로, /lɪst/가 [lɪs]로 발음되는 것이다. 일반적으로 영어에서 삭제는 일상적이고 빠른 발화에서 강세를 받지 않는 모음에서 주로 일어난다. 다음의 여러 예에서, 강세를 받지 않는 모음이 삭제되어 발음되는 경우를 확인할 수 있다(Fromkin & Rodman 1998).

(14) mystery→mystry, general→genral, memory→memry, vigorous→vigrous, Barbara→Barbra, camera→camra, comfortable→comftable, accordant→accordnt

5.3.12. 분절음 삽입

삽입은 자음이나 모음을 끼워 넣는 과정을 말한다. 예를 들어 Geordie를 포함한 영어의 몇몇 방언에서는 낱말 끝의 유음과 비음 사이에 모음 [ə]를 삽입하는 현상이 있다. 즉 /fɪlm/을 [fɪləm]으로 발음하는 것이다.

5.3.13. 위치 전환

위치 전환은 한 낱말에 속해 있는 두 분절음의 순서를 뒤바꾸는 과정을 말한다. 예를 들어, 현대 영어의 'bird', 'first', 'third'는 역사적으로 이전 형태 'brid', 'frist', 'thridde'에서 각각 위치 전환된 형태들이다.

5.3.14. 형태음소 규칙

접사(affixes)는 어근(root)에 붙어 일정한 의미를 첨가시켜주는 형태소이다. 어근 앞에 붙는 접사를 접두사(prefixes), 어근 뒤에 붙는 접사를 접미사(suffixes)라고 한다. 예를 들어, 영어의 복수형 접미사 '-s'는 명사의 어근에 붙어 복수의 의미를, 과거형 접미사 '-ed'는 동사의 어근에 붙어 과거의 의미를 각각 첨가시켜 준다.

형태음소 규칙(morpho-phonemic rules)은 특정한 접사에만 적용되는 음운 변화 과정을 일컫는다. 우선 영어에서 명사 복수형 접미사의 형성 규칙을 살펴보자. 명사의 복수형 접미사는, (15)에서 볼 수 있듯이, 세 개의 표면형 [s]와 [z]와 [ɪz]가 있다.

(15) a. [s]　book_s_, cat_s_, cup_s_, mark_s_, paragraph_s_
　　　 b. [z]　bag_s_, bed_s_, cab_s_, cow_s_, dog_s_, writer_s_
　　　 c. [ɪz]　coa_ches_, di_shes_, fa_ces_, jud_ges_, thru_shes_

각 이형태가 나타나는 음성 환경을 살펴보면 명사 어근의 마지막 분절음이 /k, t, p, f/일 때 [s]로, /g, d, b, aʊ, r/일 때 [z]로, /tʃ, ʃ, s, dʒ/일 때는 [ɪz]로 실현되는 것을 알 수 있다. 이를 좀 더 일반적으로, 명사의 끝 분절음이 무성음일 때 무성음 [s]로, 유성음일 때 유성음 [z]로 실현된다고 할 수 있다. 낱말 끝 분절음이 치찰음(sibilants)인 경우에는 [ɪz]로 실현된다. 즉 낱말 끝 자음의 유무성에 따라 영어 복수형 접미사의 유무성이 결정되는 것이다. 낱말 끝 자음이 치찰음인 경우에는 연속한 두 치찰음 사이에 모음 [ɪ]가 삽입된다.

이러한 규칙을 알고 있는 화자에게 변이형 선택은 자동적인 것이어

제5장_ 음운 현상

서, 처음 접하는 낱말이 주어지더라도 그 끝 자음의 유무성을 기반으로 올바른 변이형을 골라낼 수 있게 된다. 예를 들어, 'troik'나 'seish'와 같은 낱말은 영어의 실제 낱말은 아니지만, 이들이 명사라는 가정만 주어지면, 그 복수형이 각각 'troik[s]', 'seish[ɪz]'일 것이라는 추측을 할 수 있는 것이다.

위에 논의된 규칙은 영어의 복수 접미사 형성의 경우에만 적용되는 규칙이 아니라 좀 더 일반적으로 적용되는 규칙이다. 예를 들어, 영어 3인칭 단수 현재 시제 동사 접미사의 경우(예를 들어, 'talks', 'eats', 'coughs', 'hugs', 'waves', 'runs', 'misses', 'catches', 'rushes')나 명사에 붙는 소유격 표시의 경우(예를 들어, 'coat's', 'Jack's', 'wife's', 'dog's', 'Maeve's', 'sun's', 'bee's', 'Chris's', 'watch's', 'hedge's')에도 동일한 형태음소 규칙이 적용되는 형태들이다(Davenport & Hannahs 1998).

다음으로 과거 시제 접미사 형성의 경우를 살펴보자. 영어의 과거 시제형은 동사의 마지막 분절음의 유무성에 따라 [t] 혹은 [d]로 실현된다. 동사의 마지막 분절음이 치경음일 경우에, 연속해 나타나는 치경음 사이에 모음을 삽입하여 [ɪd]로 실현된다. 무성음으로 실현된 'wi[ʃt]', 유성음으로 실현된 'hu[gd]', 치경음 사이에 모음이 삽입된 'wan[tɪd]'가 그 예들이다.

영어에 나타나는 형태음소 규칙을 몇 가지 더 살펴보자. 우선 '연구개 약화 과정'은 몇몇 특정한 접미사가 붙을 때 어근의 연구개폐쇄음 /k/가 치경마찰음 [s]로 약화되는 현상을 말한다. 접미사 '-ity'와 '-inal'이 이러한 과정을 거치는 접미사에 속한다. 'electri[k]'이 접미사 '-ity'가 붙어 'electri[s]ity'가 되거나 'medi[k]al'이 접미사 '-inal'이 붙어 'medi[s]inal'이 되는 것 등이 그 예이다. 이러한 과정은 반드시 몇 가지 특정한 접미사에 인접한 연구개음에만 적용된다는 조건이 있으므로, 접미사가 붙지 않은 [kɪt] 'kit'의 경우나, 해당 접미사에 인접한 경우가 아닌 'li[k]ing'의 경우에는, 음성 환경이 만족되어도 연구개 약화 과정이 적용되지 않음을 유의해야 한다.

'끝에서 세 번째 음절 단축 현상'은 이중 모음 혹은 장모음을 포함한 어근에 접미사가 붙어 그 모음이 끝에서 세 번째 음절이 되었을 때 단모음으로 변화하는 과정이다. 'rept[aɪ]l'에서 어근의 이중 모음 [aɪ]가, 접미사가 붙은 형태 'reptilian'에서 끝에서 세 번째 음절에 위치하게 되므로, 단모음 [ɪ]로 단축된다. 'obs[i]n–obs[ɛ]nity', 'ins[e]n–ins[æ]nity', 'div[aɪ]ne–div[ɪ]nity', 'v[e]n–v[æ]nity', 'ser[i]ne–ser[ɛ]nity'에서도 이러한 끝에서 세 번째 음절 단축 현상을 관찰할 수 있다. 이러한 규칙의 적용에는 예외가 있어서 'n[aɪ]ce–n[aɪ]cety', 'ob[i]se–ob[i]sity'처럼 규칙 적용의 음성적, 형태적 환경이 만족되어도 단축 규칙이 적용되지 않고, 각각 이중 모음 혹은 긴장 모음으로 남아 있는 경우가 있다 (Davenport & Hannahs 1998).

5.4. 일본어의 음운 현상

5.4.1. 모음의 무성화(無聲化)[43]

현대일본어의 표준적인 발음에서 「菊(きく)」의 「き」, 「進む(すすむ)」의 「す(제1음절)」, 「一人(ひとり)」의 「ひ」음과 「着物(きもの)」「炭(すみ)」, 「廣い(ひろい)」의 「き」, 「す」, 「ひ」는 차이가 있다. 후자의 비해서 전자의 「き」「す(제1음절)」「ひ」의 음은 무언가 부족한 것처럼 들린다. 「ススム」의 제1음절과 제2음절은 같은 「ス」이지만, 제1음절 쪽은 역시 조금 부족한 곳이 있고, 제1음절의 「ス」는 「炭(すみ)」의 「ス」와는 다르나, 제2음절의 「ス」는 거의 같다.

모음은 본래 성도 내의 폐쇄나 좁힘이 없는 울림이 좋은 유성음이

---

[43] 天沼寧 外(1987: 102-104), 『日本語音声学』, くろしお出版.

다. 그런데 위 단어의 「キ」, 「ス」, 「ヒ」는 각각의 음절음에 포함되어 있는 「イ」나 「ウ」 모음이 확실한 유성음으로서 울리지 않고 단지 발음하려고 하는 자세를 갖춘 단계에서 그치고 있다. 그러나 이것은 모음이 완전히 탈락한 것이 아니라 발음하려고 하는 입 모양까지는 갖추고 있다. 이러한 현상을 「모음의 무성화(母音の無聲化)」라고 한다. 이것을 기호로 나타낼 때는 「キ̥ク」[ki̥ku] 등과 같이 무성화하는 음 아래에 작은 「。」를 붙이는 것이 보통이다.

모음의 무성화는 원칙적으로 다음의 세 경우에 발생한다.

① 무성자음 사이의 [イ], [ウ]
   예: キ̥ク(菊)[ki̥kɯ], ク̥サ(草)[kɯ̥sa], シ̥カク(四角)[ʃi̥kakɯ], フ̥トイ(太い)[ɸɯ̥toi], チ̥カイ(近い)[tʃi̥kai], ツ̥クエ(机)[tsɯ̥kɯe], ヒ̥カリ(光)[çi̥kari]

② 무성자음에 이어지는 어말, 문말의 [イ], [ウ]
   예: デス̥(です)[desɯ̥], マス̥(ます)[masɯ̥], トクショク̥(特色) [tokɯ̥ʃokɯ̥]

③ 무성자음 앞에 오는 어두의 [イ], [ウ]
   예: イ̥キマス̥(行きます)[i̥kimasɯ̥], イ̥キル(生きる)[i̥kirɯ], ウ̥ツル(移る·寫る)[ɯ̥tsɯrɯ]

이상이 일반적으로 모음의 무성화가 일어나는 환경이고, 다음의 경우도 모음의 무성화 현상이 관찰되기도 한다.

④ 다음의 예에서는 무성자음과 유성자음 사이에서도 무성화하는 일이 있다.
   예: ムス̥メ(娘)[mɯsɯ̥me], ス̥ギ(杉)[sɯ̥ŋi, sɯ̥gi]

⑤ [a], [o]도 무성화하는 일이 있다.

예: ハカ(墓)[hak̥a], カタナ(刀)[kat̥ana], カカル(掛かる)[kak̥aruɯ],
ココロ(心)[kk̥oro], ホコリ(誇り)[hok̥ori]

동경어에서 모음이 무성화하는 단어의 예를 들면 다음과 같다.

愛読者(アイドク̥シャ)	暁(アカ̥ツキ)
射すくめる(イス̥クメル)	打ち重なる(ウチ̥カサナル)
駅長(エキ̥チョウ)	拡声器(カク̥セーキ)
聞き手(キ̥キテ)	切符(キ̥ップ)
茎(ク̥キ)	際して(サイシ̥テ)
生活水準(セイカ̥ツスイジュン)	slacks(スラッ̥クス)
乳臭い(チチ̥クサイ)	培う(ツチ̥カウ)
動物的(ドーブ̥ツテキ)	引き札(ヒキフ̥ダ)
不許可(フ̥キョカ)	冬服(フユフ̥ク)
冷却器(レーキャク̥キ)	私(ワタク̥シ)

여기서 주의할 것은「愛読者」와 같은 단어에서 [ク]가 무성화한다고 해서「愛読」만, 또는「愛読…」과 같은 복합어 모두에서 [ク]가 무성화하는 것은 아니다. 예를 들면「愛読する」,「愛読小説」,「愛読書」등의 경우는 [ク]가 무성화하지만,「愛読」단독의 경우나「愛読の本」등에서는 [ク]는 무성화하지 않고「愛読期間」의 경우는「キカン」의「キ」가 무성화하지만「ク」는 무성화하지 않거나 촉음화(促音化)한다.
이「愛読期間」이라는 단어는「アイドクキカン」과 같이 발음되는데 자주「アイドッキカン」과 같이 발음된다.「多角形」,「三角形」등의 단어에서「多角」의 제3음절「ク」,「三角」의 제4음절「ク」음이 모음의 무성화 단계에 머무르고 있는 것인지, 아니면 모음이 완전히 탈락한 것인지 분간하기 어렵다. 같은 예로「悪感情」「逆効果」「水族館」「声楽家」「退職金」「北極海」「旅客機」등 많은 예가 있다. 이는 현대일본어표기

법과도 관련이 있는데 인정방식에 따라, 예를 들면 「三角形」은 「サンカクケイ」도 「サンカッケイ」도 인정한다. 이러한 현상을 무성자음 사이에 촉음이 들어간다고 하여 「촉음화(促音化)」라고 말하기도 한다.

5.4.2. 모음의 탈락[44]

「모음의 무성화」에서 예로 든 「愛読期間」이라는 단어는 「アイドクキ̥カン」과 같이 발음되지만 종종 「アイドッキカン」과 같이 발음된다. 「多角形・多角経営」,「三角形・三角関数・三角巾」 등의 단어도 「多角」의 제3음절 「ク」, 「三角」의 제4음절 「ク」의 음이 모음의 무성화 단계에 머물러 있는 것인지, 아니면 모음이 완전히 탈락해버린 것인지 단어에 따라서는 판단하기 어려운 경우가 있다. 다음이 그러한 예이다.

悪感情	逆効果	逆コース	逆光線	駆逐艦
三角関係	三角形(四角形・五角形・六角形…)			三色旗
水族館	声楽家	生殖器	退職金	北極海
北極圏	陸海軍	旅客機		

이 외에도 「毒気・俗気・肉塊・副官・腹腔・覆刻」 등은 모음의 무성화 단계에 머물고 있는 것인지, 아니면 촉음화(促音化)했다고 봐도 좋은지가 명확하지 않다.

또 발음이 어느 쪽으로도 정해지지 않은 단어도 있지만 촉음화한 발음과, 촉음화도 무성화도 하지 않은 발음의 두 종류가 있는 것, 그리고 두 가지 중 한 가지만 있는 단어가 있다.

---

44) 天沼寧 外(1987: 104-105).

5.4.3. 「エ+イ」의 음절연속을 포함한 단어의 발음[45]

일본어에는 다음과 같이 「エ+イ」의 음절연속을 포함하는 단어가 많이 있다.

営々(えいえい)	永遠(えいえん)	英語(えいご)	映(えい)ずる
芸(げい)	慶語(けいご)	軽音楽(けいおんがく)	
警護(けいご)	蛍光灯(けいこうとう)	形勢(けいせい)	経由(けいゆ)
系列(けいれつ)	姓(せい)	背(せい)	性愛(せいあい)
星雲(せいうん)	正課(せいか)	聖火(せいか)	制海権(せいかいけん)
声楽(せいがく)	成功(せいこう)	生産(せいさん)	政治(せいじ)
製(せい)する	贅沢(ぜいたく)	清液(せいえき)	静養(せいよう)
整列(せいれつ)	定員(ていいん)	低温(ていおん)	停学(ていがく)
定期(ていき)	提携(ていけい)	抵抗(ていこう)	低姿勢(ていしせい)
貞節(ていせつ)	泥土(でいど)	丁寧(ていねい)	堤防(ていぼう)
寧日(ねいにち)	平安(へいあん)	兵営(へいえい)	併映(へいえい)
閉園(へいおん)	陛下(へいか)	弊害(へいがい)	米国(べいこく)
並進(へいしん)	命(めい)	姪(めい)	銘(めい)
名案(めいあん)	名医(めいい)	明快(めいかい)	銘柄(めいがら)
迷宮(めいきゅう)	盟主(めいしゅ)	鳴動(めいどう)	例(れい)
霊園(れいえん)	溫(れいおん)	礼儀(れいぎ)	零細(れいさい)
麗姿(れいし)	隷書(れいしょ)	黎明(れいめい)	玲瓏(れいろう)

이렇게 모음 「エ」, 또는 エ단음 음절 직후에 모음 「イ」가 이어지면 극히 보통의 발음, 즉 특별히 의식해서 천천히 발음하지 않는 일상적인 발음에서는 2개가 긴밀히 융합되어 エ단음의 장음이 되기 쉽다. 그러나 이 현상은 지역차가 있고 예를 들면 九州지방 등에서는 「エ」·

---

45) 天沼寧 外(1987: 98-99).

「イ」를 각각 따로따로 발음하고 있다.
　또 위에 든 단어들은 모두 1자의 한자음에서 나타나는 현상이다. 즉 「エ단음」과 「イ」가 연속해 있는 경우에 「エ단장음」이 되기 쉽다고 해도 그것은 주로 한자어의 경우로 다음과 같은 고유한 일본어에는 일어나지 않는다.

鱏(えい)	絵入り(えいり)	枯れ色(かれいろ)	毛糸(けいと)
毛色(けいろ)	手活け(ていけ)	手痛い(ていたい)	手入らず(ていらず)
出入り(でいり)	手入れ(ていれ)	寝息(ねいき)	寝椅子(ねいす)
根芋(ねいも)	寝入り端(ねいりばな)	寝入る(ねいる)	音色(ねいろ)
目板(めいた)	目疣(めいぼ)	滅入る(めいる)	

(「毛糸」・「毛色」는, 「ケート」・「ケーロ」와 같이 된다)

　이 외에 「雨はやんでいる」,「じっと見ている」,「アメリカへ行く」,「君さえいいのなら…」 등의 예에서 밑줄을 그어 나타낸 부분에서는 「エ단음」과 「イ」가 연속해있지만, 이것들은 エ단장음이 되지는 않는다.

5.4.4. 장모음의 단모음화[46]

　일본어에서는 「おじいさん」과 「おじさん」이 의미가 다르듯이 장모음과 단모음의 구별은 의미의 구별에 중요한 역할을 한다. 그러나 한편 「つけもの」의 의미인 「こうこ」와 같이 역사적으로는 「こうこう」이었던 것이 현재에는 「こうこ」로 사전의 표제어로 올라있는 단어도 있다.
　정중하게 발음한 경우에는 장모음인데 대충 발음한 경우에는 단모음이 되는 단어는 대단히 많이 관찰된다. 알폰소(Alfonso, A.)는 「어떤 단어가 두 개 연속한 자음을 포함한 경우에는 어말의 장모음이 단모음

---

[46] 日本語教育学会 編(1991: 50),『日本語教育事典』, 大修館書店.

이 되는 일이 많다」(Japanese Language Pattens 2권, p.1189)고 하며 [gakko:] → [gakko], [kakko:] → [kakko], [honto:] → [honto], [mendo: kusai] → [mendo kusai]와 같은 예를 들고 있다.

그러나 현실은 그것보다도 훨씬 복잡하다. 「鈴木さんの弟さんは高校へ行っていると思います」는 대충 발음하면, 혹은 일상 회화적으로 발음하면 대략 「Suuksannototosãwa kookoitterutomoimas」정도가 되는 일이 있다. 「の弟」는 「nototo」와 같이 되고, 「と思う」에서는 「tomou」가 되어 「o」가 하나 없어진다. 「高校」는 「kouuko」는 되어도 「kokoo」라든가 「koko」까지는 되지 않는다. 즉 장모음이 마음대로 단모음으로 바뀌는 것이 아니라 일정한 범위 내에서 제약이 있는 것으로 생각된다. 만일 일정한 규칙성이 없으면 커뮤니케이션이 성립하지 않게 되기 때문이다.

5.4.5. 요음의 직음화[47]

シュ, ジュ라는 요음절(拗音節)이 シ, ジ로 발음되는 현상을 말한다. 예를 들면 「手術」이라는 단어는 「シュジュツ」, 「シジュツ」, 「ジュジツ」, 「シジツ」와 같이 네 가지 발음이 관찰된다. 「新宿」, 「千住」, 「手術」의 세 단어는 「シンジク」, 「センジ」, 「シュジツ」의 발음이 공통어로서 인정되고 있다. 그러나 「出発」, 「祝杯」, 「熟慮」, 「術中」, 「下宿」, 「提出」, 「供述」, 「半熟」 등 많은 단어에서 같은 현상이 보인다. 한편 「十」이 붙는 단어에서 「十本」에는 「ジッポン」, 「ジュッポン」의 두 가지 형태가 병존한다. 「十手」, 「十進法」, 「十ぱーからげ」 등에 관해서 『日本語発音アクセント辞典』은 「ジッテ・ジュッテ」, 「ジッシンホウ・ジュンシンホー」, 「ジッパ・ヒトカラゲ・ジュッパ・ヒトカラゲ」의 두 가지 형태를 표제어로 싣고, 각각에 또 하

---

[47] 『日本語教育事典』(1991: 49).

나의 형태도 가능하다고 적고 있다.

5.4.6. ガ행비탁음[48]

ガ행비탁음은 표준적, 전통적인 발음에서는 어중・어미에 나타나는 일이 많다.

우선 ガ행비탁음을 단어의 성립의 측면에서 살펴보기로 하자.「学校」는「ガッコー」가 되고「小学校」,「中学校」,「大学」 등의 경우는「ショーガ°ッコー」,「チューガ°ッコー」,「ダイガ°ク」와 같이 비음이 된다.「学問」도「ガクモン」이지만,「文学」,「数学」,「経済学」 등은「ブンガ°ク」,「スーガ°ク」,「ケーザイガ°ク」이다.「高等学校」,「専修学校」,「料理学校」,「音楽学校」,「各種学校」 등은「…ガ°ッコ」보다는 오히려「…ガッコー」인 것이 보통이다. 그러나「…ガ°ッコ」와 같이 말하는 사람이 없는 것은 아니고, 또 이러한 발음이 그다지 이상하다고는 할 수 없다.

- 銀(ギン): 金銀, 白銀, いぶし銀, 水銀, 洋銀, 純金, 路銀, 賃金 등 모두「…ギ°ン」이 된다.「金銀」은「金・銀・銅・鐵」과 같이 광물의 종류를 열거할 때는「キン, ギン, ドー, テツ」와 같이 비음화하지 않는 경우도 있다.
- 銀行(ギンコー): 어두에 있기 때문에 당연히 비음화하지 않는다. 그러나「信託銀行, 長期信用銀行, 普通銀行, 相互銀行, 都市銀行, 興業銀行, 地方銀行, 日本銀行」 등은, 어중이라면 어중이지만, 이들도 보통은 비음화하지 않는다. 그러나 이들의 약칭인「地銀, 都銀, 日銀」 등은 종종「チギ°ン, トギ°ン, ニチギ°ン」처럼 비음화한다.
- 胡麻(ゴマ): 黒胡麻・白胡麻의 경우는 비음화하지 않는 것이 보통

---

[48] 天沼寧 外(1987: 97-102).

인데, 「えごま」는 「エゴマ」라고 비음화하는 것이 보통이다. 「えごま」는 한자로 쓰면 「荏胡麻」라고 쓰지만 「ゴマ과」의 식물이 아니라 「シソ과」에 속하는 것으로 「ごま」의 일종이 아니다.

두 번째로 숫자 「五」는 단독으로 쓰이거나, 어두·어중·어미에 나타나거나 수사인 한은 원칙적으로 비음화하지 않는다. 즉 「五」, 「十五」, 「九十五」, 「五万五千五百五十五」 등에 보이는 「五」는 「ゴ」이지 「ゴ°」는 아니다. 또 「五七五七七」, 「二一千作の五」 등도 모두 「ゴ」이다. 이외에 「二十五歳」, 「百十五番目」, 「五百五円」, 「千五百か所」, 「5リットル」, 「5枚」 등과 같이 조수사를 동반한 단어에서도, 또한 「第五」, 「第五區」, 「A5判」, 「B列5判」 등과 같이 서수사의 경우에도 모두 「ゴ」이다.

단 「十五夜」, 「七五三(の祝)」, 「七五調」 등과 같이 수량의 관념은 있다고 해도 성어, 숙어가 되어버린 것, 구구단의 「二五の十」, 「三五十五(이것은 「サンゴ°ジューゴ°」이다)」, 또 인명인 「菊次郎」, 「第五郎」, 「甚五郎」의 경우는 비음화하는 경향이 있다.

세 번째로 외래어의 경우를 살펴보자. 외래어에서는 원어로 비음으로 발음되는 것, 관용이 오래된 것은 「キング°」, 「イング°ランド」, 「シング°ル」, 「オルガ°ン」, 「イギ°リス」 등과 같이 비음화하는 것이 보통이라고 보는 설도 있으나 반드시 그런 것은 아니다.

- 窓ガラス　　板ガラス　　色ガラス　　安全ガラス　　光学ガラス
　鉛ガラス　　強化ガラス　石英ガラス　有機ガラス　　無機ガラス
- 塩素ガス　　炭酸ガス　　都市ガス　　毒ガス　　　　本ガス
　ヘリウムガス　プロパンガス
- 円グラフ　　柱狀グラフ　折れ線グラフ　棒グラフ
- 內ゲバ　　　外ゲバ　　　單純ゲバ
- コリントゲーム　シーソゲーム　室內ゲーム
- アラビアゴム　消しゴム　　人造ゴム　　輪ゴム

• チューインガム

위의 단어들은 일반적으로 비음화하지 않는 경향이 있다. 또한 무게의 단위인 「g(グラム)」는 「3グラム：3グラム」, 「15グラム：15グラム」와 같이 양쪽 모두가 인정된다.

5.4.7. 연탁[49)

「ヒト(人)」와 「ヒト(人)」, 「タビ(旅)」와 「ヒト(人)」가 결합하여 「ヒトビト」「タビビト」와 같이 후부구성요소의 첫 자음이 탁음(유성음이 아니다)이 되는 현상을 「연탁(連濁)」이라고 한다. 그러나 「発表」에서 「表」의 「h」가 「p」로 교체되는 현상은 포함하고 있지 않다는 것에 주목할 필요가 있다.

공통어에서 연탁이 어떠한 조건에서 일어나고, 어떠한 조건에서는 일어나지 않는가에 관해서는 명확한 규칙이 발견되지 않으나, 『国語学辞典』에서는 다음과 같은 경향이 지적되고 있다.

(1) 결합도 면에서 일반적으로 관용되지 않는 단어는 연탁이 일어나지 않는다.
    コオスル(航する)   コオズル(講ずる)
(2) 용언과 용언이 결합할 때는 연탁이 일어나지 않는다.
    分かち書(か)く   分かち書(が)き
(3) ① 전반부가 후반부의 목적격일 때는 부사수식격일 때보다 연탁이 일어나기 어렵다.
    風呂たき   水だき
② 전반부와 후반부가 대등한 자격을 지닐 때에는 연탁이 일어

---

49) 『日本語教育事典』(1991: 50)의 내용을 발췌하여 옮겼다.

나지 않는다.
　　　田畑(たはた)　　麦畑(むぎばたけ)
(4) 의성어, 의태어는 연탁이 일어나지 않는다.
(5) ① 전반부의 마지막이 비음일 때, 가장 연탁이 일어나기 쉽고 그 다음이 장음인 경우이다. 앞의 음절이 촉음일 때는 연탁이 일어나지 않는다.
② 후반부의 제2음절에 본래부터 탁음이 있는 경우는 연탁이 일어나기 어렵다.
　　　大風(おおかぜ)　　大空(おおぞら)

5.4.8. 조수사의 발음[50]

「-本」「-年」「-組」와 같이 숫자에 후접하여 수사를 만드는 접미사를 「조수사(助數詞)」라고 한다. 조수사는 의미적으로 정확하게 사용하는 일도 어렵지만 그 발음을 습득하는 것도 어렵다. 곤란의 원인은 두 가지로 나눌 수 있다. 하나는 조수사 앞에 오는 숫자가 조수사의 종류에 따라 사용하는 형태가 결정되고, 또 조수사는 같은 형태라도 의미에 따라 숫자의 형태가 바뀌는 일이 있기 때문이다. 두 번째는 조수사와 그 전에 오는 숫자가 그 조합에 따라 선택하는 형태가 바뀌는 일도 있고 게다가 그 변화에 음운론적 규칙성이 없는 것이다.

첫 번째 예를 들면 4라고 하는 숫자는 환경에 따라 「ヨン」, 「ヨ」, 「シ」의 세 가지 형태를 취한다. 학급의 이름으로서의 「4年 4組」에서는 「4年」의 4는 「ヨン」이 아니고 「4組」의 4는 「ヨ」가 아니다. 즉 「ヨネンヨンクミ」이다. 그러나 「4セット」의 의미인 「4組」에서는 「ヨクミ」도 「ヨンクミ」도 가능하다. 9시 9분은 「クジキューフン」이며 「キュージクフン」이 아니지만, 한자표기에서는 같은 형태의 「9分通り」에서는 「クブ」가 가능하다.

---

50) 『日本語教育事典』(1991: 51).

두 번째에 속하는 예는 조수사「-本」은 앞에 오는 숫자에 따라서「ホン」,「ポン」,「ボン」의 세 가지 형태를 취한다. 한편 숫자는「-本의 앞」이라는 환경에서는 1, 6, 8은 각각「イッ」,「ロッ」,「ハッ」이라는 형태가 되고, 9는「ク」가 아니라「キュウ」이고, 10은「ジッ」이나「ジュッ」이다. 3, 4는 모두「ン」으로 끝나는 숫자인데도「-本」은「3本」에서는「-ボン」이고「4本」에서는「-ホン」이다. 게다가「-本」이 /h/로 시작하는 형태이므로 모든 /h/로 시작하는 조수사에 위의 내용이 적용되는가하면 그렇지는 않다. 예를 들면 시간의「-分」이 /h/로 시작하는 조수사이지만「3本」에서 유추되는「サンブン」이 아니라「サンプン」이 맞고「4分」은「ヨンフン」이 아니라「ヨンプン」이다.

5.4.9. 축약형[51]

「-では」와「じゃ」,「-ている」와「-てる」,「-ておく」와「-とく」와 같이 어떤 긴 형태에 대응하는 짧은 형태를「축약형(縮約形)」이라고 한다. 아래에 대표적인 축약형을 들기로 한다.

(1)「は / わ」와 함께 일어나는 축약형

では	じゃ
死んでは	死んじゃ
来ては	来ちゃ
こっちは	こっちゃ
行きは	行きゃ
行けは	行けや
分るわ	分らあ

(2)「-て」와 함께 일어나는 축약형

---

51)『日本語敎育事典』(1991: 51).

① 「-ている」→「-てる」
やっている　　　やってる
見ていない　　　見てない
② 「-ておく」→「-てあげる」
やっておく　　　やっとく
読んであげる　　読んだげる
持っておいで　　持っといで
③ 「-てしまう」→「-ちゃう」,「-ちまう」
行ってしまった　行っちゃった
　　　　　　　　行っちまった
読んでしまった　読んじゃった
　　　　　　　　読んじまった

(3) 「-らない」,「-れない」,「-りない」→「-んない」
分からない　　　分かんない
いられない　　　いらんない
足りない　　　　足んない

(4) 「-えば」의 축약형
行けば　　　　　行きゃ
行かなければ　　行かなけりゃ
　　　　　　　　行かなきゃ
高ければ　　　　高けりゃ
　　　　　　　　高きゃ

(5) 인용의 「と」와 함께 일어나는 축약형
と　　　　　　　って
という　　　　　ちゅう, つう

(6) 「の」와 함께 일어나는 축약형
-のだ　　　　　-んだ
-のところ　　　-んとこ
-のうち　　　　-んち
-ものだ　　　　-もんだ

5.5. 한국어·영어·일본어의 음운 현상 대비

5.5.1. 교체의 보편성과 개별성

　교체 현상이란 연이어 조음되는 자질(혹은 음소)의 연결 중 불편한 발음이 있을 경우 이를 조음하기 편한 연결로 조정하거나, 특정한 위치에서 부담스러운 조음을 줄여 조음을 편하게 하기 위한 현상이다. 이것은 의미 전달에 지장을 초래하지 않는 한 조음 기관의 작용을 줄여 발음을 편하게 하려는 작용이다. 최소의 비용으로 최대의 효과를 얻고자 하는 것을 인간 행위와 심리의 보편적인 원칙으로 본다면, 이 현상 역시 이러한 원칙에 평행하는 것으로 효율적이고 경제적인 의사 소통을 위한 기본적인 원칙으로 볼 수 있는 것이다. 교체 현상 중 가장 흔하게 볼 수 있는 동화 현상은 교체의 기본적인 원칙을 반영하고 있으면서, 동화에서 찾아 볼 수 있는 기본적인 사항들은 많은 언어에서 보편적으로 나타난다.
　동화에 관한 기본적인 사항들 예를 들어 동화의 방향에는 순행적인 것도 있고 역행적인 있는 것, 그리고 피동화주는 조음 위치일 수도 있고 조음 방향일 수도 있다는 것, 그리고 동화주와 피동화주는 인접해 있을 수도 있지만 떨어져 있을 수도 있다는 것 등은 모두 동화 현상의 보편적인 현상을 지칭하는 것이다.
　동화 현상을 포함하여 교체 현상은 보편적인 일면을 가지고 있지만, 개개 언어의 특수성에 따라 개별적인 요소도 많이 가지고 있는데, 유형의 차이는 대체로 세 가지로 요약될 수 있다. 첫째, 어떤 언어에서 발생하지 않는 교체가 특정한 언어에서 발생하기도 한다. 즉 교체 현상의 유무에서 차이 나기도 한다. 둘째, 어떤 언어에서는 비슷한 부류의 현상이 많이 발생하고, 다른 언어에서는 그러한 현상이 적게 발생하기도 한다. 즉 교체 현상의 다과에 의해 차이 나기도 한다. 셋째, 언어에 따라 교체 현상의 성격이 달라지기도 한다. 예를 들면, 어떤 언어에서는 조음 위치의 동화 현상이 필수적으로 발생하고 조음 방식의 동화가 수의적으로 발생하는가 하면, 다른 언어에서는 이와 반대로 조음 방식의 동화가 필수적이고 조음 위치의 동화는 수의적으로 발생하기도 하는 것이다.

각각의 경우에 해당하는 현상을 하나씩 대비해 보기로 한다. 한국어를 중심으로 한국어에는 존재하지만 다른 언어에는 존재하지 않는 현상으로 유음화 현상을 살펴 보고, 세 언어에서 공통적으로 발생하는 현상이지만 그 외연적인 범위에 차이나는 현상으로 구개음화 현상을 대비해 보기로 한다. 그리고 세 언어에서 동일한 현상이 발생하지만 그 성격이 다른 것으로는 자음접변 현상을 잠깐 살펴 보기로 한다.

가. 유음화 현상

유음화 현상은 한국어에서의 특이한 현상이다. 한국어에서는 'ㄹ'과 'ㄴ'이 혹은 'ㄴ'과 'ㄹ'이 연이어 조음되는 경우는 없다. 그래서 'ㄹ'이 'ㄴ'에 선행할 경우, 'ㄹ'이 탈락하거나 후행하는 'ㄴ'이 'ㄹ'로 변화하게 된다. 그리고 'ㄴ'이 선행할 경우 'ㄴ'이 'ㄹ'로 변화하거나 후행하는 'ㄹ'이 'ㄴ'으로 변화하게 된다. (이에 대한 예는 앞의 한국어 음운 현상을 참고하기 바란다.)

그러나 일본어와 영어에서는 이러한 현상이 존재하지 않는다. 먼저 일본어의 예를 보면 다음과 같다.

　　ねんれい(年齢)[nen:rei]　　　　かんり(管理)[kan:ri]

일본어의 발음 ん은 [r] 앞에서 [n]으로 실현되고 있는 것이다. (일본어에서는 'ㄹ'이 종성으로 사용되는 경우가 없기 때문에 'ㄹㄴ'의 연결은 존재하지 않는다.)

그리고 영어에서도 이와 같은 음소의 연결은 가능하다. 한두 예를 보면 다음과 같다.

    only   downlink   enlighten   enliven
    Conrad

영어에서도 'ㄴㄹ'의 연결은 조음되고 있는 것이다. (영어에서 /rn/의 연결은 흔히 볼 수 있으나 이때의 /r/은 제대로 조음되지 않는 경우가 많다. /ln/의 연결은 거의 찾아 볼 수 없다.) 이러한 차이가 발생하는 원인에 대해서는 아직 설명할 수 없으나 한국어에서는 'ㄹ'과 'ㄴ'이 연결될 수 없는 제약이 있고, 영어나 일본어에서는 그러한 제약이 존재하지 않는다.

나. 모음에 의한 자음의 위치 동화

모음에 의한 자음의 위치 동화 중 대표적인 현상이 이른바 구개음화 현상이다. 이 현상은 지구상의 여러 언어들에서 관찰되는 현상인데, 한국어와 영어 및 일본어에서도 관찰된다. 이들 현상의 대부분은 통시적인 현상이기는 하지만 언어 교육이나 문자와 발음의 차이를 알기 위해서는 필요한 것이다.

한국어에서는 'ㄷ' 구개음화와 'ㄱ' 구개음화 그리고 'ㅎ' 구개음화 등이 지역에 따라 편차를 보이면서 발생하였거나 발생하고 있다. 예는 다음과 같다.

['ㄷ' 구개음화의 예]
    굳이[구지]   같이[가치]
['ㄱ' 구개음화 및 'ㅎ' 구개음화의 예]
    길다>질다[질다]   김>짐[짐]
    힘>심[심]   형님>성님[성님]

일본어에서 'ㄷ' 구개음화가 발생하였을 것으로 추정되는 흔적은 た 행에서 い나う와 결합한 ち, つ 등의 초성이 'ㅈ' 계열인 점이다. 현대 일본어에서 이들이 구개음으로 조음되지 않기 때문에 역사적인 고찰이 필요한 부분이기는 하지만, 'ㄷ' 계열의 자음이 'ㅈ' 자음의 계열로 변화한 것은 구개음화 때문일 가능성이 가장 큰 것이다.

영어에서는 'ㄷ' 구개음화나 'ㅎ' 구개음화의 예는 발견되지 않는다. 'ㄱ' 구개음화가 어휘에 따라 산발적으로 발견되는 정도다. 구개음화된 예와 그렇지 않은 예를 약간 제시하면 다음과 같다.

['ㄱ' 구개음화의 예]
   [e] 뒤   general   gesture
   [i] 뒤   geography   ginger
   [ə] 뒤   germ   German

['ㄱ' 구개음화되지 않은 예]
   [e] 뒤   get   getto
   [i] 뒤   give   gift
   [ə] 뒤   girl   girth

위의 예처럼 구개음화 현상 자체는 보편적이지만, 구개음화 현상이 발생하는 종류와 이들이 가지는 개개 언어에서의 위치는 각각 다르게 나타난다.

다. 자음에 의한 자음의 조음 위치 동화

조음 위치의 동화는 한국어와 영어 및 일본어에서 보편적으로 나타나는 현상이다. 한국어에서 연구개음화, 양순음화, 설단음화[52] 등으로 불리는 이 현상은 한국어에서 수의적으로 나타나는 현상이다. 앞에서

---

[52] 이러한 현상에 대해 설단음화라고 하는 것은 저자의 용어이다.

예로 들었던 것 중에 일부를 옮기면 다음과 같다.

<복합어에서 나타나는 연구개음화>
  밥그릇[박끄른] 혹은 [밥끄른]
  옷걸이[옥꺼리] 혹은 [오꺼리] 혹은 [온꺼리]
  젖가슴[적까슴] 혹은 [저까슴] 혹은 [전까슴]
  짖거리[직꺼리] 혹은 [지꺼리] 혹은 [진꺼리]
  옷고름[옥꼬름] 혹은 [오꼬름] 혹은 [온꼬름]

<복합어에서 나타나는 양순음화>
  돋보기[{돋, 돕, 도}뽀기]
  덧바지[{덛, 덥, 더}빠지]
  내+물[{낸, 냄}믈], 코+물→[{콘, 콤}물]

<설단음화>
  옷소[온쏘] 혹은 [옷쏘] 혹은 [우쏘]
  젖소[전쏘] 혹은 [젓쏘] 혹은 [저쏘]
  듣소[든쏘] 혹은 [듯쏘] 혹은 [드쏘]
  옷지[온찌] 혹은 [옷찌] 혹은 [우찌]
  젖지[전찌] 혹은 [젓찌] 혹은 [저찌]
  듣지[든찌] 혹은 [듯찌] 혹은 [드찌]
  옷도[온또] 혹은 [오또]
  젖도[전또] 혹은 [저또]
  (듣도[든또] 혹은 [드또])

이러한 예는 일본어와 영어에서 대동소이하게 나타난다. 우선 일본어의 발음(撥音) ん과 촉음(促音) っ이 조음되는 예를 보면 다음과 같다.

[ん이 'ㅁ'으로 조음되는 경우]
    あんま(按摩)[am:ma]　　さんびゃく(三百)[sam:byaku]
[ん이 'ㅇ'으로 조음되는 경우]
    さんか(參加)[saŋ:ka]
    でんわ(電話)
[ん이 'ㄴ'으로 조음되는 경우]
    かんし(監視)[kan:shi]　　おんな(女)[on:na]

[つ이 'ㅂ'으로 조음되는 경우]
    いっぱい(一杯)[ip:pai]　　　しっぱい(失敗)[[ship:pai]
[つ이 'ㄱ'으로 조음되는 경우]
    いっかい(1層)[ik:kai]　　　はっけん(發見)[hakken]
[つ이 'ㅅ'이나 'ㄷ'으로 조음되는 경우]
    けっして(결코)[kes:shite]　　しっと(嫉妬)[shit:to]

  위의 예처럼 일본어에서 발음(撥音) ん과 촉음(促音) つ이 'ㅁ'이나 'ㅂ'으로 조음되는 위치가 동일하고, 'ㅇ'이나 'ㄱ'으로 조음 위치가 동일하다. 그리고 'ㄴ'이나 'ㅅ, ㄷ'으로 조음되는 위치 역시 동일하다. 이들은 조음 위치에 의해 동일하게 동화한 것이다.
  이러한 경우는 영어에서도 동일하게 나타난다. 앞의 한 구절을 옮기면 다음과 같다.
  치경 비음 /n/의 조음 위치 동화의 예를 보자(Davenport & Hannahs 1998).

    (113) i[nɛ]dible, i[n ɛ]dinburgh, i[m p]ossible, i[m p]reston, i[ŋk]onceivable,
        i[ŋ k]ardiff, u[mp]roductive, i[nd]eed, i[ŋk]lude

  치경 비음 다음의 분절음이 모음일 때는 위치의 변화가 없지만, 다음 분절음이 자음일 때 그 자음의 위치에 완전히 동화하여 발음된다. 즉 치경 비음이 다음의 자음이 양순음일 때 양순음으로, 연구개음일 때 연구개음으로, 위치를 완전히 바꾸는 것을 확인할 수 있다.

자음에 의한 자음의 위치 동화 - 한국에서 자음 접변으로 일컬어지기도 하는 이 현상은 세 언어에서 보편적으로 나타나고 있는 것이다. 그러나 이 현상의 위치는 언어에 따라 달라진다. 한국어에서는 이러한 발음이 흔히 나타나는 현상이기는 하지만 표준 발음으로 인정받지 못할 정도인 수의적인 현상인 반면에, 영어나 일본어에서는 필수적인 현상인 것이다.

5.5.2. 기타 현상의 보편성과 개별성

가. 음절 위치와 음운 현상

음절 위치에 따라 변이음의 실현이 달라지는 것도 세 언어에서 보편적으로 나타난다. 세 언어에서 공통적으로 어두의 위치나 음절초의 위치에서 자음이 제대로 혹은 강하게 실현되고, 음절말이나 어말의 위치에서는 자음의 약화 혹은 탈락 현상이 발생한다. 한국어의 경우 자음의 중화 현상이 발생하는 것은 음절말 위치이고, 영어에서 유성 장애음의 무성음화 현상이 발생하거나 성문음화 현상이 발생하는 것도 음절말 위치에서 발생하는 것이다. 그러나 음절말 위치에서 약화하거나 탈락하는 방향이나 결과는 언어에 따라 차이를 보인다. 일본어의 경우 발음이나 촉음이 사용되지 않는 한 음절말 자음이 없기 때문에 한국어나 영어와 같은 음절말 약화 탈락 현상은 존재하지 않는다.

나. 보상적 장음화

본래의 길이를 가지고자하는 속성 때문에, 분절음의 탈락현상이 발생하였더라도 본래 분절음의 길이대로 발음하고자 하는 요인에 의해 발생하는 보상적 장음화도 세 언어에서 공통적이다. 한국어에서 발생하는 보상적 장모음화와 일본어의 모음 탈락에 이은 보상적 장모음화 그리고 영어에서 발생하는 보상적 장음화는 그 동기와 과정에 있어서 조금씩의 차이는 보이지만 세 언어가 보편적으로 나타내는 현상이다.

다. 조음 방식의 조화

비슷한 것끼리 같이 어울려 조음 기관의 운동을 줄이고자 하는 현상은 조음 방식에서도 찾아진다. 한국어에서 유무성이 변별되지는 않지만 무성음이 유성적 환경에서 유성음으로 조음되는 현상은 조음 방식의 조화를 지향하기 때문이다. 즉 무성음은 무성음끼리 어울리고 유성음은 유성음끼리 어울리고자 하는 성문의 조음 편이 때문이다. 이러한 현상 역시 세 언어에서 공통적으로 찾아진다. 영어에서 무성음 앞에 오는 유성 자음이 무성음으로 변화하는 현상은 유성과 무성의 조화를 꾀하는 자음들의 어울림이고, 일본어에서 모음이 무성음으로 변화하는 것도 무성은 무성끼리 유성은 유성끼리 어울리고자 하는 성문의 조화를 반영하는 것이다.

그리고 강하든 약하든 세 언어에서 공통적으로 비음 앞에 오는 모음이 비모음화현상을 보이는 것도 조음 기관의 운동으로 보면 목젖의 과도한 운동을 피하기 위한 것이고, 발성된 소리로 보면 비음성의 동화를 반영하는 것이다.

자음끼리 만나 선행하는 자음이 후행하는 비음의 영향을 받아 비음 동화를 일으키는 현상은 한국어의 특이한 필수적인 현상이다. 한국어에서 발생하는 이 현상의 예 중 일부를 옮겨 보면 다음과 같은데,

<활용에서의 조음 방식 동화>
　잡는[잠는], 돕는[돔는], 덮는[덤는]
　죽는[중는], 먹는[멍는], 닦는[당는]

믿는[민는], 듣는[든는]
웃는[운는], 잇는[인는], 있는[인는]
꽂는[꼰는], 젖는[전는], 쫓는[쫀는]
놓는[논는], 넣는[넌는]

이 현상은 한국어에서 필수적인 현상이다. 그러나 영어에서는 수의적으로 발생할 수 있는 현상이고, 일본어에서는 발생할 수 없는 현상이다. 이것은 세 언어의 발음 관습이나 음절 구조가 다르기 때문에 생기는 현상이다. 한국어는 미파적으로 조음하기 때문에 선행하는 자음이 후행하는 자음의 영향을 강하게 받고, 영어는 외파적으로 조음하기 때문에 그 영향이 덜하다. 그리고 일본어는 'ㅂ, ㄷ, ㄱ' 등으로 끝나는 음절이 없기 때문에 그러한 현상이 발생할 수 없는 것이다.

라. 삭제와 삽입 그리고 도치

삭제와 탈락 그리고 음운 도치 등이 세 언어에서 발생한다는 사실 자체가 공통적이다. 그러나 개별적인 현상의 경우 공통점을 찾아내기는 쉬운 일이 아니다. 이러한 현상들은 그 자체가 어떤 요인으로 작용하기보다는 다른 요인이 의해 파생적으로 발생하는 현상일 경우가 많기 때문이다. 예를 들어 한국어에서 발생하는 삭제와 삽입은 기저형을 어떻게 설정하느냐에 따라 달라지고, 또 음절 구조를 최적화하기 위한 과정과 맞물려 있기 때문에 이를 다른 언어와 대비한다는 것은 다른 현상에 비해 복잡한 요인을 가지고 있다. 세부적인 기술은 다음의 과제로 미루어 둔다. 그리고 음운 도치는 어떤 언어에서든 일정한 규칙을 가지고 발생하는 것이 아니므로 개별 언어에서 다루는 것이 낫고, 언어별로 대비할 성질의 것은 아직 아니다.

제6장
결론

6.1. 요약

지금까지 우리는 한국어와 영어 및 일본어의 음운을 음소, 음절, 초분절음소, 음운 현상으로 나누어 소략하게나마 소개하고 대비하였다. 우리들이 여기서 한 작업은 이것으로 마무리되는 것이 아니고 앞으로 이 분야의 작업을 하기 위한 아주 조그만 시작에 불과하지만, 논의된 내용 중 몇 가지를 정리하면 다음과 같다.

6.1.1. 음운 목록

한국어에는 평음, 유기음, 긴장음의 대립 관계를 기본으로 19개의 자음이, 영어에는 유성음과 무성음의 대립 관계를 기본으로 22개의 자음이 있다. 그리고 일본어에는 청음과 탁음의 대립 관계를 기반으로 하여 16개의 자음이 있다. 폐쇄음의 조음 위치는 세 언어가 공통적이다. 마찰음에서는 영어의 조음 위치가 다양하게 나타난다. 비음에서는 일본어의 조음 위치가 다양하게 나타난다. 그리고 성문의 조음 방식에서는 영어와 일본어가 비슷하고, 한국어가 다양하게 나타난다.

한국어의 모음은 최대 10개에서 최소 6개가 조음되고 있는데, 'ㅣ, ㅔ(ㅐ), ㅡ, ㅓ, ㅏ, ㅜ, ㅗ' 등의 7모음 체계는 현재 한국어에서 가장 널리 사용되고 있는, 대부분의 지역에서 30대 이하의 젊은층이 사용하고 있는 모음 체계이다. 일본어의 모음 체계는 후설고모음에서 나타나는 원순성의 강도 차이를 제외하면 한국어와 영어의 공통적인 모음 체계가 된다. 영어에서 가장 다양한 모음이 나타나고, 한국어에는 비전설모음 혹은 후설모음이 발달되어 있다.

경과음(활음 내지는 반모음)은 세 언어가 공통적이다. /j/와 /w/ 두 개가 있다.

6.1.2. 음절 구조

한국어와 영어 및 일본어에서 V, CV, GV, CGV 구조를 가지고 있는 음절은 공통적으로 나타난다. 이러한 음절 구조 다음으로 보편성을 가지고 있는 것은 음절말에 자음을 가지고 있는 구조가 될 것이다. 그 구조는 위의 구조에 종성 C가 결합한 VC, CVC, GVC, CGVC 구조가 될 것인데, 이러한 구조도 세 언어에서 공통적으로 나타난다. 단 일본어에서는 이러한 음절 구조가 아주 한정적으로 사용되는데 비해 한국어와 영어에서는 보편적으로 나타난다.

한국어와 일본어와는 달리 영어는 음절초와 음절말에 자음군을 가질 수 있기 때문에 영어에만 나타나는 음절 구조의 유형은 다양하다. 한국어와 일본어에는 존재하지 않는 CCCVCCC와 같은 음절 구조가 가능한 것이다.

6.1.3. 초분절 음소

한국어에는 방언에 따라 음장과 성조가 변별력을 가지고 있고, 일본어 역시 음장과 성조가 변별력을 가지고 있다. 영어에서는 음장과 강세가 변별력을 가지고 있다.

6.1.4. 음운 현상

  음운 현상을 대비할 때 나타나는 유형 자체 즉 교체, 삽입, 탈락, 도치, 축약 등의 현상은 보편적인 것이라고 할 수 있다. 개별적인 음운 현상은 언어에 따라 차이가 날 수 있다. 첫째, 어떤 언어에서 발생하지 않는 특정의 음운 현상이 다른 언어에서는 발생할 수도 있다. 즉 음운 현상의 유무에서 차이나기도 한다. 둘째, 어떤 언어에서는 비슷한 부류의 현상이 많이 발생하고, 다른 언어에서는 그러한 현상이 적게 발생하기도 한다. 즉 음운 현상이 적용되는 영역에서 차이나기도 한다. 셋째, 언어에 따라 음운 현상의 성격이 달라지기도 한다. 예를 들면, 어떤 언어에서는 조음 위치의 동화 현상이 필수적으로 발생하고 조음 방식의 동화가 수의적으로 발생하는가 하면, 다른 언어에서는 이와 반대로 조음 방식의 동화가 필수적이고 조음 위치의 동화는 수의적으로 발생하기도 하는 것이다.

6.2. 남은 과제들

  우리들이 애초에 구상했던 많은 작업들을 완성하지 못한 채 후일을 기약하게 되었다. 이러한 결과가 초래된 이유는 연구진의 능력이 목표를 제대로 수행할 정도가 되지 못한 것이 가장 큰 이유이겠지만, 우리들이 하고자 했던 작업이 국내에서는 아직 시작조차 하지 않은 분야들이기 때문에 모든 것을 처음부터 시작해야 하는 어려움도 큰 이유가 되었다. 우리들이 설정했던 목표들의 일부를 앞으로의 과제로 삼기 위해 여기에 적어 둔다.

6.2.1. 음성 차이의 측정

한국어와 영어와 일본어의 자음과 모음을 포함하여 모든 개개 음소가 가지고 있는 포먼트의 값은 어떠하고, 각 포먼트의 차이는 세 언어에서 어떤 양상을 보이는가. 이와 관련하여 언어별 음소의 조음 기관이 움직이는 모양은 어떤 정도로 다른가에 대한 연구가 앞으로 이루어져야 할 것이다.

6.2.2. 조음 기관의 상관 관계 측정

하나의 음소를 발화하기 위해서는 성문의 열림 정도, 비강의 개폐 여부, 혀끝의 작용, 혓몸의 작용, 입술의 작용 등이 상호 작용하여야 한다. 하나의 음소를 발화할 때 이들은 어떻게 상호 작용하는가, 그러한 상호 작용의 언어 간 차이는 어떠한가 하는 작업도 앞으로 이루어져야 할 것이다.

6.2.3. 음성 전이의 측정

하나의 음소는 개별적으로 조음되는 것이 아니기 때문에, 앞뒤 음소의 영향을 받게 마련이다. 개별 언어에서 하나의 자음은 모음의 종류에 따라 어떤 영향을 받게 되는가 그리고 모음은 자음의 종류에 따라 어떤 영향을 받게 되는가. 이러한 간섭의 정도는 언어에 따라 어떻게 다른가 하는 문제도 앞으로의 과제가 될 것이다.

6.2.4. 매개 언어의 개발

한국어와 영어 및 일본어를 포함하여 가능하면 모든 언어를 아우르는 매개 언어 문법을 구축하여 음성 인식이나 음성 합성 등에도 유용하게 이용할 수 있게 하는 것도 앞으로의 과제가 될 것이다. 개별 언어의 음성적인 특징과 음운 현상을 정밀하게 분석하고, 이들을 연결시켜 줄 매개 언어를 개발하는 것은 앞으로 인공 지능을 개발하기 위한 필수적인 과제인 것이다.

이러한 연구를 통해 음성 인식 및 음성 합성 관련 제품 개발을 목표로 하는 연구팀에 관련 언어학적 지식을 제공하고, 한국어와 영어 및 일본어의 음성비교에 관한 지식 구축 및 구체적인 보편 음성 매개변인의 발견으로, 언어 습득자의 발음 습득에 대한 객관적인 평가 및 진단 척도를 제공할 수 있는 교육적인 결과를 획득할 수 있게 될 것이다.

6.3. 대비 언어학이란?

대비 언어학이란 다른 목적을 달성하기 위한 연구 방법인가, 아니면 언어 간 대비 그 자체가 목적인가? 이에 대한 답은 대비 언어학이란 연구 방법인 동시에, 추구하는 목적이 된다는 것이다. 앞에서 언급했듯이 언어 간 대비는 대비 그 자체가 연구 수행의 과제가 되는 것이고, 인공 지능의 개발과 언어 학습 도구의 개발에 결정적인 영향을 미치게 되는 것이다.

대비 언어학을 좀 더 이해하기 위해 대비 언어학과 관련되는 인접학문에 대해 그 관련성을 중심으로 약간 언급하기로 한다.

6.3.1. 사회 언어학 - 방언학 - 지리 언어학

언어와 사회적인 변수 - 사회적인 계급, 성, 나이, 교육 정도와 언어의 상관 관계를 연구하는 사회 언어학의 연구 방법 그 자체가 대비 언어학적인 것이라 할 수 있다. 지역적인 차이에 의한 언어의 차이 - 방언권에 따른 문화적인 차이에 의해 언어적인 차이가 유발되므로, 방언적인 차이를 통해 지역 문화를 이해하는 것 역시 대비 언어학적인 사고라 할 수 있다.

6.3.2. 인류학

언어공동체에 관한 생활 습관, 의식 구조, 인간의 성격 등의 비교·대조는 물질적인 유물을 통해서 할 수도 있지만, 가장 풍부하고 확실한 것은 인간의 언어를 통하는 것이다. 인간의 유형론적 연구는 대비 언어학을 통해서 할 수 있는 것이고, 인간의 보편성과 개별성은 바로 언어의 보편성과 개별성에 관한 연구로 가장 확실한 결론에 도달할 수 있는 것이다.

6.3.3. 역사 언어학

두 언어의 유사성을 바탕으로 과거의 언어 모습을 재현하고자 하는 역사 언어학은, 주로 공시적인 현상을 대상으로 하는 대비 언어학과 구분된다. 그러나 유사성과 차별성은 따로 존재할 수 없는 것이므로, 역사 언어학 역시 대비 언어학적인 사고로써 접근한다고 할 수 있다.

6.3.4. 심리 언어학

어린이의 언어 습득과정과 심리 내지는 인지 발달 과정이 중요한 부분이 되는 심리 언어학은 언어의 발달단계를 구분하고, 단계별 대비 분석을 하여야 하므로, 이러한 연구 역시 대비 언어학적 방법과 일치하는 것이다.

6.3.5. 언어 병리학

　언어 장애의 원인 분석 및 치료를 하기 위해서는 정상적인 발화와 장애인의 발화 차이, 그 원인 분석 등이 있어야 한다. 발화 차이의 분석도 대비 언어학적인 작업인 것이다.

참고 문헌

강옥미(2003), 한국어음운론, 태학사.
강현화, 신지영, 이재성, 임효상(2003), [대조분석론], 역락.
곽충구(1994), [함북 육진방언의 음운론: 20세기 러시아의 Kazan에서 간행된 문헌 자료에 의한], 태학사.
김건환(1994), [대비언어학], 청록출판사.
김완진(1996), [음운과 문자], 신구 문화사.
김종록(1991), [대비언어학], 청록출판사.
김차균(1993), [우리말의 음운], 태학사.
남광우·이철수·유만근(1984), [한국어 표준발음 사전], 한국정신문화연구원.
박병채(1996), [국어발달사], 세영사.
박창원(2002), "국어학 50년", 이화여자대학교 한국문화연구소 (편) [국어학연구 50년], 혜안.
박창원(2002), "음운론 연구 50년", 이화여자대학교 한국문화연구소 (편) [국어학연구 50년], 혜안.
배주채(1996), [국어음운론 개설], 신구문화사.
송철의(1992), [국어의 파생어형성 연구], 태학사. 1990, 서울대 박사논문.
신지영(2000), [말소리의 이해], 한국문화사.
이기갑(1986), [전라남도의 언어자리], 탑출판사.
이기문(1998/2004), 신증판 [국어사개설], 태학사.
이기문, 김진우, 이상억(2000), 증보판 [국어음운론], 학연사.
이병근(1979), [음운현상에 있어서의 제약], 탑출판사.
이숭녕(1955), [음운론 연구], 민중서관.
이승재(2004), [방언연구], 태학사.
이현복(1989), [한국어의 표준 발음], 교육과학사.

이호영(1996), [국어음성학], 태학사.
임환재 역(1987), [대비음운론], 경문사.
정연찬(1997), [개정 한국어음운론], 한국문화사.
최명옥(1982), [월성지역어의 음운론], 영남대출판부.
한재영 외(2003), [한국어 발음 교육], 호림.
허웅(1965), [국어음운학](개고신판), 정음사.
홍사만(2002), [한·일어 대조 분석], 역락.
황희영(1986), [한국어음운개설], 이우출판사.

※ 현대국어의 변화 과정과 방언에 관한 참고문헌은 아래를 참고하기 바람.
방언연구회(2001), [방언학 사전], 태학사.
박창원(1997), 동남방언의 모음체계(1), [애산학보] 20.

김재민, 이계순, 한영희, 전상범, 신상순(1985), [영어음성학], 서울: 신아사.
양병곤(1993), 한국어 이중 모음의 음향학적 연구. [말소리] 25권 6호, pp. 3-26.
Carr, Philip(1999), *English Phonetics and Phonology: An Introduction*. Blackwell.
Davenport, Mike, and S. J. Hannahs(1998), *Introducing Phonetics and Phonology*. Arnold.
Denes, P.(1955), Effect of duration on the perception of voicing. *Journal of the Acoustical Society of America* 27, pp. 761-4.
Fromkin, Victoria & Robert Rodman(1998), *An Introduction to Language* (sixth edition). Harcourt Brace.
Giegerich, Heinz J.(1992), *English Phonology: An Introduction*. Cambridge University Press.
Hammond, Michael(1999), *The Phonology of English: A Prosodic Optimality-Theoretic Approach*. Oxford University Press.
Jannedy, Stefanie, Robert Poletto, and Tracey L. Weldon (editors)(1994), *Language Files: Materials for an Introduction to Language &*

Linguistics (sixth edition). Department of Linguistics, The Ohio State University.

Ladefoged, Peter(1993). *A Course in Phonetics* (third edition). Harcourt Brace.

Orion, Gertrude F.(1997), *Pronouncing American English: Sounds, Stress, and Intonation* (second edition). Heinle & Heinle Publishers.

Peterson, G. E. & I. Lehiste(1960), Duration of syllable nuclei in English. *Journal of the Acoustical Society of America* 32, pp. 693-703.

Small, Larry H.(1999), *Fundamentals of Phonetics: A Practical Guide for Students*. Allyn and Bacon.

Wolfram, Walt, and Robert Johnson(1982), *Phonological Analysis: Focus on American English*. The Center for Applied Linguistics.

橋本万太郎 外(1977),『音韻(岩波講座日本語5)』岩波書店.
金田一春彦(1981),『日本語音韻の研究』東京堂出版(초판1967).
馬淵和夫(1990),『国語音韻論』(초판 1971).
服部四郎(1960),『言語学の方法』岩波書店.
服部四郎(1979),『新版音韻論と正書法』大修館書店.
服部四郎(1984),『音声学』岩波書店.
上村幸雄 外(1978),『日本語研究の方法』むぎ書房.
城田 俊(1993),『日本語の音』ひつじ書房.
小松英雄(1981),『日本語の音韻(日本語の世界7)』中央公論社.
小泉 保(1978),『日本語の正書法』大修館書店.
柴谷方良, 影山太郎, 田守育啓(1982),『言語の構造―理論と分析―音声・音韻篇』くろしお出版(초판 1981).
日本語教育学会 編(1991),『日本語教育事典』大修館書店.
中条 修(1990),『日本語の音韻とアクセント』勁草書房(초판1989).
天沼 寧, 大坪一夫, 水谷修(1987),『日本語音声学』くろしお出版.

색 인

ㄱ

ㄱ 구개음화   209
力행   74
간극   106
강도   119
강세   172, 180
강세 기반 언어   182
강세 음절   180
강세 이전   184
개구도   100
개모음   23
개방 음절   63, 125
개별성   279
개음절   150
거성   170
거센소리화   247
경과음   44, 71, 109, 138
경구개 경과음   71
경구개음   24
경구개치경음   47
경기 충청 강원 방언   36
경상 방언   37
경음절   182
계층적 동질성의 원칙   19
고모음   60

공명도   105, 119
공명음   34, 57
공시성의 원칙   19
과거 형태   186
교체   198
구강   22
구강음   22, 25
구강 자질   98
구개성   217
구개음화   205, 281
구개 치경음   24
구개화음   24
구조적인 균형화   201
구조적인 불균형   197
굴절 어미   186
기술   17
기식음화   249
긴장 모음   61, 124, 182
긴장성   61
긴장음   25
끝에서 세 번째 음절 단축 현상   266

ㄴ

'ㄴ' 첨가 현상   233
남부 방언   210

302　　　　　　　　　한·영·일 음운 대비

낱말 강세　181
높낮이　169

ㄷ 구개음화　209
다음절어　140
단모음　62
단모음화　173
단음절어　120, 183
대립 관계의 불균형　202
대명사　55
대비　17
대비 언어학　2
대조 언어학　4
대조　262
도치　200, 287
동음이의어　257
동일 방향의 원칙　20
동일 시각의 원칙　19
동화 현상　200

마찰 소음　54
마찰음　25, 51
매개 언어　292
명사구　188
모라　171
모음의 무성화　266
모음의 탈락　269

목젖　22
목표와 방법의 설정　16
무성성문마찰음　80
무성음　25, 48
무성음화　253

'ㅂ, ㅎ'의 첨가　245
박구조　149
박자　89
반개모음　23
반모음　110
반폐모음　24
발음　85
발음 관습　196
발화의 리듬　182
밝은 /l/　57, 258
방언학　293
배열 규칙　178
보상　175
보상적 장음화　285
보편성　279
복수 형태　186
복합 말음　135
복합 명사　188
분절음　108
분절음 삭제　263
분절음 삽입　263
비강　22
비강세 음절　180

색인

비강음　22, 25
비모음화　259
비원순모음　24
비음　55
비음 자질　97
비음화 현상　202
비탁음　273
비파열　260

사잇소리　242
사잇소리의 첨가　240
사회 언어학　5, 293
삭제　287
3박　152
삼인칭 단수 어미　187
삽입　199, 287
상보적 분포　78
상성　170
상승 공명도　121
상향성 이중 모음　103
선택　16
설단음화　215
설단 장애음　127
설단폐쇄음　256
성대　21
성문　21
성문음　25, 47
성문음화　251
성문 자질　94

성문폐쇄음　138
성조　172
성조 구성　178
성조소　170
성조 언어　169
성조 조정　179
성조 중화　179
세기　172
속격 관계　243
수의적　291
순연구개 경과음　72
순음　24
순치음　24, 47
승강조 체계　170
심리 언어학　294

액센트 표시　180
양면적 대립 관계　101
양순음　24, 47
양순음화　213
양음절성　142, 183
어근　186
어두운 /l/　58
어두운 [ㅓ]　258
어미 '아/어' 탈락　230
어휘·의미 대비　11
언어 병리학　295
역사 비교 언어학　4
역사 언어학　294

역행 동화   261
연구개 약화 과정   265
연구개음   24, 47, 211
연구개음화   211
연탁   275
예외 현상의 규칙화   201
오십음도   74
완전 탈락 현상   52
요음   74
요음의 직음화   272
운소   169
원순모음   24, 61
원순모음화   209
원순성   101, 217
위치 전환   263
유기음   25
유성경구개비음   79
유성음   25, 48
유성 장애음   253, 255
유음   33, 57
유음 탈락   225
유음화   280
'으' 탈락   228
음보   182
음성·음운 대비   10
음성 전이   292
음성 차이의 측정   292
음성 표지   249
음성학적 음절   107
음소 목록   91

음소 배열   128
음소 연결 구조   146
음소 표지   249
음운론적 음절   107
음운 변화   195
음운 현상   195
음장소   171
음장 언어   171
음절   108, 118
음절 경계   115
음절 구성의 제약성   166
음절 구조   108
음절 기반 언어   182
음절 두음   121
음절 두음 배열   128
음절 말음   122, 182
음절 말음 배열   133
음절 분할 원칙   141
음절 운모 배열   139
음절 운모   123, 183
음절초   106
음절핵   105, 106, 182
음파의 진폭   172
응용 언어학   3
의사소통 대비   12
'이' 첨가   236
'이' 탈락   232
2박   152
이완 모음   61
이중 모음   62, 102, 124, 182

색인

이중성　61
이형태　264
이형태의 최소화　200
이화　262
인두음　25
인류학　294
1박　152
입　22
입술의 모양　61

자립분절 음운　169
자음군　129, 246
자질변경　198
장단　172
장모음의 단모음화　271
장모음화　175, 255
장애음　34, 57
장음　88
저모음　60
저액센트 표시　180
전라 방언　37
전설고모음화　216
전설모음　24, 60
접두사　264
접미사　264
접사　264
제 1강세　180
제 2강세　180

제주 방언　39
조수사의 발음　276
조음 기관의 상관 관계　292
조음 방법　47
조음 위치　24, 47
조음 위치 대비　92
조음 위치 동화　261, 282
조음의 용이성　262
조음의 편이화　200
종성 제약　168
중모음　60, 102
중부 방언　210
중설모음　24, 60
중성 제약　167
중심음　111
중음절　182
중화　258
지리 언어학　293

차용　196
차용어　184
초분절 음소　169
초성 제약　167
촉음　86
촉음화　268
최소 대립 낱말 쌍　49
최소 대립쌍　173, 178
축소 모음　181

축약 199
축약형 277
치간음 24, 47
치경음 24, 47
치경파찰음 78
치리음 24
치음 24
치찰음 264

탄설음화 256
탈락 198
통사 범주 181
특수음소 73

파생 어미 186
파열음 25
파찰음 25, 50
평성 170
평순모음 24, 61
평안 방언 39
평판조 체계 170
폐모음 23
폐쇄음 48
폐쇄 음절 63, 125
폐음절 150
필수적 291

하강 공명도 121
하향성 이중 모음 103
한정 16
함경 방언 38
혀앞소리화 215
혀의 높이 60
혀의 위치 60, 101
현재 분사 형태 186
형태·통사 대비 11
형태론적 제약 209
형태음소 규칙 264
활용 18
활음 첨가 238
활음화 217
후설모음 24, 60
후음 탈락 223